韩山师范学院创建国家级教师教育创新实验区成果

U0659293

园本课程研究与实践

刘少玲　　著
王贵林　　主　审

哈尔滨工程大学出版社
Harbin Engineering University Press

内 容 简 介

本书通过对幼儿园园本课程的理论阐述、生成课程的实践探究、课题研究与园本课程开发、本土特色文化与园本课程构建等方面的论述,探究园本课程的过程和成果。书中通过生成课程、社会实践课程、民俗体育游戏、主题特色早操、潮汕童谣、"潮汕文化"主题活动等多个案例,全方位、多渠道地构建了园本课程。

本书可供从事幼教行业的教师以及相关专业的学生学习使用。

图书在版编目(CIP)数据

园本课程研究与实践/刘少玲著. —哈尔滨:哈
尔滨工程大学出版社,2021.4
 ISBN 978 – 7 – 5661 – 3055 – 6

Ⅰ.①园…　Ⅱ.①刘…　Ⅲ.①幼儿园 – 课程 – 教学研
究　Ⅳ.①G612

中国版本图书馆 CIP 数据核字(2021)第 068498 号

园本课程研究与实践
YUANBEN KECHENG YANJIU YU SHIJIAN

选题策划	张志雯
责任编辑	卢尚坤　章　蕾
封面设计	李海波

出版发行	哈尔滨工程大学出版社
社　　址	哈尔滨市南岗区南通大街 145 号
邮政编码	150001
发行电话	0451 – 82519328
传　　真	0451 – 82519699
经　　销	新华书店
印　　刷	哈尔滨市石桥印务有限公司
开　　本	787 mm × 1 092 mm　1/16
印　　张	17
字　　数	435 千字
版　　次	2021 年 4 月第 1 版
印　　次	2021 年 4 月第 1 次印刷
定　　价	68.00 元

http://www.hrbeupress.com
E-mail:heupress@ hrbeu.edu.cn

序

教育部印发的《基础教育课程改革纲要（试行）》（教基〔2001〕17号）指出"改变课程管理过于集中的状况，实行国家、地方、学校三级课程管理，增强课程对地方、学校及学生的适应性"；强调"学校在执行国家课程和地方课程的同时，应视当地社会、经济发展的具体情况，结合本校的传统和优势、学生的兴趣和需要，开发或选用适合本校的课程"。以幼儿园之"本"为基础的园本课程，是与幼儿园的资源相符的课程，它不仅是国家课程和地方课程的必要补充和延伸，而且对于幼儿园办学特色的形成与幼儿园教师专业发展具有重要价值。

自2001年开始，广东省潮州市兰英第一幼儿园刘少玲园长率先带领全园教师开展课程改革，实施生成课程，开启幼儿园园本课程的探索与实践，努力实现以现代幼儿教育理论为指导，以全人教育为宗旨，以办园特色为核心，最大限度地挖掘幼儿潜能，培养富有个性的全面发展的一代新人。经过长期艰苦的探索与实践，课程改革取得较为丰硕的成果，并形成《园本课程研究与实践》一书。

全书分为四章，记录了兰英第一幼儿园扎根本土，探究园本课程的过程和成果。

第一章为幼儿园园本课程理论阐述。此章阐述了作者对幼儿园园本课程的探究和思考。

第二章为生成课程实践探究。此章精选了以班级为单位、师幼共同成长的主题课程，内容包括课程的由来、课程主题的确定、预设的课程目标、课程的发展脉络、课程实施情况、结果及教育反思。以教师叙述的方式，真实地记录生成课程的生成过程及实施情况。精选的生成课程是幼儿园园本课程的重要组成部分，可供其他教师作为预设课程选用，同时提倡教师在课程实施中结合实际进行修改和二次生成，以满足孩子学习、发展的需求。

第三章为课题研究与园本课程开发。此章主要是课题研究成果，开发出了适合孩子的社会实践课程、民俗体育游戏和早操等。其中"智能手机在幼儿园现代化教育教学中的应用"则侧重于教师驾驭课程能力的提升，实现了教师减负。（书中有二维码，扫码可以获得视频及活动链接）

第四章为本土特色文化与园本课程构建。此章着重从潮汕文化的传承、潮汕童谣绘本教材的编写、"潮汕文化"主题活动方案的设计等方面彰显潮汕文化特色。

全书自成体系，从孩子兴趣和实际需要出发，尊重孩子、理解孩子、引导孩子，注重孩子创新思维及创造力的培养，努力促进孩子德智体美劳的全面发展。该园本课程研究与实践扎根本土，朴素而真实，既有教师与孩子共同生成的课程内容，也有教师根据孩子实际建构的课程内容。希望该书能够对幼儿园的园本课程开发有积极的借鉴作用。

该书的附录部分是兰英第一幼儿园的发展轨迹及在长期办学中形成的园本特色介绍。从中可以看出，在该园教师学历水平和专业发展水平偏低的情况下，刘少玲园长带领全园教师开展课程改革，致力于园本课程的研究与实践，充分体现了刘少玲园长的教育情怀。刘少玲园长坚信："只要心中有孩子、心中有大爱，任何困难都是能够克服的！"

王贵林

2020 年 11 月 17 日

目　　录

第一章　幼儿园园本课程理论阐述

我园园本课程的研究是从生成课程开始的。2001 年,我园开办不到 4 年,全园教职工 31 人,专职教师 22 名(学历 100% 达标,其中大专学历 3 人,大部分教师在函授大专),孩子 480 人,分 9 个教学班,活动室面积(含寝室)约 100 m^2。幼儿园占地面积约 6 667 m^2,建筑面积 4 020 m^2。我园属财政定额补贴事业单位(补贴 10 名教师基本工资,其余教师工资及其他一切费用幼儿园自负)。2000 年 12 月,幼儿园被评为市一级幼儿园,在潮州市享有较高声誉,在广东省属中等水平幼儿园。

当时幼教界普遍关注的问题之一是幼儿园课程改革。课程理念从静态到动态,能够灵活变换,直接反映到幼儿园的课程之中。课程观的改变,即强调在教育中突出孩子的主体地位,让孩子积极、主动地去学习、去探索,这同样影响到幼儿园的课程来源及课程实践。

2002 年,经过一年的生成课程尝试,我撰写了论文《关于中等水平幼儿园生成课程初探》,着重研究中等水平幼儿园如何实施生成课程。针对生成课程的特点、优点、实施的必备条件,以及中等水平幼儿园在实施生成课程时难以克服的问题,提出了自己的见解。

2006 年,在研究生成课程的基础上,根据我园的实际情况以及考察过的大中城市、农村幼儿园的实际情况,对幼儿园如何构建园本课程、如何对待园本课程做了一定的调查研究,我认为"园本课程只能作为幼儿园课程的补充"(这里的园本课程是指幼儿园"原创"的),把园本课程作为幼儿园的课程是不具备普适性的。幼儿园的园本课程在当前和今后相当长的一段时间里,只能作为幼儿园课程的补充形式。

2019 年,我学习了华南师范大学网络研修文献专题"园本课程的构建与实践研究"的几篇文章,尤其是华东师范大学硕士研究生张莹的硕士学位论文《园本课程开发实施中不同教龄教师课程领导力实现》(指导教师:朱家雄)之后,深有感触,于是写了《再议"园本课程"》。论文中指出在幼儿教师素质没有实质性提高,幼儿园配备和编制没有实质性突破的情况下,硬性要求幼儿园开发、实施园本课程是不可行的,幼儿园可以先尝试走课程园本化道路。

第一节　关于中等水平幼儿园生成课程初探

一、选题背景及意义

《广东省幼儿园课程指南》要求幼教界必须锐意进行课程改革,研究出一套具有鲜明地域性的、符合广东省发展实际的系统的教育课程,以促进学前教育改革的深入发展。

由于广东省目前的幼儿园等级不同,师资、办园条件等差别太大,因此,除了个别省一级幼儿园的环境、经济、师资水平等比较适合开展生成课程外(作为试点的幼儿园也几乎都是各方面条件优越的省一级幼儿园),全省的大部分幼儿园由于经济、师资,以及传统的课程观、儿童观的限制,是否能够抛开传统的课程而走向生成课程?全省占多数的中等水平幼儿园是否能够通过自身的努力而真正实施生成课程?是否可以通过确立目标,然后根据目标需要对孩子进行启发诱导,使孩子对某一对象产生兴趣:提出问题—分析、探究问题—理解、掌握问题—引出新的问题,以此生成课程? 换句话说,中等水平的幼儿园该如何生成自己的课程?

二、关于生成课程

为了研究生成课程,我园于 2001 年 9 月—2002 年 7 月分两个阶段尝试了生成课程。经过反复尝试,我们不仅对生成课程有了进一步的认识,而且总结了一些经验,有了点滴的体会。

(一)什么是生成课程

首先,我们必须弄清什么是生成课程? 顾名思义,生成课程不是现成的,也不是预先设计好的课程,它是在特定环境下教师根据自身的教育智慧、孩子的需要和兴趣,不断调整的动态课程,是师生共同建构对客观世界、对他人、对自己的态度和认知的过程。

(二)生成课程与随机教育

生成课程与一直提倡的随机教育是一脉相承的。所谓随机教育,就是抓住突发性的、有教育意义的事件作为教学的内容,及时调整教学计划,及时对孩子们进行教育。例如,小班孩子正在上常识课。突然,一只小鸟飞进了教室落在地上,这时,所有的孩子都惊呼:"小鸟,小鸟!"教师要立即以小鸟为教学对象,启发孩子们:小鸟的头上有什么? 小鸟身上的羽毛是什么颜色? 小鸟为什么会落在地上? 小鸟喜欢吃什么? 我们应该怎样对待小鸟? 等等。最后,师生一同放飞小鸟,这就是一节生动的随机教育课。如果教师再稍加启发,如小鸟的家在哪里? 小鸟对人们有哪些帮助? 我们要怎样保护鸟类? 等等。这样就生成了一个主题课——小鸟。可以说,生成课程是在随机教育的基础上,通过提炼和理论升华而形成的。它对于我们来说是不陌生的,是可以通过进一步努力来实现的。

(三)生成课程的主要特点

生成课程作为新生事物、新兴课程,具有如下特点。

首先,它是孩子们感兴趣的课程。生成课程是根据孩子们的兴趣爱好和需要生成的课程,它的最大特点就是孩子们喜欢、乐于接受。

其次,师生互动,孩子们自主活动。在生成课程的实施中,最突出的一点就是要有大量的课题让孩子们自主活动,让孩子们在活动中发现问题,探究问题。同时,教师也要积极参与,与孩子们一起互动,共同建构课程。

再次,生成课程没有完全设计好的静态方案。生成课程的所谓"方案",是教师对活动中可能出现的问题、遇到的困难等做几种粗略的估计,一切"方案"尽在教师心中。教师的应急、应变能力关系到课程的开展、方向及延伸。

最后,生成课程具有较大的灵活性、随机性。生成课程是随机生成的,没有设计好的静态方案,这决定了生成课程具有较大的灵活性和随机性。

(四)生成课程的优点

生成课程具有如下优点。

首先,由于生成课程是孩子们感兴趣的课程,因此能最大限度调动孩子们的学习积极性。孩子们对生成课程的关注、参与程度是其他课程无法比拟的。

其次,生成课程为孩子们提供了大量可操作的素材,为孩子们的奇思妙想提供了空间,有利于培养孩子们的发散性思维及创新能力。同时,生成课程突出了孩子们的主体地位,改变了以往课程中孩子们相对被动的局面。

最后,生成课程打破了以往课程的格局,对教师提出了更高的要求,有利于促进教师自身素质及业务能力的提高。

(五) 实施生成课程必备的基本条件

实施生成课程必备的基本条件如下。

首先,生成课程对教师综合素质的要求更高。生成课程不仅要求教师具有一定的专业知识和技能技巧,而且要求教师必须具有敏锐的观察力和捕捉事物本质特征的能力,必须具有教育智慧,必须能真正走进孩子们的世界,具有较强的感应能力与亲和力。同时,教师既是孩子们的合作伙伴,又是孩子们的指导老师;既要照顾到孩子们的兴趣和需要,又要考虑到课程目标的实现等。高素质人才是实施生成课程必备的首要条件。

其次,实施生成课程必须有足够的场地和大量的素材。生成课程的一个显著特点就是没有事先设计好的方案,教师对孩子们可能出现的各种情况要有一个粗略的估计,因此必须准备大量的、多样化的素材,以备不时之需。同时,生成课程着重培养孩子们的实践能力和创造能力,它的生成和实施往往统一于同一过程之中。孩子们要自己动手操作,探索、发现问题,所以必须有足够宽敞的场地供孩子们活动。

最后,生成课程要求教师必须为孩子们创设一个优美、和谐,以及能开发孩子们的思维、激发孩子们的求知欲、满足孩子们的探索要求,并能符合孩子间互动、沟通要求的环境。"环境是产生互动的容器,具有教育性价值"。[①] 幼儿园的环境应不断改变,引起孩子们的注意并使其产生兴趣,利用环境促进孩子们发展。

三、中等水平幼儿园实施生成课程难以克服的问题

尽管生成课程有它独特之处和不容忽略的优点,但对于中等水平幼儿园来说,完全实施生成课程是不可能的,主要原因有以下几个。

(一) 师资问题

生成课程虽然不乏成功例子,但绝大多数中等水平幼儿园中的教师在实施过程中都精神高度紧张,十分忙乱,部分教师的生成课程从主题的形成到实施完全流于形式。教师的素质和能力还无法达到驾驭、把握生成课程的要求。

(二) 场地问题

目前,绝大多数中等水平幼儿园场地偏小,孩子偏多,无法像省一级幼儿园那样为孩子们提供宽松的环境和宽阔的场地,这在一定程度上限制了生成课程的实施。

---

① 潘洁:《"瑞吉欧"的教育理念和实践》,《早期教育》2001 年第 8 期,第 15 - 17 页。

（三）经济问题

绝大多数中等水平幼儿园由于经费紧张，不可能按要求配备教师，也不可能按生成课程的需要提供大量的操作素材，更不可能让孩子们观察到更多实物或标本。例如，生成课程"海底世界"，要求孩子们观看实物，这是绝对办不到的（当地没有海洋馆）。生成课程中还需要录音、录像、摄影等，这些都需要大量的业务经费，这也是目前中等水平幼儿园无法解决的问题。

（四）教育目标完不成问题

生成课程具有灵活性和随机性的特点，如果把握得不好，容易顾此失彼，导致教育目标完不成或偏离孩子们发展的方向。

四、中等水平幼儿园该如何对待生成课程

尽管中等水平幼儿园受师资、场地和经济等条件的限制，不可能完全实施生成课程，但不等于可以不接纳生成课程。生成课程先进的课程模式以及其中蕴含的教育理念是值得推广和借鉴的。中等水平幼儿园应该采用正确的态度对待生成课程。

1.不能完全扔下预成课程而改用生成课程，因为这不符合中等水平幼儿园的实际，如果一味使用生成课程，势必流于形式，甚至引起混乱，造成令人扼腕的局面。

2.生成课程与预成课程同时进行。在一学期中，可以生成几个孩子感兴趣的课程，同时有计划地安排几个预成课程。在预成课程中，教师可以融进生成课程的活动方式，让孩子们多动手操作，多自主活动，多动脑思考，多问为什么，从而达到培养孩子们发散性思维和创新能力的目的。

3.为了避免生成课程把握不好导致教育目标完不成的问题，中等水平幼儿园的教师可以在深入学习、领会《幼儿园工作规程》和《幼儿园教育指导纲要（试行）》精神的基础上，采取先确立目标，再选择预成课程和生成课程的方法进行教育活动。允许同一目标下生成不同的课程，允许在教师有意识的启发下，生成孩子们感兴趣的课程，确保教育目标如期实现。

4.中等水平幼儿园可以根据自身实际情况，运用先进的课程理念，发展园本文化，创建自己的园本课程。

总之，中等水平幼儿园在课程改革中必须自觉吸收先进的教育理念，改变陈旧的课程观，在新观点、新理念的指导下，努力创设有利于孩子们发展的育人环境。同时，根据自身实际，选择合适、可行的课程及方法，最大限度地发挥自身的教育优势，为培养新一代人才而不懈努力。

参 考 文 献

［1］石筠弢.学前教育［M］.北京:北京师范大学出版社,2014.
［2］潘洁."瑞吉欧"的教育理念和实践［J］.早期教育,2001(8),15－17.

注:本节内容根据论文《关于中等水平幼儿园生成课程初探》整理。该论文获"潮州市

2002年度幼教论文征文比赛"一等奖;2003年10月,载于《中华教育教学论坛》,并获优秀论文一等奖;2004年5月,获国际优秀论文奖。

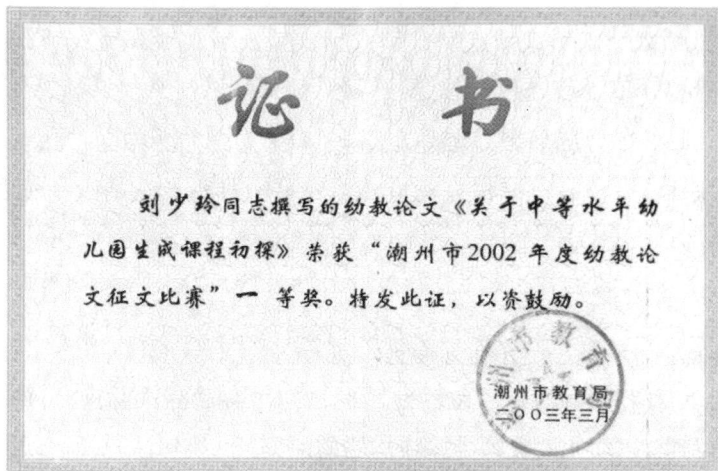

第二节 园本课程只能作为幼儿园课程的补充形式

一、关于园本课程

目前,除了一些条件较好的省一级幼儿园外,绝大多数幼儿园园长和教师还不能真正弄清什么是园本课程,以及园本课程究竟应涵盖哪些具体课程内容。下面我们将论述此问题。

(一)什么是园本课程

园本课程就是根据本园实际构建的课程。

"园本课程是以法律法规及相关政策为指导,以幼儿园现实的环境条件为背景,以幼儿现实的需要为出发点,以幼儿园教师为主体构建的课程。"[①]换句话说,所有以本园乃至本班孩子们的兴趣和需要为出发点,通过教师和孩子互动共同构建的、有利于孩子全面和谐发展的课程,都是园本课程。但我个人认为,好的园本课程或者说狭义上的园本课程应该是"量身打造"的具有鲜明的幼儿园个性和本土特色的、符合《幼儿园工作规程》及《基础教育课程改革纲要(试行)》要求的课程。

(二)全面建设园本课程的条件

园本课程的出现改变了以往幼儿园教师"教书"的现状。它要求幼儿园教师必须由过去的"照字读经"过渡到"编字读经"。工作量的增加、工作难度的提高,决定了全面建设园本课程必须具备以下条件。

1.高素质的教师队伍以及能及时给予指导的幼教专家

以往的幼儿园教师面对的是现成的课程,教学内容、教学目标、教具大都是现有的,只要根据孩子们的年龄特征选择适当的上课形式就可以了。而全面开发园本课程,则要求教师根据孩子们的兴趣和需要生成主题,构建网络,安排活动的次序、内容,制作大量的教、玩具,设计相应的活动形式、游戏形式,乃至课程文本的书写等。显而易见,这些工作的完成需要高素质的教师。同时,由于教师大多不具备编写教材的能力,因此,在园本课程建设中教师除了要不断学习、不断提高自己的适应能力和业务素质外,还需要幼教专家,尤其是课程设计方面的专家、学者不断给予指导帮助。

2.良好的经济条件

在设备设施方面,园本课程的开发大多是以班级为单位进行的。以往一个年级四个班可以共用一张图片、一套教具,而现在却是四个班生成四个不同的活动内容,需要的教具要比原来增加若干倍。教学活动所需的相关资料需要通过查书、上网查询、下载图片、摄影、录制 DVD 等获得。孩子们的活动形式由过去的被动接受变为主动操作、探索,而且需要大量的操作材料。同时,必须有宽广的活动场地,为孩子们提供自主操作、创造性发挥的足够空间。每个班级的活动场地至少要比原来增加一倍,还需配备电脑、照相机、电视机、DVD

---

① 虞永平:《园本课程建设之我见》,《幼儿教育》2004 年第 5 期,第 4 - 5 页。

播放机以及复印机等设备设施。

在师资力量方面,原来的 2 名教师、1 名保育员(省一级幼儿园才具备,市一级幼儿园基本只有 2 名教师全天候跟班,完成保教任务)至少应换成 3 名教师,这样才能让每名教师每两天有半天时间查阅资料,准备教、玩具,并制定一些灵活多变的活动方案。

以上两方面是全面开发、建设园本课程必备的条件,必须以良好的经济条件为基础。如果不具备这两方面的条件,全面开发、建设园本课程就只能是一句空话。

二、幼儿园现状

目前,对幼儿园园本课程建设信心百倍的大多是高校的专家学者。如南京师范大学的虞永平、刘雪(有关文章多次发表于《幼儿教育》),华南师范大学的王喜海等。这些专家、教授接触的都是一些重视园本课程建设、经济实力雄厚、师资水平很高的省级以上幼儿园,因此,他们对园本课程的建设和实施很有信心。

近两年来,我有机会参观了北京、天津及珠江三角洲等经济发达地区的幼儿园,也利用暑假时间到过不少县、乡镇幼儿园参观、上课。我深刻感受到了目前我国不同地区幼儿园差距悬殊。经济发达地区幼儿园集合了幼教精英,设备设施先进,发展迅速,教育理念超前,课程改革初见成效;而经济较落后地区的幼儿园缺乏政府扶持,人才流失导致师资水平差,幼儿园简陋不堪,教育理念滞后。

目前,国内幼儿园现状大体可归纳为以下两方面。

(一)幼儿园经济状况

目前我国的幼儿园按经济状况大致可以分为四类,即富裕型幼儿园、小康型幼儿园、温饱型幼儿园、贫困型幼儿园。

富裕型幼儿园大多是财政全额拨款并同时得到社会各界支持赞助的公办园。珠江三角洲等地,个别转制①的幼儿园虽然政府不再拨款了,但原来幼儿园底子厚,师资水平高,办园质量好,加上地区经济发达,原来政府拨款的部分转嫁到家长身上,因此仍然维持在富裕水平。另外,由于当地物价部门放开收费价格,一些贵族型幼儿园还可以收取学位费或择园费等,高收入使这些幼儿园也处于富裕型水平。经济是基础,富裕型幼儿园物质条件好,能高薪招聘到幼教精英,有能力聘请专家进园指导,具备全面建设园本课程的条件。但我国富裕型幼儿园毕竟是凤毛麟角,即使小康型幼儿园所占的比例也不大,绝大多数幼儿园还属于温饱型和贫困型。

以潮州市为例(潮州市在广东省属经济较落后地区,在全国居于中等水平),目前注册的幼儿园有 694 所,就读孩子 74 049 人,省一级幼儿园 2 所,市一级幼儿园 7 所。

1.幼儿园收支情况

潮州市(含市区和两县两区,总人口 240 多万)只有一所幼儿园是财政全额拨款,另有 7 所公办园是差额拨款,其余幼儿园除小部分是战线园外,绝大部分为私办园。2006 年前评上省一级幼儿园的两所幼儿园:一所是 1981 年建园的财政全额拨款的教工园;另一所是

---

① 指改变原来的公有制性质,转为私人承包或集体承包。

1997 年创办的财政补贴幼儿园(因政府投入,经济较好)。这两所幼儿园在广东省潮州市属富裕型幼儿园,但其园舍、设备设施比起天津市河西区第一幼儿园、广东省深圳市几所机关园和广东省珠海市的启雅幼儿园等,只能算小康型幼儿园。其余几所市一级幼儿园和一些办得出色的县区一级幼儿园,最多属温饱型幼儿园。以一所被大家看好的市一级幼儿园为例,该园孩子 545 人,教职工 42 人。财政补贴 10 名教师的基本工资,其余教师的工资和福利全部由幼儿园负担。而幼儿园的收入来自孩子的保教费。按物价局规定,内线生保教费450 元/学期,外线生保教费 650 元/学期(此为财政全额拨款幼儿园的收费标准,差额拨款的幼儿园也要按此标准收费)。幼儿园一整年的收入接近 60 万元,除去支付教师工资及福利 40 多万元,剩下的要支付办公费用,购置教、玩具费用,支付教师保险费用和幼儿园的修缮费用等,不处处精打细算就会导致入不敷出。星期六及寒暑假孩子留园只能收取4 元/天,除去必要的开支,剩下的还不够支付教师的加班工资。在这样的情况下,要拓展收入是不可能的,因此只能勉强维持温饱状态。温饱型幼儿园在潮州市区比较多见,但在乡镇则属少数。乡镇一般多是贫困型幼儿园。

2. 教师和孩子比例

幼儿园的经济状况决定了教师的比例。市一级幼儿园除了小班级配备 3 名教师外,其余班级基本上只有 2 名教师全天候跟班。孩子与教师的比例都在 15:1 以上,有的甚至达到25:1 以上。而其他一些私办园基本上每班三四十名孩子只配一名教师。

3. 教师工资

公办幼儿园有事业编制的教师与中小学教师同等待遇,每月总收入在 1 200 ~2 200 元。聘用的教师月工资在 500 ~1 000 元。聘用教师的工资水平在当地与卖服装的服务员差不多,但是工作量和责任要比服务员大得多。由于经济拮据,教师很少有机会外出学习,也很少见到能够引领幼教专业发展的专家学者,整天埋头于自己的工作,所以教育理念相对落后。

(二)幼儿园教师素质

由于潮州市属广东省经济较落后地区,优秀的幼师毕业生很少愿意到这里工作。而且近 10 年来,幼师毕业生素质普遍下降。有的教师连一则教育日记都写得错字连篇,连基本的意思都表达不清楚。不同性质的幼儿园的教师情况如下。

1. 公办园的教师

全市三所建于 20 世纪 80 年代初的公办园,师资力量雄厚,20 世纪八九十年代的幼师毕业生全部集中在这三所幼儿园。其中教工园是全额拨款幼儿园,近年来还能补充一些素质较好的幼师毕业生。这个园的教师素质在全市是最高的,但至今尚没有全日制学前教育大专毕业的教师。一些学历为大专、本科的教师都是函授的,且专业多不对口。像我园这样创办时间不长的几所公办园,财政只有少许补贴,一半以上的教师没有编制,属聘用性质。有编制的教师基本是通过考试择优录取的,人员相对稳定,素质也较高。而聘用的教师则待遇低、流动性大、素质也一般。尽管聘用教师也是通过考试筛选,择优录取的,但都必须经过半年到一年时间的岗位培训,才能逐渐胜任幼儿园的工作。

2. 私办园的教师

私办园尽管发展很快，数量很多，但办园者多以营利为目的，内行人不多，对孩子教育知之甚少。其教师来源多为潮州市私办学校毕业的幼师生。由于私办园教师不足，这些毕业生一旦被聘用便开始独立带班，教得好、教得坏几乎无人监督、指导。好多教师把数的形成说成加法，还有的教师连应用题列式都讲得一塌糊涂。

3. 乡镇的教师

乡镇的幼儿园教师除少数人读过幼师和参加过幼师培训外，大多数是有点儿文化的家庭妇女，有的甚至是初中毕业生和辍学的初中生。

三、结论

根据上面分析的幼儿园现状，以及园本课程应具备鲜明的幼儿园个性和本土特色这一特点，把园本课程作为幼儿园的课程是不具备普适性的。幼儿园的园本课程在当前和今后相当长的一段时间里，只能作为幼儿园课程的补充形式。当然，改变千人一面的课程模式，全面建设个性鲜明的园本课程仍然是我们的理想和追求。

富裕型和小康型的幼儿园，应加快园本课程建设的步伐，逐步增加园本课程在幼儿园课程中的比例，尽可能根据孩子们的兴趣和实际需要，采用生成课程的课程模式。同时应多帮助、扶持贫困型幼儿园，共同促进幼教事业的发展，加快园本课程建设的步伐。

温饱型幼儿园应克服困难，努力开发园本课程。每学期利用几周的时间构建园本课程，其余大部分时间可以选择一套较贴近幼儿园发展目标的教材，在教学中进行必要的删改。同时，必须加大教师培训力度，运用幼儿园自身的力量提高教师的专业水平，努力促进园本课程的建设。

教育行政部门和幼儿园的管理部门应重视幼教工作，加强对幼儿园的管理和扶持，坚决取缔不合格幼儿园，扶持一批有发展潜力的温饱型、贫困型幼儿园。可以在精神上给予鼓励，也可以在经济上增加投入，更重要的是出台相关政策，让幼儿园拥有较为灵活的运作机制。如财政不能给予全额拨款的，应适当提高收费标准，允许上浮几个百分点或核算孩子平均教育成本，结合本市财政实际拟定统一收费标准。全额拨款幼儿园收取的学费加上财政拨款若超过孩子平均教育成本，超出部分由财政统筹，差额拨款园不足部分由财政补给。这样既能解决财政困难问题，又能给所有公办园以相对合理公平的办园平台，调动大家的办园积极性。

总之，经济是基础，幼儿园只有摆脱贫困，走向小康，才能提高教师待遇，吸引更多高素质的人才，形成发展的良性循环，只有这样全面开发、建设园本课程才能真正落到实处。

参 考 文 献

[1] 虞永平.园本课程建设之我见[J].幼儿教育,2004(5),4-5.

[2] 虞永平.以班级为基点的幼儿园课程建设[J].早期教育:教师版,2005(5),6-8.

注：此节内容根据论文《园本课程只能作为幼儿园课程的补充形式》整理。该文发表于

2008 年的《广东幼儿教育》1,2 月合刊;2008 年 3 月,获广东省学前教育协会 2007 年度论文
二等奖;2010 年 2 月,获"校魂"征稿活动一等奖;在《中国名优校长创新全书》评审中荣获
一等奖。

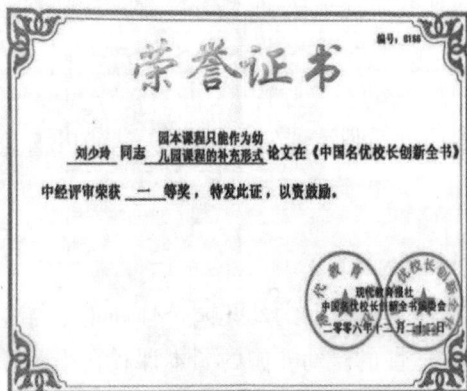

第三节 再议"园本课程"

一、选题的起因

在学习了华南师范大学网络研修文献专题"园本课程的构建与实践研究"的几篇文章，尤其是华东师范大学硕士研究生张莹的硕士学位论文《园本课程开发实施中不同教龄教师课程领导力实现》（指导教师：朱家雄）之后，我深有感触。

第一，园本课程的含义，以及上海 A 园职初教师（教龄 1.5 年）、成长型教师（教龄 7 年）、成熟型教师（教龄 20 年）对园本课程概念的理解惊人地相似，即园本课程等同于幼儿园特色课程。

第二，不同教师对园本课程的价值有不同的认识，即职初教师和成长型教师都认为实施园本课程是领导的安排和决定；成熟型教师则认为有一点儿需要，并觉得做园本课程就是突出自己的特色，可能会偏离孩子们整个发展方向。同时，所有教师在"实施一套品质好的课程还是园本课程"的选择上，都不约而同地选择"品质好的课程。"

第三，不同教龄的教师实施园本课程都会遇到困难。共同的困难是园本课程概念不清，实施园本课程动机不清，课程编制经验不足，时间不足。不同的困难是，职初教师是上网"淘课"；成长型教师是面对大、中、小年龄段的孩子们，同一课题的难度、梯度不知怎样安排（如"一个中国人"的课题，大、中、小班都开展，该如何表现出难度或梯度呢）；成熟型教师认为做一个从来没有做过的东西（园本课程的开发）实在太难了，需要专家的引领。

第四，鉴于幼儿园教师课程开发能力欠缺、园本课程科学性令人担忧这两个客观存在的"隐忧"，建议幼儿园走课程园本化的道路。

我所在的潮州市兰英第一幼儿园创办于 1997 年，是财政定额补贴事业单位，与全额拨款幼儿园的收费标准是一样的，但财政拨款却只有全额拨款幼儿园的 1/10 多一点，经济十分拮据。但我园于 2001 年率先实施生成课程。2002 年，根据我园的课程实施情况，我写了题为《关于中等水平幼儿园生成课程初探》的文章，将我园定位为广东省"中等水平幼儿园"（当时我园是潮州市市一级幼儿园），文中指出实施生成课程难以克服的问题主要有资金、场地、师资水平、教育目标完不成等。文中多次提及生成课程只有在上海、广州等大城市的省一级幼儿园才能真正实施。2004 年，随着《幼儿园教育指导纲要（试行）》的深入贯彻，以及虞永平教授等提出的"园本课程建设"，我又发表了《园本课程只能作为幼儿园课程的补充形式》。这篇文章乍一看会误认为我对园本课程的概念没有理解。文章中对"园本课程"这个概念的诠释是正确的，只是从构建园本课程必备的条件、幼儿园的现状等方面加以论述之后，发现把园本课程作为幼儿园课程是不具备普适性的。因此，才提到把"量身打造""具有幼儿园鲜明个性""原创"的园本课程作为幼儿园课程的补充形式。我与张莹观点的不谋而合，引发了园本课程的再次议论。

二、关于幼儿园园本课程

2011 年 5 月，张莹在其硕士学位论文中写道："李季湄（2002）指出，目前幼儿园对'园本课程'这一概念还存在诸多误解……幼儿园课程本来就属于'园本课程'，或者说，'园本'是幼儿园课程本身固有的特性……①"

园本课程源于 20 世纪七八十年代西方兴起的"校本课程开发"运动,是由"校本课程"衍生而来的。1999 年召开的全国教育工作会议明确做出了实施三级课程、三级管理的决定,把原先从中央统一管理的课程体制逐步过渡到中央—地方—学校分散管理的课程机制。据了解,目前学校的课程基本分为三级,即实行国家课程、地方课程和校本课程三级管理。虽然国家课程、地方课程可以通过校本化更适合学生全面发展。但不可否认,纯粹是学校开发的课程或部分地方特色校本化的课程才是真正意义上的校本课程。

校本课程的提出早于园本课程。迄今为止,中小学的课程仍然使用全国统一教材,尽管有人会说教材与课程是有区别的,但课程目标的实现最终必须依靠教材来完成,这是不容置疑的。

那么,校本课程可以是学校课程体系中的有机组成部分,园本课程为什么不可以是幼儿园课程的一部分呢?为什么一定要把幼儿园的所有课程都称为"园本课程"呢?

三、幼儿园实施园本课程的现状

张莹在其硕士学位论文中指出:"编制幼儿园课程需要教师不仅熟悉哲学、社会学、心理学等理论,而且还要有丰富的教学经验,对于各年龄段幼儿的发展水平有着相当的了解,同时能把这种默会性知识有效地转化为课程编制的科学逻辑。此外,教师还应把握幼儿园所属的生态环境,并能使开发出的课程与幼儿园的生态情境相契合。可见,编制幼儿园课程需要的是专业人员或达到上述要求的教师,而不是群众化运动。而就目前的师资情况来看,广大的一线教师并没有拥有这样的能力,所有的幼儿园都实施典型的、带有原创性质的园本课程并不现实。"

因此,全面实施幼儿园园本课程是行不通的,建议幼儿园走课程园本化的道路。这一点,我与张莹的观点是一致的。

一起来看看什么是幼儿园课程园本化。

幼儿园课程园本化说到底就是将现成的教材进行改编、整合,即通过修改和生成两个过程,使之逐渐成为适合本幼儿园的课程。"李辉(2004)的调查表明,大多数香港幼儿园(93.2%)均采用或借鉴现成的教材来发展校本课程;上海市教委教研室就上海近 700 名园长关于'课程园本化的认识与实践'调查表明,园本课程的主要方式是'改编、整合',约占63.6%。"②

即使走幼儿园课程园本化的道路,也必须要有诸如张莹论文中所说的"质量好的课程"作为示例,同时要有课程专家有针对性地引领才能实现。否则,过早地将课程权下放到师资水平不够高、缺乏专家引领的幼儿园,只会引起混乱。

乱象一:几乎绝大多数私办幼儿园都没有构建园本课程的能力。

私办幼儿园教师素质普遍偏低,一些幼儿园因为教育部门没有指定使用具体教材而采取放任自流的办法:教师随便找资料来上课,课程根本没有系统性和科学性;有的教师让孩子漫无目的地自由活动,自由玩耍;有的教师干脆只教识字、写字。

---

① 李季湄:《"园本课程"小议》,《幼儿教育》2002 年第 9 期,第 4 - 5 页。

② 李辉、李婉玲:《香港幼儿园发展校本课程的困难》,《学前教育研究》2004 年第 9 期,第 34 - 36 页。教委说法有误,已于 1998 年更名为教育局。

乱象二：课程供应商的教材满天飞。

蒙氏、儒家、康轩、朗云、全景等教材琳琅满目。幼儿园有自主选择课程的权利，一些园长面对繁多的教材只能随便选一个，发现不好用下学期便换一个。各幼儿园选教材最主要的标准是教师"容易教"，因此，很多幼儿园课程供销商拼命"迎合"幼儿园，有的教材不只是简单提示教师，而是把每个活动都具体详细地书写出来（为教师备好课）。教材供销商通常都会派出"教学骨干""营销经理"等到幼儿园培训教师，教会教师如何使用他们的教材。我曾在不经意间被聘请为三个地级市的教师观摩课评课专家，面对一节不成功的"早期阅读课"，我只"客气"地提到"阅读课要有阅读课的组织形式，本节阅读课的设计更像是故事课"，同时现场简要地讲了幼儿园阅读课该怎么上。没想到，这套教材的供销商竟然气呼呼地走上讲台，说道："下个月我们还有专门的阅读课论坛，到时候我们再讨论。"就差说一句："别听她（我）的！"这样的引领人，要将我们的学前教育引向何方？

四、构建幼儿园园本课程的建议

构建幼儿园园本课程的建议如下。

首先，幼儿园的课程建设由"千人一面"到各具特色，进而适合各幼儿园及孩子们发展的园本课程，这需要一个较为漫长的过程。建议将幼儿园园本课程先定义为幼儿园领导、教师根据本园实际和需要开发的、立足本园且适合本园及孩子们发展的原创性课程。因为幼儿园课程和学校课程一样，可以有许多共性的、统一学习的内容。鼓励幼儿园领导、教师先从最明显的不同之处入手，开发出属于幼儿园自己的、真正的园本课程；再逐步地把地方特色课程、全国性课程逐渐加以整合、修改，变成园本化课程。

其次，课程专家、教授要站在幼儿园教师的角度，帮助教师分清什么是广义的园本课程，什么是狭义的园本课程，让教师明白幼儿园课程建设的趋势，这样才能够跟上课程改革的步伐，从而有效促进幼儿园的课程建设。张莹在其硕士学位论文中提到的上海 A 园的职初教师、成长型教师、成熟型教师都惊人相似地把园本课程等同于幼儿园特色课程，时至今日，仍会有很多教师认为园本课程就是幼儿园自己开发的课程。对于广义的园本课程大家尚不理解、不认同。

最后，在课程选择上，上海 A 园的教师会不约而同地选择"品质好的课程"，而非园本课程。目前把同样的问题放到幼儿园，教师们的选择依然如此。从上海 A 园的教师对课程的选择和目前一些幼儿园对课程的盲目选择来看，幼儿园办园者、教师都在呼唤一套品质好的幼儿园课程。因此，建议学前教育课程专家编制一套品质高、科学性和系统性强的课程。最好在每一领域中都指点、提示幼儿园如何将统一的课程园本化。如果全国统一范围太广，也可以按"东西南北中"五个地域编制出不同地域风格的课程供不同地域幼儿园参考、使用，这样才能从根本上消除盲目选择课程、盲目使用教材的乱象，引导幼儿园一步一个脚印地进行课程改革。

五、总结

幼儿园课程建设是一个永远不过时的话题。在教师素质没有实质性提高，以及幼儿园配备和编制没有实质性突破的情况下，硬性要求幼儿园全面开发、实施园本课程是不可行的。幼儿园课程园本化的目标也需要教师对幼儿园课程有改变、整合的深层次理解才能够实现。课程建设相关概念、相关要求的提出都必须切合幼儿园实际，切合教师实际。好高骛远于事无补,只有脚踏实地,才能走出一条幼儿园课程全面园本化的课改大道。

参 考 文 献

[1] 张莹.园本课程开发实施中不同教龄教师课程领导力实现[D].上海:华东师范大学,2011.

　　注:本节内容根据论文《再议"园本课程"》整理。该文发表于《课程教育研究》2019 年第 50 期,并荣获一等奖。

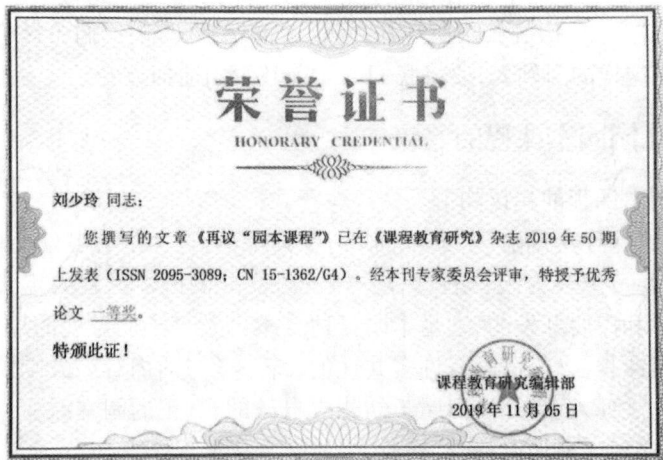

荣誉证书

HONORARY CREDENTIAL

刘少玲 同志:

　　您撰写的文章《再议"园本课程"》已在《课程教育研究》杂志 2019 年 50 期上发表（ISSN 2095-3089；CN 15-1362/G4）。经本刊专家委员会评审,特授予优秀论文 一等奖。

特颁此证!

课程教育研究编辑部
2019 年 11 月 05 日

第二章 生成课程实践探究

自 2001 年开始实施生成课程以来,我园对生成课程的探索、研究从未中断过。一开始,有一些教师由于受水平和经验的限制,把生成课程直接按主题活动的方式开展,省略了"生成过程";有一些教师不顾孩子们是否感兴趣,只按自己的意愿生成课程;有一些教师敷衍应付,遇到难找的资源便不顾孩子们的兴致,把孩子们生成的内容直接删去;等等。通过不断学习、实践、修正,我园的生成课程质量不断提升,教师与孩子们在生成课程的实践中同时得到了成长。

第一节 早期的生成课程

一、小二班生成课程——水

（一）课程由来

水是孩子们生活中最常见和最易接触的,几乎每一个孩子都喜欢玩水,特别是在夏天,无论是洗澡、游泳时,还是看到水龙头流出水时,只要被孩子们抓住机会,他们就会玩个不停。一天午餐前,教师带着孩子们去洗手。"来啊,洒我啊!""这水真凉快啊!""真好玩!"一不留神,几个孩子已经玩得不亦乐乎。水龙头的水哗哗地流淌着,一个个孩子都满身湿淋淋的。针对孩子们喜欢玩水又浪费水的情况,教师组织孩子们讨论:"你们喜欢玩水吗?为什么喜欢?"孩子们非常认真地回答问题。不少孩子问:"老师,水龙头里的水从哪里来?""雨水也是水吗?"孩子们对"水"这个话题非常感兴趣,于是生成了课程主题——水。

（二）预定目标

1.引导孩子们了解水的来源及基本特征,激发孩子们探索的欲望。

2.让孩子们知晓人、动物、植物都离不开水。

3.使孩子们理解节约用水的重要性,了解在日常生活中节约用水的方法,初步懂得向身边的人进行环保节约宣传。

注:生成课程的目标会随着孩子们的兴趣和课程的生成方向而发生改变。

（三）前期准备

1.教师和孩子们共同收集有关水的资料。

2.教师和孩子们共同收集有关水污染的图片、缺水地方的影像等。

3.教师准备进行水实验活动所需的材料。

4.孩子们自带玩具水枪。

注:教师可以多做准备,以便满足课程生成的需要。

(四)课程的生成过程

1.确定"水"的主题后,教师和孩子们一起讨论:水是什么样的? 水有哪些特点? 通过观察、实验,知道水是无色、无味、透明、会流动的……于是生成了子主题——水的特性。

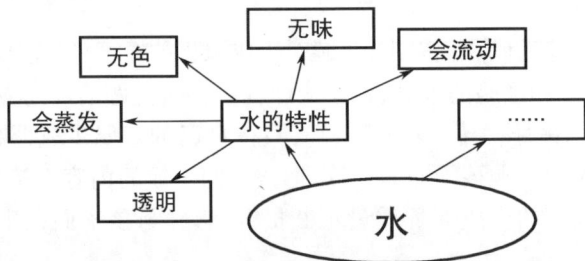

2."老师,水龙头里的水从哪里来?""雨水也是水吗?""哪里还有水呀?"孩子们了解了水的特性后,产生了新的问题。于是我们重新布置了环境,又生成了子主题——水的由来。

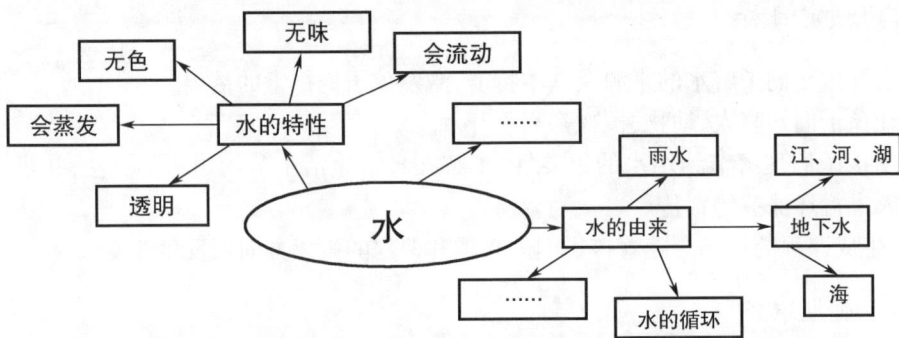

3.晨间活动的时候,教师带着孩子们一起给园内的小花浇水。教师一边浇水,一边让孩子们观察小花。教师听见几个孩子正在谈论:"小花要喝水,我们也要喝水,还有谁要喝水呢?"有个孩子说:"假如没有水,小花、小草都会死的。小鱼也需要水,离开水它就活不了了。"顺着孩子们的话题,我们又生成了子主题——谁需要水。

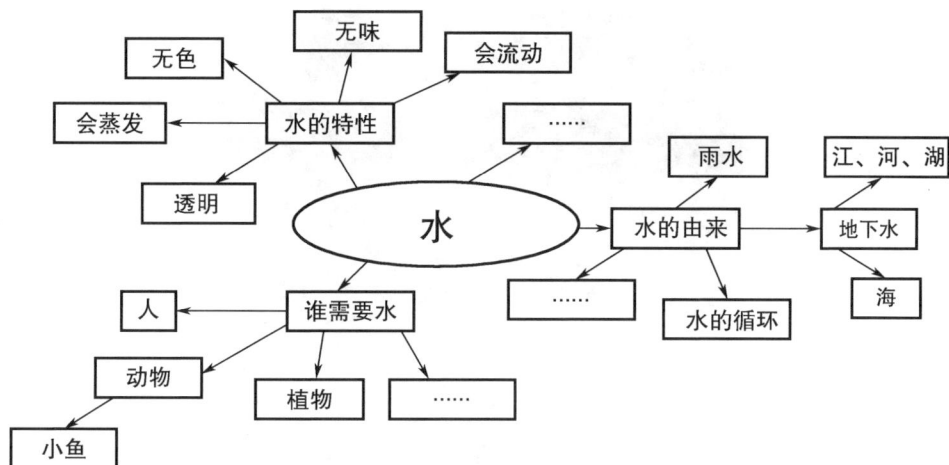

4.通过对子主题——谁需要水进行学习探究后,孩子们知道了生活在地球上的生命——人、动物、植物都离不开水。如果没有水,人类、动物和植物都无法生存。教师给孩子们准备了做实验的材料,让孩子们通过做实验,知道水变浊容易变清难。孩子们在各种活动中懂得了惜水、节水的重要性。

(五)家长工作

1.请家长在节假日带领孩子观察水井以及江、河、湖、海,使孩子了解水的来源,并帮助孩子收集各种关于水的图片。

2.请家长做孩子的榜样,督促孩子节约用水,养成节约用水的好习惯。

3.请家长在日常生活中教会孩子要一水多用。

(六)效果和反思

"水"这个主题活动共开展了6周。在这6周里,教师围绕三个子主题——水的特性、水的由来和谁需要水组织了一系列丰富多彩的教育教学活动,充分激发了孩子们学习的积极性、主动性,让孩子们真正成了活动的小主人,做到在玩中学、在做中学。这不但使孩子们开阔了视野,丰富了相关知识,也使孩子们的思维能力、动手能力、合作能力得到较大的提高。在活动过程中,教师随着课程的需要布置环境,并在主题角张贴有关图片。

教师在组织孩子们玩水、做实验过程中,使孩子们发现水的特点是无色、无味、透明、会流动的,水变浊容易变清难。孩子们在活动中还提出"水煮得久了会变少,变少的水到哪里去了?""有的物品为什么会浮在水面上,而有的沉下去了?"等无穷无尽的问题。教师会在活动中选择适合孩子们的内容,引导孩子们通过各种方法寻找答案,使孩子们在活动中获取新知识。

教师在"实验区角"增加有关水的实验摆设,提供各种实验材料,让孩子们在课余时间自主操作。这样可以使孩子们在实验活动中轻松地掌握知识。如通过实验"糖不见了",让孩子们观察糖能溶解于水的现象,同时让他们发现搅拌能加快糖的溶解。

教师还通过语言活动——小水滴旅行记,让孩子们初步感知水的三态变化;通过户外活动——我们一起来玩水,让孩子们体验玩水的快乐。

在"水的由来"这一主题中,一些孩子说:"我看过大海,好大,好多水!"教师让看过大海的孩子谈谈大海里的水是什么样的? 能喝吗? 让孩子们了解海水和淡水的不同。自来水来源于江河或地下水、山泉水,这些是无色、无味的淡水。地球上的淡水仅占全部水资源的3%。水与我们的生活息息相关,它是生命之源,非常重要。

教师还组织了节水讨论活动,让孩子们自由讨论、自主发言。有的孩子说:"洗菜后的水可以用来冲厕所。"有的孩子说:"洗衣服的水可以用来拖地。"有的孩子说:"洗米的水可以用来浇花。"等等。在活动中,孩子们情绪高涨、发言积极,分享了很多节水的办法。

本次活动开展得比较顺利,孩子们的学习兴趣浓厚,大部分孩子都能积极主动地参与到课程的生成和学习活动中来。通过活动,孩子们无论在家里、在幼儿园,还是在公共场所,都能做到节约用水,一水多用,而且还会提醒家人、朋友要节约用水。此次活动得到了家长们的积极配合,许多孩子家长主动帮忙搜集资料,活动最终取得了良好的教育教学效果,不仅完成了预定的目标,而且尊重了孩子们的学习意愿。在给孩子们初步讲解水的三态和溶解现象时,部分孩子似懂非懂,这些知识还不适合对小班的孩子们讲得太深,只是引导孩子们探索感知,重在激发孩子们的好奇心和兴趣。教师应该根据孩子们的年龄把握好其学习的度。

二、中三班生成课程——可爱的动物

(一)课程由来

一次,我园来了一只"自来狗",自那之后,每次带孩子们到户外活动时,孩子们看见狗就会问教师:"老师,小狗在那儿做什么呢? 晚上小狗在哪里睡呀? 小狗的肚子为什么大大的? 小狗吃什么呀?"对于这些问题,教师让孩子们放学回家后自己去找答案,第二天一起来分享。喜欢动物是每个孩子的天性。外形可爱的小狗深深吸引着孩子们的注意力,他们对狗充满了好奇。于是,教师顺应孩子们的谈话热点生成课程主题——可爱的动物。

(二)预定目标

1. 教师引导孩子们了解杂食、草食、肉食动物的外形特征和生活习性。
2. 教师激发孩子们了解动物的好奇心,让孩子们有爱护动物的意识。

(三)前期准备

1. 教师与孩子们一起来搜集各种各样的动物图片、卡片及动物玩具。
2. 组织孩子们到动物园观察动物。

(四)课程的生成过程

1. 孩子们经常找教师聊天,问:"动物都吃什么?"张瑾问:"老师,鸡吃什么?"洋洋问:"鹅会吃草,可是它为什么还吃别的东西呢?"为了满足孩子们的求知欲望,让他们了解家禽、家畜的生活习性等,教师布置了主题角,生成了子主题——杂食动物。

2. 有一天,教师和孩子们正在重新布置活动室,有一个孩子忽然问道:"老师,牛和羊为什么只吃草? 猪吃杂食,那大象也吃杂食吗?"孩子们对动物们所吃的食物十分感兴趣。根据孩子们所提的问题又生成了子主题——草食动物。

3. 最近,孩子们的热门话题莫过于"××(动物)吃什么?""它是吃草的,还是吃杂食的?""哪些动物吃肉?""老师,老虎只吃肉吗? 它不吃其他食物吗?"究竟哪些动物是吃肉的呢？教师将和孩子们一起探究,因此,又生成了子主题——肉食动物。于是我们又更换了主题角的内容,让孩子们探索草食动物和肉食动物的区别。

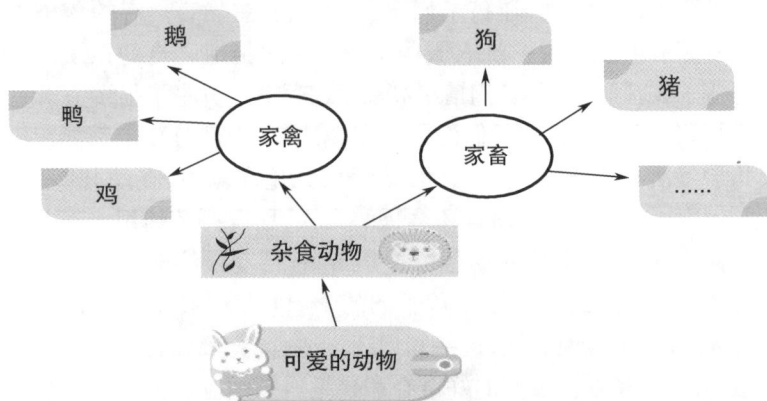

（五）家长工作

1. 家长提供有关动物的童书,放在语言区一起分享。

2. 家长和孩子一起搜集各种有关动物的资料和信息。

3. 家长和孩子一起观看《动物世界》,丰富有关动物方面的知识。

（六）效果和反思

"可爱的动物"这个主题在中三班实施了6周。围绕逐渐生成的"杂食动物""草食动物""肉食动物"三个子主题开展活动。第一个子主题——杂食动物,教师和孩子们认识了杂食动物,了解了哺乳动物中有很多动物都是杂食动物。这些杂食动物和人类一样,既吃植物性食物,也吃动物性食物,如鼠、猪、猫等。它们大多性情温和,没有攻击性;第二个子主题——草食动物,通过各种活动让孩子们认识了草食动物,了解了草食动物就是以植物为食物的动物,如大象、马、牛、羊等;第三个子主题——肉食动物,教师和孩子们一起探究肉食动物的特征,了解了肉食动物的牙齿尖锐而有力,攻击性强,会对人畜造成伤害。肉食动物有老虎、豹、狮子和老鹰等,我们人类不能随意靠近这些动物。

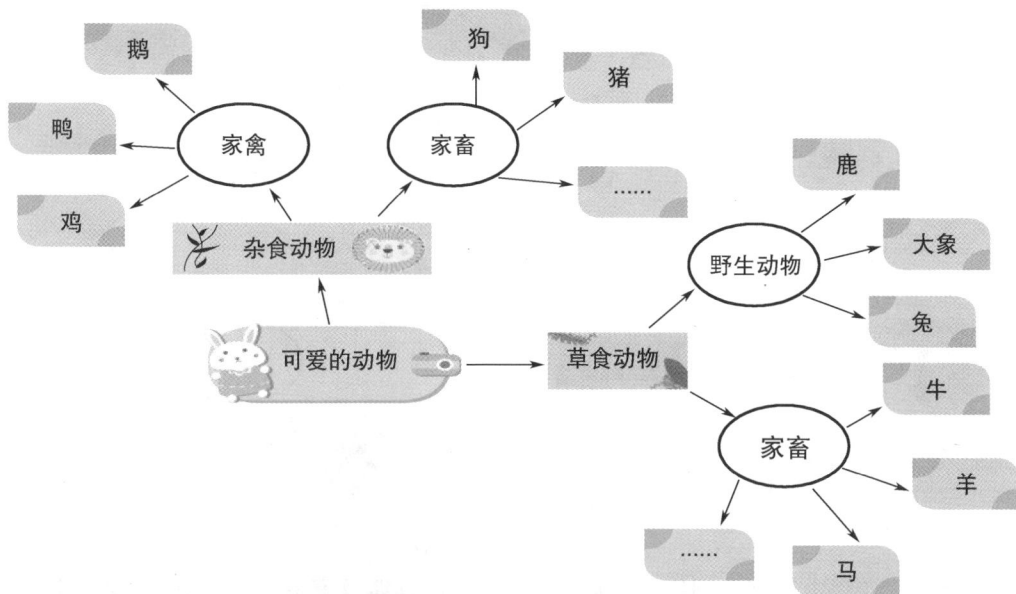

在开展活动的过程中,教师通过谜语、图片、幻灯片、影像和故事等,引导孩子们认识杂食动物、草食动物和肉食动物的外形特征和生活习性。例如,科学活动——各种各样的动物,让孩子们通过图片、视频、实地观察等方式来了解动物的生活习性;语言活动——动物乐园,通过讲述、交流、互动等使孩子们加深对动物的了解;美术活动——有趣的动物,通过画画、剪裁、贴纸等一起动手、合作绘画来制作神态各异的动物,使孩子们进一步了解动物,同时教育孩子们要爱护动物,使孩子们萌发保护动物的意识。教师还注重主题墙的布置。在主题墙上粘贴了各种动物的图片和孩子们的绘画作品,供大家欣赏、交流。

活动也得到了家长们的支持。家长们一直帮助孩子们收集有关动物的资料,带孩子们到动物园看动物。有的家长向教师反映,孩子在动物园看动物时,能说出许多动物的名称,而且还能说出好多动物的特征和生活习性；还有的家长向教师反映，从开展"动物世界"活动以来，他们每次和孩子一起到市场买菜时，孩子总在旁边提醒爸爸、妈妈不要买野生动物，要保护野生动物。家长反映的情况使我们感到很欣慰，家长的积极配合使我们的活动开展得更加有声有色。

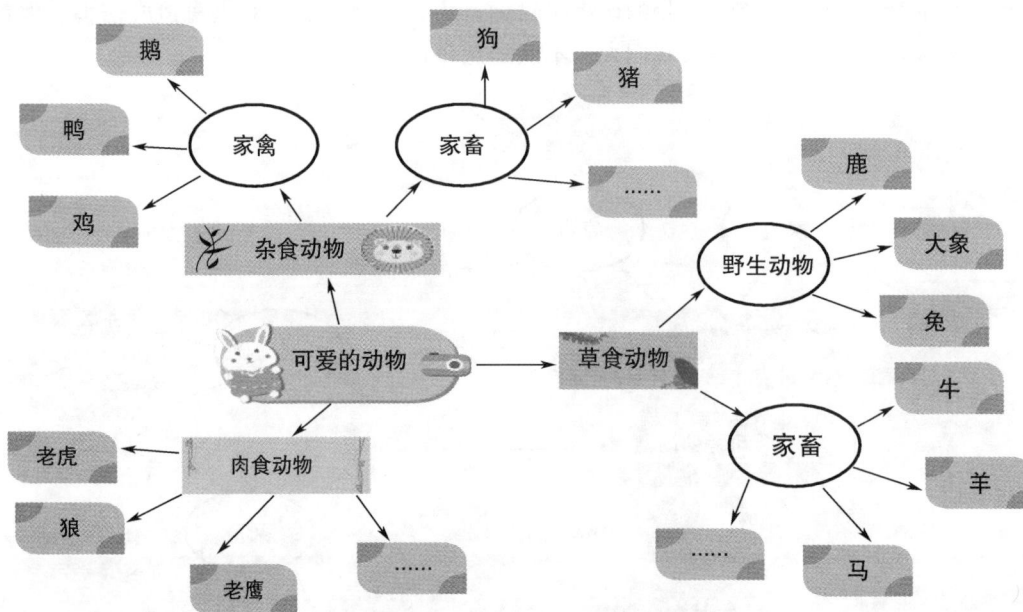

本次生成课程由于孩子们经验的限制，杂食动物只涉及家禽、家畜。尽管草食动物性情比较温和，但未经驯服的野生动物，如大象、野牛等，也是不可以随意靠近的。在课程开展的过程中，有一些问题没有想到，所以遗憾和欠缺都是存在的。

三、大二班生成课程——小实验大学问

(一)课程由来

春天是植物生长的好季节。植树节这天，教师组织孩子们在种植区撒下几种蔬菜的种子，并做观察记录。过了一些天，种子开始发芽，孩子们兴奋极了。杨思宜大声说道："快看！快看！种子发芽啦！种子最喜欢泥土吗？""大学问家"苏麟开始发表他的见解："那当然喽，因为种子吸收了土壤里的水分嘛！""大问号"漪乐歪着脑袋问："那为什么不直接给种子浇水呢？让种子吸收更多的水分不是会更快发芽吗？为什么非要种在土壤里呢？""种子也有可能是晒多了太阳才长得快，妈妈经常说多晒太阳长得高。""我觉得种子可能会种在沙子里，因为有时候吃菜会吃到沙子。"从孩子们的对话中可以发现，科学奥秘深深地吸引着他们。而科学现象在孩子们的生活环境中无处不在，可以向他们讲解一些浅显易懂的科学现象，这也符合大班孩子的年龄特点。于是，教师决定满足孩子们的兴趣和需要，追随孩子们的发现和问题，开启生成课程。

(二)确定主题

从种植区回到教室里，教师立即组织孩子们对"种子"这一话题进行讨论，并上网浏览

图片,观看种子发芽的视频,但对于探究结果孩子们并不满意。于是,教师做了一个"种子发芽"的实验。把种子分成两部分,一部分放在盘子里,另一部分种在小酸奶盒中的土壤里,每天浇水、观察和记录。一些天后,土壤里的种子发芽了,但是盘子里的种子没有发芽。通过做实验,孩子们对身边的科学现象有了更直观、深刻的了解,从而培养孩子们探究的兴趣、意识和能力,所以"小实验大学问"成了生成活动的主题。

(三)预定目标

1. 让孩子们通过各种实验活动,探索身边的科学现象。
2. 让孩子们在做小实验了解科学现象的同时,能与他人合作、交流,并做实验记录。
3. 培养孩子们探究的兴趣、意识和能力,使其体验探究科学的快乐。

(四)前期准备

1. 环境准备
创设实验区、种植区、科学探索屋、展示区。
2. 材料准备
实验工具,如放大镜、杯子、饮料瓶、铁罐等;种植工具,如土壤、种子、小铲子、小花洒等;记录工具,如记录表、白纸、记号笔等。还需要一些科学家简介、小实验绘本等。
3. 家长工作
家长与孩子一起探索身边的科学现象,引导孩子细看、多问、勤动手,并与孩子一起做亲子小实验和记录。

(五)课程生成过程

1. 植物来了
(1)活动由来
在"种子发芽"的小实验中,孩子们对植物的生长过程、生长环境、生长所需要的条件等非常感兴趣,于是,孩子们成为幼儿园种植区的小主人、活动的主导者,他们每天快乐地观察、记录着,并按照自己的想法去操作、探究。于是开始了第一个探索活动——植物来了。
(2)活动预期
期望孩子们在植物探究活动中用自己的方式记录,体验动手做实验的乐趣,激发探究的兴趣和欲望。

（3）活动准备

为了满足孩子们的探索欲望，教师丰富了班级的"自然角"，在"阅读区"中放置了有关植物方面的童书，在"实验区"中放置了实验操作用具。孩子们可以自由选择，自主探索。教师还发动孩子们回家搜寻种子。第二天，丽丽带来了一包绿豆想要播种，孩子们围了上来。

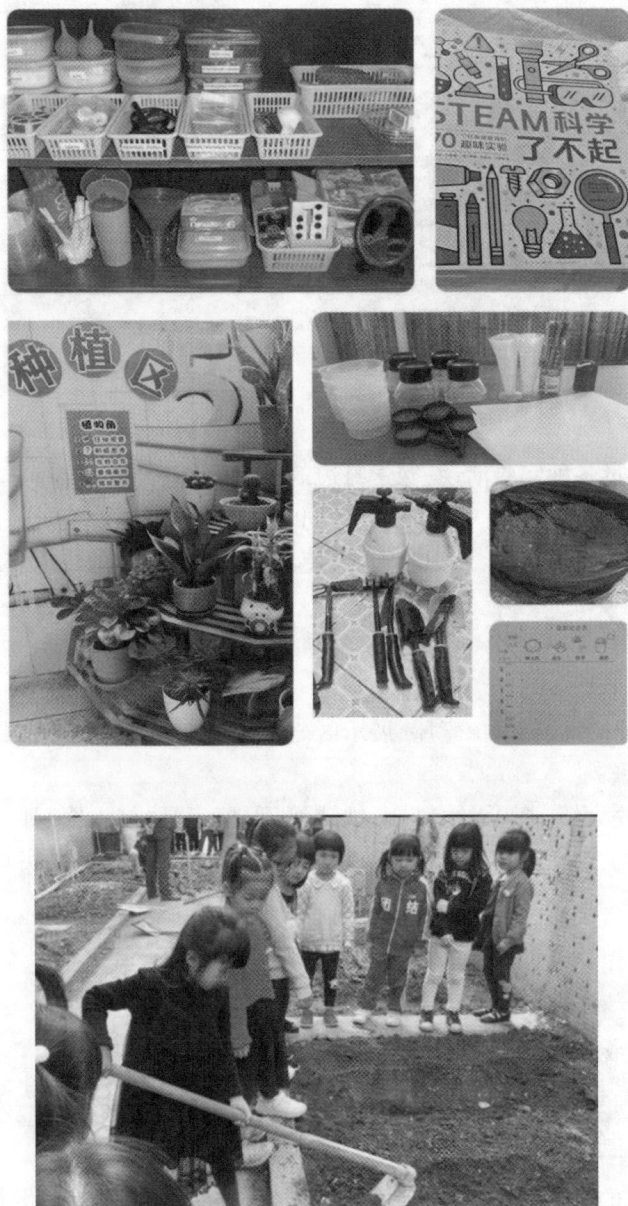

师毅："我家有很多豆。"

艺淳："漂亮吗？"

思乐："豆是可以吃的，妈妈说它还能变豆芽，更好吃。"

梓涵:"什么是豆芽?"

教师:"我们要不要试试发豆芽啊?"

孩子:"我要! 我要!"

显然,孩子们对"豆芽"更有兴趣,而且他们身边有各种各样的豆,操作性强,于是"发豆芽"实验开始了。

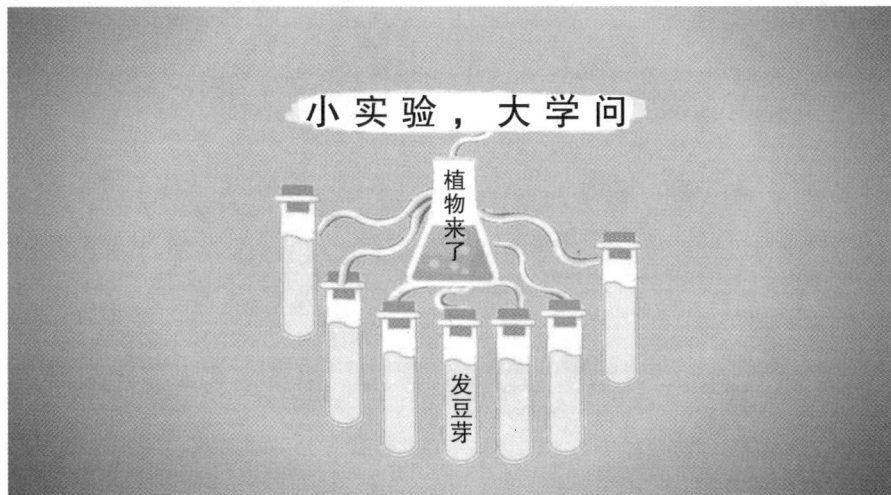

(4)活动过程——小实验:发豆芽

①实验活动预期

期望孩子们大胆地尝试"发豆芽",在小实验中观察、记录豆豆发芽的过程,体验科学探究的乐趣。

②实验活动准备

"发豆芽"是孩子们的兴趣点,并且孩子们收集了大量豆豆。于是教师在实验区放置了水、盆、酸奶瓶、剪刀等材料,以满足孩子们自己发豆芽的愿望。

③实验活动过程

活动一:第一次做"发豆芽"小实验

第一天,孩子们商量着为豆豆找家。

师烨:"豆豆这么小,家不用很大。"

梓轩:"是啊,它们可以几个住在一起。"

思思:"瞧,我们的酸奶瓶可以做豆豆的家。"

于是,孩子们把酸奶瓶洗干净,将豆豆倒进去,再加入可以盖过豆豆的水进行浸泡。装好水后,孩子们商量着把豆豆的家放哪里,最后决定放在教室门口的花圃边上,便于观察和记录。孩子们对"新朋友"豆豆充满好奇,开启了聊天模式。

梓希:"豆豆,你会游泳吗?"

冰冰:"豆豆,你喜欢自己的新家吗?"

暖心:"豆豆,你要快快长大,我唱歌给你听。"

可可:"豆豆好乖,是不是睡着了?"

嘻嘻:"豆豆,你冷吗? 要不要盖被子?"

第二天,孩子们有了新发现:"你们看,豆豆的外壳不见了。""是呀,它们长了一点点。"

孩子们发现泡在水中的豆豆变大了,和第一天所做的记录相比较,能够很直观地发现有些豆豆的皮裂开了。于是,教师又增加了直尺、笔、纸、表格等工具,方便孩子们把所观察到的现象记录下来。

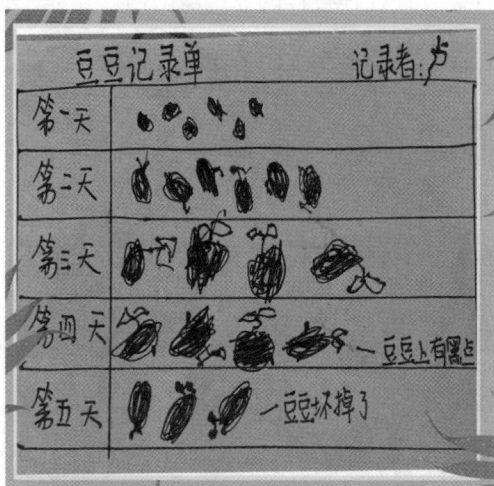

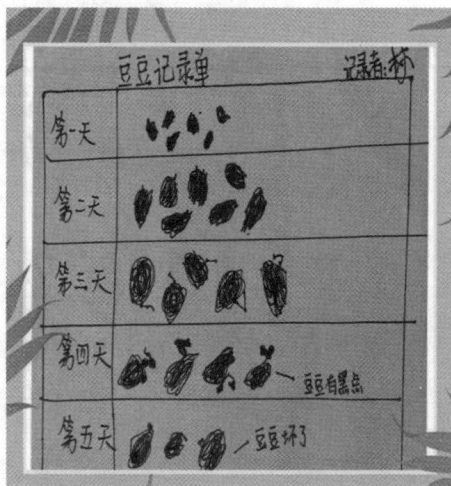

活动二:救救小豆豆

过了两天,孩子们在给豆豆浇水时发现少了一些豆。于是大家开始寻找"丢失"的豆豆。

婷婷:"会不会豆豆发了芽就会走路啦?"

烨烨:"不会是被虫子吃了吧?"

苏麟:"快看,快看!豆豆和它们的家掉到花圃里了!小虫子的力气没这么大,一定不是它干的。"

"老师,老师,豆豆不见了!"孩子们跑来向教师求助。于是,教师和孩子们一起侦查,发现豆豆是在夜里被小老鼠偷吃了。看着被咬坏的豆豆,孩子们很沮丧。

佳佳:"这可怎么办?这样下去,我们的豆芽会被吃没的。"

老师:"孩子们,别担心,我们想想办法,行动起来,救救小豆豆。"

在教师的鼓励下,孩子们又振作起来,还想出了许多防止老鼠偷吃豆豆的方法。最后孩子们将老鼠偷吃过的豆豆倒掉了,找来新的豆豆重新"发豆芽",并用镂空的小篮子罩住豆豆。

第二天一早,孩子们迫不及待地拿开罩在豆豆上的篮子,发现所有的豆豆都好好的,一个也没少。大家开心极了,说道:"看来,我们的办法起作用了。"

又过了两天,孩子们发现被泡在水中的豆豆稍微变大了一点点,但还是没有发芽。经过一番讨论,孩子们认为"没有换水"是豆豆没有发芽的原因,于是决定第三次"发豆芽"。

活动三:重新"发豆芽"

前两次小实验失败后,孩子们吸取经验,决定每天给豆豆换水。第三次"发豆芽"实验开始了。

这一次,孩子们用盘子做豆豆的家。第一天,豆豆变大了;第二天,豆豆破皮了;第三天,豆豆越来越大了;第四天,豆豆有黑点了;第五天,豆豆坏了……

可可:"我们的豆豆生病了。"

青青:"是啊,变黑了,这是为什么啊?"

琪琪:"是不是水太少了?"

为了找到原因,教师和孩子们一起查阅植物生长的书籍,观看"发豆芽"的视频,发现豆豆是不喜欢被晒的,它需要在温暖但阳光不强的地方发芽。"我知道了,我们拿毛巾把豆豆的家围住,不让豆豆见到阳光就可以了。"机灵的博霖马上想出了办法,也得到其他孩子的肯定。于是大家决定第三次"发豆芽",并找来毛巾,准备盖在盘子上,解决避光的问题。

活动四:第四次做"发豆芽"小实验

第四次"发豆芽"小实验开始了。这一次孩子们积累了经验,和教师一起整理了"发豆芽"流程图:找盘子—放豆豆—泡水—盖上小毛巾—用喷瓶给毛巾喷水。孩子们按照流程图操作,将已经处理好的豆豆拿进教室,放在阴凉的位置避免光照。

一天天过去了,豆豆真的发芽啦。孩子们兴奋地欢呼:"我们成功啦!我们终于成功啦!"

孩子们在"发豆芽"期间,还探索了幼儿园种植区、班级自然角、家里和小区里的植物,做了植物口渴了、叶子里的空气、无土栽培、土壤溶液种植、植物的向光性、绿豆的种植和生长等小实验。在教师的支持下,孩子们观察、记录、比较、分析、总结,尝试了一个又一个小实验,初步感知了植物的生长需要一定的湿度、温度、养分等。

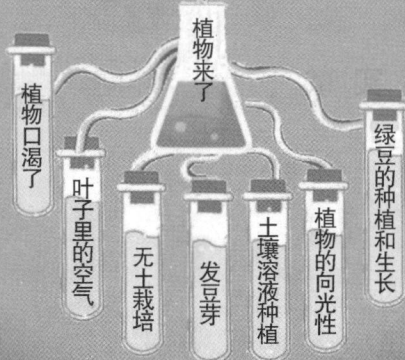

(5)活动反思

在"植物来了"这一主题探索活动中,当孩子们遇到问题、产生疑惑时,教师不是简单地回复、直接答疑,而是在尊重、支持孩子们的基础上,认真关注、真诚肯定、启发引导、时刻提醒,对孩子们的自由探究给予积极的支持和肯定。当实验屡次失败孩子们即将放弃时,教师引导孩子们"求助",让活动得以继续开展和深化。可见,对于孩子们探究在前、教师支持在后的策略运用,教师要有足够的耐心,认真观察,在孩子们放弃之前给予适度的支持,既让孩子们得到充分尝试的机会,又让孩子们获得积极的情感体验。

整个活动中,教师指导孩子们用绘画和符号的方式记录、观察和实验,为以后运用记录、比较等方法探究科学现象打好了基础。孩子们在教师的启发、协助下上网找资料、求助他人,并和爸爸、妈妈一起讨论,和其他孩子分享经验等,这些都将为孩子们以后的探究活动提供有意义的经验。同时,孩子们也更深刻地体会到实验成功的喜悦,从而使探究的兴趣和欲望更加强烈。

2. 奇妙的光

(1)活动由来

孩子们在"植物来了"这一主题的生成活动中,感受到了阳光的重要性,知道有些植物怕光,有些植物喜光,认为光很奇妙。晨间,孩子们在给植物浇水的时候,话题变成了"光"。

齐齐:"快看,快看,光在我身上。"

媛媛:"地上也有啊!"

丽丽:"哇,光又跑到滑梯上了。"

琪琪:"这些光是从哪里来的?"

可可:"这些都是太阳光啊?"

小静:"我的魔法棒也会发光,比这个光还亮。"

光无处不在,却往往被忽略。齐齐的发现让大家产生了探索光的兴趣。教师也发现光的变化时常能引起孩子们强烈的好奇心和探究欲望,而探索光的秘密的最好方法就是让孩子们亲自去看一看、玩一玩。于是生成了新的主题——奇妙的光。

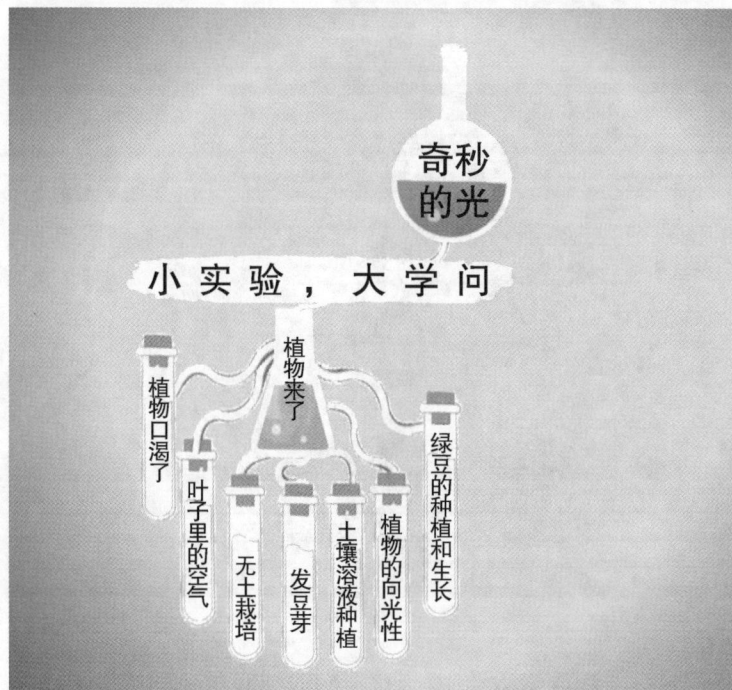

（2）活动预期

期望孩子们通过自己的直观感知、实验操作探索和发现光的秘密,感受科学探究的乐趣。

（3）活动准备

为了满足孩子们的探究欲望,教师组织孩子们在一起交流、观察,并记录身边常见的光。同时,在"实验区"展示孩子们收集的发光物及图片,在阅读区放置相关绘本,并设置了"聚光屋"等。

教师:"光无处不在,你们都发现了哪些光?"

纯子:"生日蜡烛点燃了就有光。"

希希:"我有一双会发光的鞋子,晚上特别亮。"

文文:"萤火虫会发光。"

杨力:"手机也会发光。"

教师:"老师都记录下来了,你们也来记录一下吧。"

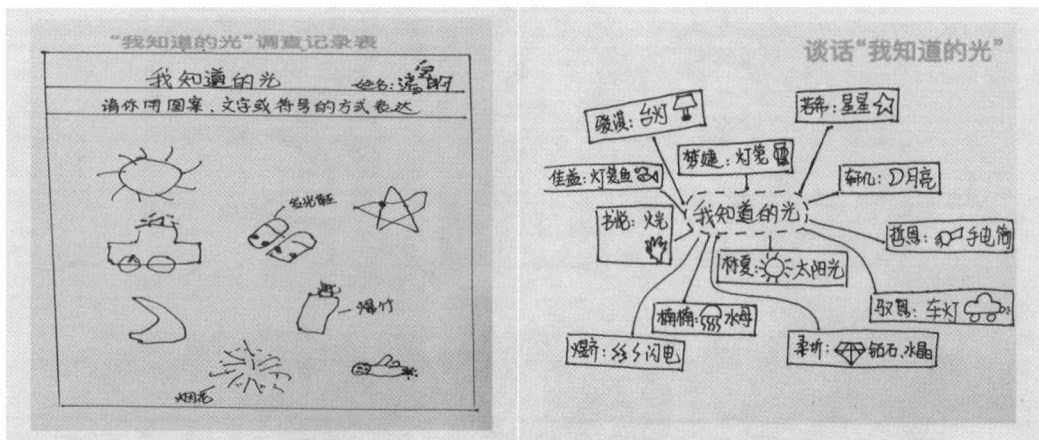

（4）活动过程——小实验:光和影子

①实验活动预期

期望孩子们通过实验活动,探索和发现有趣的光和影的秘密,初步感知光和影的密切关系。

②实验活动准备

在"找光"活动中,孩子们对日常生活中所见到的光有一定的认识与了解,知道有"自然光",也有"人造光",有光就会有影子。

③实验活动过程

活动一:找影子

阳光明媚的清晨,孩子们早操结束后开始自由活动,自发玩起了"找影子"的游戏。

子木:"快看,这是我的影子。"

春春:"你们看,这是大树的影子。"

峰峰:"没有太阳的地方就没有影子。"

齐齐:"对,我们站在大树下,影子就不见了。"

教师:"晚上没有太阳的时候,有影子吗? 怎样才能找到影子?"

冰冰:"老师,我们去找一个没有太阳的地方试试吧。"

可可:"我们到教室里拉起窗帘,太阳光就进不去了。"

于是,教师和孩子们回到活动室,拉上窗帘。孩子们从收集区拿出从家中带来的"发光物",继续玩"找影子"的游戏。

光和影子

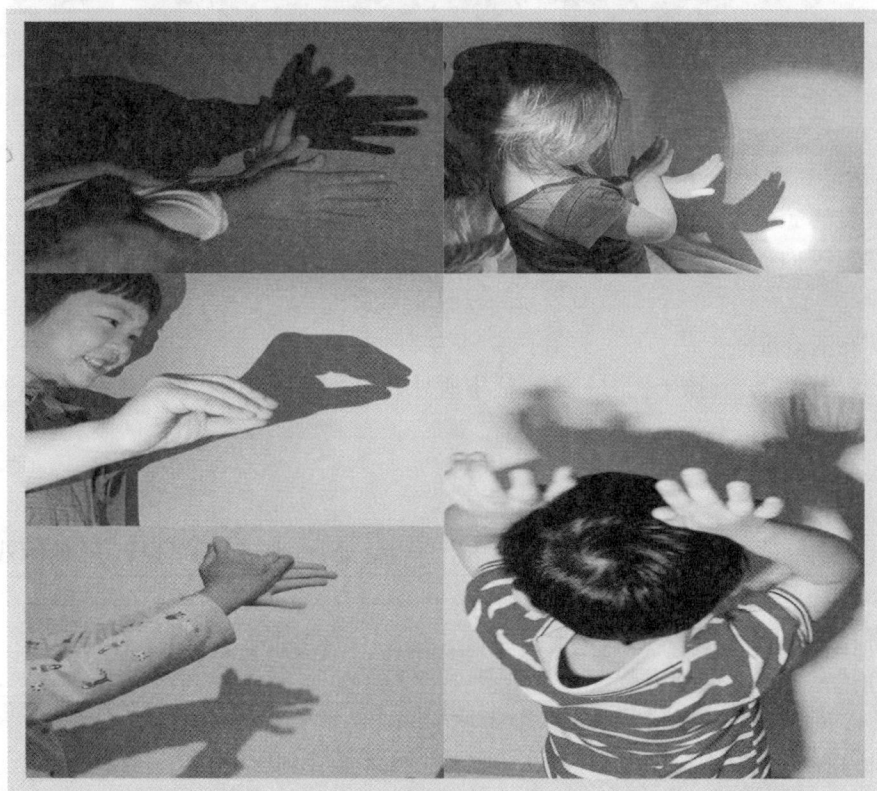

教师发现孩子们都能找到影子,都说影子是黑色的,孩子们已经获得"影子"的初步认知。于是,教师问孩子们:"影子是怎么来的? 会动吗? 会变形吗?"

孩子们嚷嚷起来,说法不一,于是,大家决定换个大场地继续探索光和影子。同时还带了手电筒、节能灯、应急灯、小玩具等发光物。

活动二:制造影子

来到实验室,孩子们忙着拉窗帘。

齐齐:"老师,不够暗,有光跑进来了。"

教师:"是啊,那我们应该怎么办呢?"

嘻嘻:"窗帘还有一层厚厚的布,拉上就能遮住了。"

教师:"对啊,真聪明! 大家把遮光布拉上吧。"

孩子们把遮光布拉上之后,实验室暗了下来。孩子们十分兴奋,迫不及待地做起了光和影的小实验。

可可:"厚厚、密实的东西才能挡住光。"

欣欣:"人走的时候,影子也会动。"

丽丽:"我能让影子变大变小,你们看!"

在"制造影子"实验中,孩子们能用观察、记录、测量等方法探究影子的变化,并且能用语言、绘画等多种形式大胆地表达自己对光和影子的认识,初步了解了光和影子的关系,知道影子随物体移动而移动,随物体的静止而静止,知晓了影子的变化与光和物体的位置有关。

接下来的几天,孩子们还生成了阳光作用大、阳光的颜色等主题活动。由于孩子们的认知存在局限,于是教师及时关注和引导孩子们观察和分析,并帮助孩子们搜索资料,获取知识。孩子们对光的热情不减,仍在继续探索中。

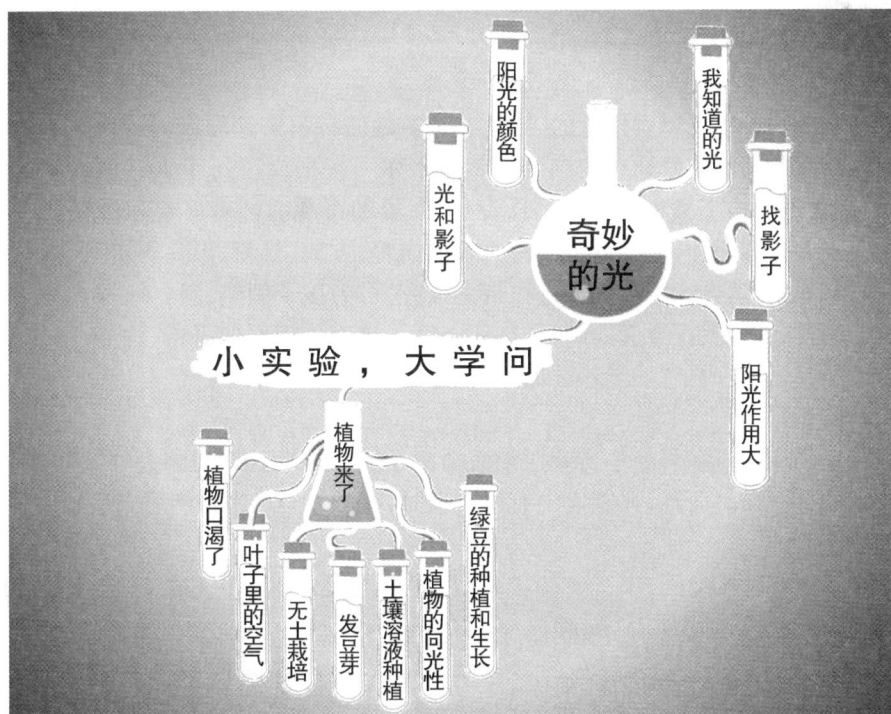

（5）活动反思

在"奇妙的光"这一主题探索活动中，孩子们参与了我知道的光、找影子、光和影子、阳光的颜色、阳光作用大五个主题活动。孩子们从对光的忽视，到对光影形成的条件、光的作用、光的反射的初步理解和认知，在这一过程中，他们感受到了科学探究的奇妙和乐趣。

从引导孩子们找光、找影子、制造影子开始，教师应及时提供"制造影子"的机会，让孩子们在亲自探究中对光和影的现象有进一步的认知。教师作为孩子们学习的支持者、合作者和引导者，当孩子们提出问题时，不应急于提供答案，而是积极引导，通过各种方式，让孩子们自己去寻找答案，这样便锻炼了孩子们的观察能力和思维能力。同时，教师也应注重家长资源的利用，以使探究活动顺利开展。

在探究活动的过程中，孩子们始终是活动的主人，在轻松的环境中，他们从发现问题到解决问题，充分运用观察比较、查找资料、讨论交流、实验操作、记录分享、亲子互动等方式进行探究实践。他们在活动中表现出的敢于尝试、积极主动、乐于想象和创造的良好行为比一个个做成功的小实验更让人惊喜，更为宝贵，这将是孩子们一生的法宝。当然，在本活动中还有一些未解决的问题可以作为延伸活动。光无处不在，丰富多变，期待在接下来的活动中，孩子们对光的探究又能有新的发现。

3. 实验小能手

（1）活动由来

在"小实验，大学问"生成活动中，孩子们对小实验着了迷。在实验区里做"影子"实验的孩子们聊了起来。

乐乐："我昨天在家和爸爸一起做水的实验了。"

莉莉："妈妈也夸我是做实验的高手。"

齐齐："做实验失败了也没关系，可以再做一次。"

思思："你们还做过哪些实验？"

琪琪："我做过磁铁的实验，特别好玩。"

本本："我做过空气的实验。"

从孩子们的聊天中可以发现，让人感觉非常遥远的科学实验原来离我们这么近，而且，孩子们对做小实验越来越着迷。美国天文学家卡尔·萨根说："每个人在他幼年的时候都是科学家，因为每个孩子都和科学家一样，对自然界的奇观满怀着好奇和敬畏。"在幼儿园开展科学小实验探索活动，引导孩子们对实验的内容、方法、材料、形式等进行分析、记录和总结，使孩子们对自然界的各种现象进行自主探究，可为孩子们热爱科学、探索科学打下良好的基础，具有深远的教育意义。同时，这还有助于培养孩子们的思维、沟通、协作、创新及动手能力。于是，又生成了"实验小能手"主题。

（2）活动预期

希望孩子们在丰富多彩的小实验探索活动中，能够亲自动手、动脑去寻找问题的答案，并养成记录的好习惯。而且，在探索中有所发现时，孩子们会产生强烈的满足感。

（3）活动准备

进一步扩大实验区空间、丰富实验工具、放置新的操作材料（气球、矿泉水瓶、纸巾、吸管、棉花等），准备"实验小能手"胸章。

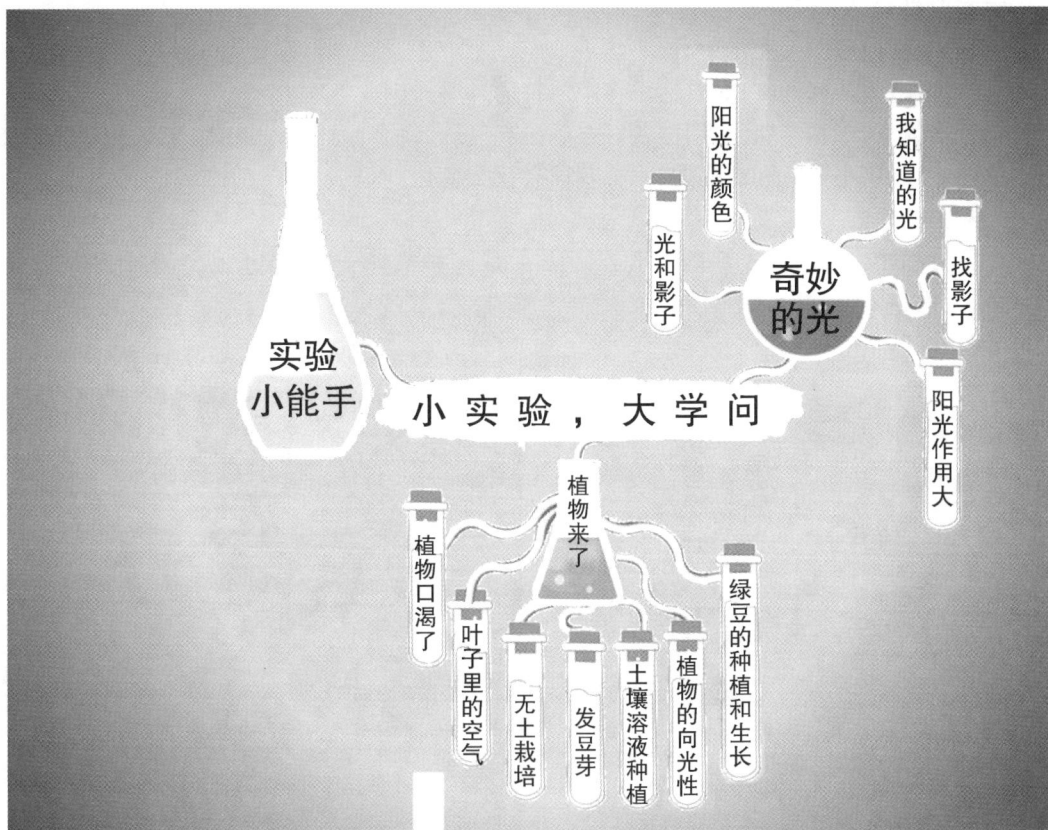

（4）活动过程

①实验一：瓶吹气球

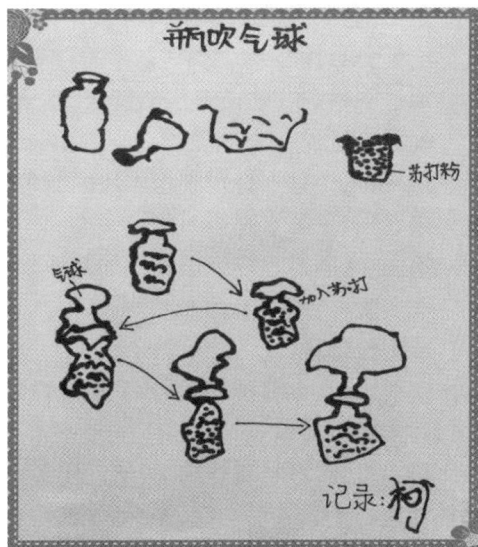

a. 实验材料

白醋、小苏打、纸卷的漏斗、气球、瓶子、纸杯。

b. 实验过程

第一步,将白醋倒入瓶子中。

第二步,将漏斗插到气球中,然后将小苏打通过漏斗倒入气球中。

第三步,将气球扣在瓶子上,准备好之后拉起气球,将小苏打倒入瓶中。

第四步,观察小苏打和白醋融合后,气球有什么变化。

c. 实验原理

小苏打和醋相遇会发生神奇的化学反应,生成一种气体——二氧化碳。瓶子里多了很多气体,它们钻入气球中,把气球撑大了。

②实验二:水的颜色

实验:水的颜色

a. 实验材料

透明水杯、彩色小木块。

b. 任务目标

通过观察、实践,了解水的特点。

c. 实验过程

第一步,透过水杯观察小木块的颜色。

第二步,了解水是透明的。

第三步,透过水杯说出看到的其他物体的颜色,并能说出水是透明的这一特点。

③实验三:流不出的水

a. 实验材料

塑料水瓶、大瓶子(装满水)、4张餐巾纸或小布块、橡皮筋。

b. 实验过程

第一步,将塑料瓶装满水,然后用餐巾纸(需按压)或一块布盖在瓶口上,并用一根橡皮筋勒在瓶口上。

第二步,封紧瓶口后,将塑料瓶口朝下,会发现水并不会流出。用力摇晃后水也不会流出来。

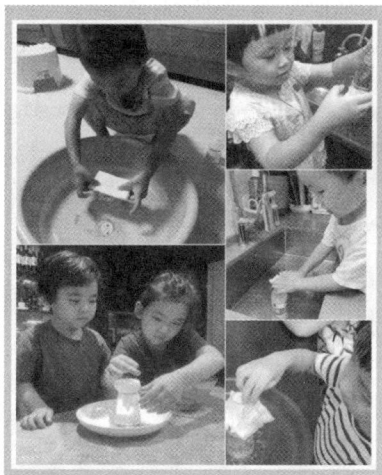

c. 实验原理

因为瓶子里面装满了水,没有空气,纸或布会受到向上的压力而紧紧地贴着瓶口,水便不会流出来。

④实验四:会跳舞的牛奶

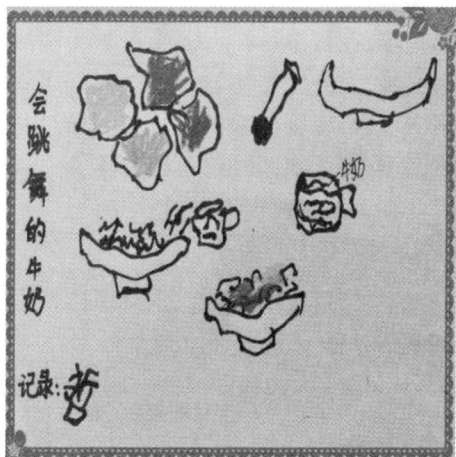

a. 实验材料

牛奶、盘子、颜料、洗洁精、棉签。

b. 实验过程

第一步,将牛奶倒进盘子里。

第二步,在牛奶中间滴上几滴不同颜色的颜料或食用色素。

第三步,用一根蘸了洗洁精的棉签再蘸牛奶。

第四步,会出现一种神奇的现象:蘸有洗洁精的棉签与牛奶接触后,牛奶中的颜料会迅速向四周散开,且越靠近棉签的速度越快,扩散的幅度也越大,就像冲击波一样。

c. 实验原理

牛奶表面有一定的张力,且密度略高于颜料,几种水质颜料滴入后可短暂漂浮在牛奶表面。牛奶遇到棉签上的洗洁精后,颜料表面的张力迅速下降并形成扩散效果。洗洁精中有表面活性剂,可使牛奶中的蛋白质变性,甚至沉淀。

⑤实验五:调皮的小纸团

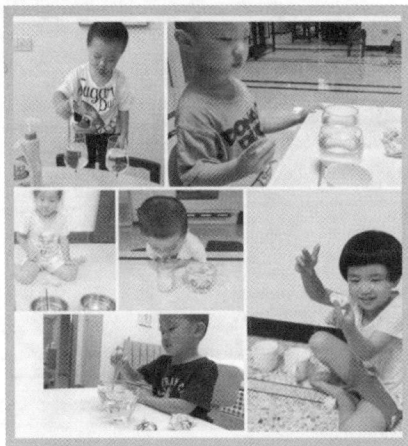

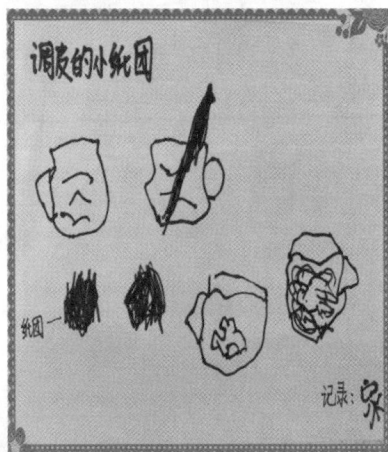

a. 实验材料

2 个小纸团、1 根筷子、2 杯同样多的水、洗洁精。

b. 实验过程

第一步,往其中一杯水中滴入 2 滴洗洁精。

第二步,充分搅拌均匀。

第三步,等待旋涡静止,防止旋涡影响实验。

第四步,将纸团同时放入 2 个杯子中,观察纸团展开的速度,会发现有洗洁精的杯子中,纸团展开和下沉的速度更快。

c. 实验原理

洗洁精会破坏水的表面张力,加速纸团吸水速度,使纸团下沉的速度加快。

⑥实验六:筷子的神力

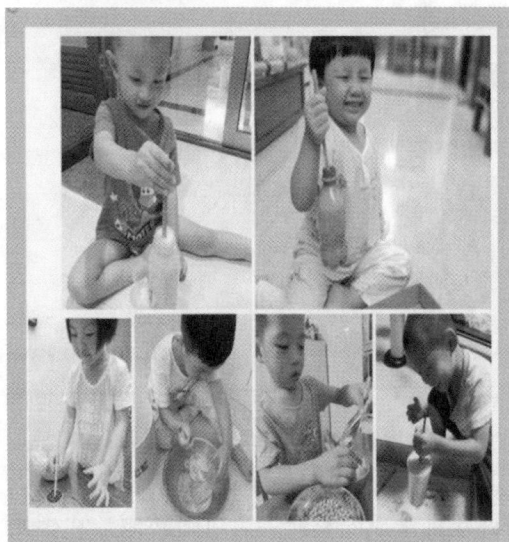

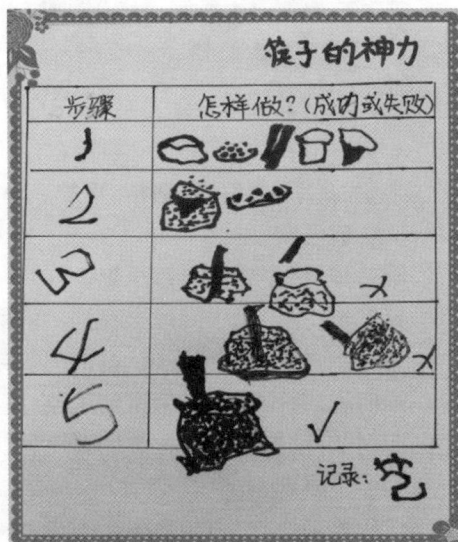

a. 实验材料

1 双筷子、1 个勺子、2 个塑料瓶、1 杯大米、小半碗红豆。

b. 实验过程

第一步,用勺子将大米盛入一个塑料瓶中,盛满并用手指按压紧实。

第二步,用勺子将红豆盛入另一个塑料瓶中,盛满并用手指按压紧实。

第三步,分别将 2 根筷子插入装满大米和红豆的瓶子中,直至塑料瓶的底部。

第四步,攥紧并拿起筷子。

c. 实验原理

神奇现象的发生主要依靠一种特殊的力量——摩擦力。拿起筷子,瓶子也被提了起来。

(5)活动反思

在"实验小能手"主题探索活动中,孩子们主要做了瓶吹气球、水的颜色、流不出的水、会跳舞的牛奶、调皮的小纸团、筷子的神力等小实验。在参加实验活动的过程中,孩子们积极与教师、小伙伴及家长互动。实验活动不仅调动了孩子们学科学的主动性和积极性,而且培养了孩子们的动手操作能力,还提升了孩子们的观察能力和分析能力,使孩子们的大脑得到开发,思维能力也得以提高。很多小实验是需要多个孩子合作才能完成的,每个孩子负责操作的部分都需要认真观察、记录。只有每个孩子都做好了,最后的实验才能成功。同时,在实验过程中,孩子们会对实验活动的内容进行探讨、改进。在不断改进的过程中,孩子们的合作能力得到了培养,与小伙伴之间的友情也变得更深厚了。

教师可以有意识地设置障碍,让孩子们多尝试不同的实验结果,以此培养孩子们的抗挫折能力和对科学精确度的感知能力。

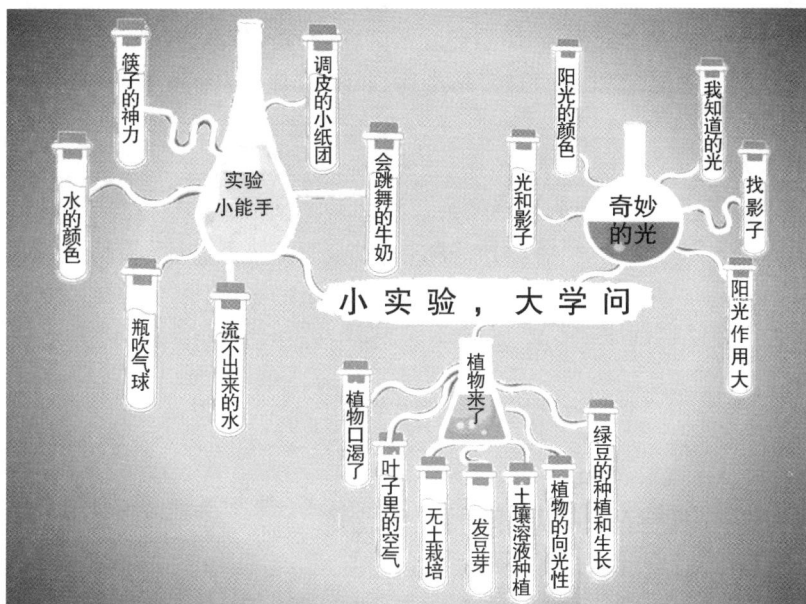

四、课程成果

在"小实验,大学问"的生成课程中主要生成了植物来了、奇妙的光、实验小能手三大主题探索活动。在"植物来了"这一主题活动中,孩子们探索了幼儿园种植区、班级自然角里的各种植物、家里和小区里的植物,做了发豆芽、植物口渴了、叶子里的空气、无土栽培、土壤溶液种植、植物的向光性及绿豆的种植和生长小实验。在"奇妙的光"这一主题探索活动中,孩子们参与了我知道的光、找影子、光和影、阳光的颜色、阳光作用大五个主题活动。在"实验小能手"这一主题探索活动中,孩子们主要做了瓶吹气球、水的颜色、流不出的水、会跳舞的牛奶、调皮的小纸团、筷子的神力等小实验。每个主题活动都比较成功。这不仅培养了孩子们对于科学实验的兴趣,还提高了孩子们的思维能力、协作能力、探索能力、观察能力等。

五、课程反思

在本次生成课程活动中,教师一直提醒自己,不能为了"生成而生成",而是要在满足孩子们探索需求的同时,准确帮助孩子们确定探究方向,引导孩子们创造性地进行探索,让孩子们做到爱思考、会提问、敢动手、不惧失败。而如何帮助孩子们提升能力,是教师在活动中一直反思的问题。

如何在尊重孩子们意愿的前提下,帮助孩子们将探索中所获得的经验加以概括、总结?记录是学习认识的重要方法,也是拓展和加深对探索对象的认知、提升分析性思维能力的重要途径。具体地说,记录能有效地帮助孩子们表达自己在探索过程中观察到的、学到的东西,并且能让他人了解自己在此过程中的经历和所做的努力。

在生成活动探索的过程中,教师鼓励孩子们使用自己擅长的图像和符号来表达自己的记忆、想法、设想和感受,并运用这些图像和符号来与他人进行交流,形成常态化的记录习惯。这可以帮助孩子们表达复杂的想法。具体做法如下。

(1)为孩子们记录提供材料,如随处可取的记录纸、笔、表。

(2)提供可以展示、收集孩子们作品的展示区、张贴板、作品袋等。

(3)组织孩子们对记录和展示的作品进行讨论、交流,提升孩子们记录的积极性和主动性。

(4)鼓励多元的记录方式,如符号、图、表、视频、录音等。

在接下来的生成课程中,我们将继续实践和反思,主动观察、发现孩子们的兴趣点和发展需要,运用适宜的教育资源、环境,实现"随机生成"和"动态设计"的紧密融合,并在此过程中深入领悟如何根据孩子们的不同兴趣、活动进程给予有效的支持与指导,从而提升教育教学质量,促进孩子们健康成长。

第二节 中期的生成课程

一、小一班生成课程——蔬菜、水果我最爱

(一)课程由来

一天午餐后,教师带着孩子们到幼儿园的种植区边散步边观察植物,忽然听见林剑翔小朋友指着一棵植物问:"这是什么?"语彤说:"这是西红柿!"安琪说:"这是番茄!"顿时,孩子们争了起来,章京小朋友很不服气地说:"番茄也是对的,不信,问老师。"这时孩子们的

目光都转向了教师,于是教师说:"番茄是对的,但它还有个好听的名字,叫'西红柿',因此,语彤说得对,安琪说得也对。老师告诉你们一个小秘密,番茄既是蔬菜又是水果哦。"孩子们开心地笑了!教师顺手指着葱问他们:"谁能告诉我这是什么?""韭菜。""大蒜。""小草。"孩子们的回答让教师感到很意外,普普通通的番茄和葱在他们那里竟有这么多的答案。如何使孩们正确认识各种蔬菜、水果以及它们的营养价值,值得思考。小班孩子年龄小,个别孩子不喜欢吃蔬菜、水果,挑食现象比较严重,因此很有必要让孩子们正确认识蔬菜、水果的营养价值,让孩子们知道蔬菜和水果是人所必需的食物,它们含有人体所需的很多营养物质,是孩子们成长需要的营养来源之一。因此生成了"蔬菜、水果我最爱"的主题活动。

(二)预定目标

1. 让孩子们认识常见的蔬菜和水果及其外形特征,了解不同蔬菜和水果的生长环境及生长过程。(观察、记录白菜、葱的生长环境和生长过程)
2. 使孩子们能说出部分蔬菜和水果的名称,知道常见蔬菜和水果的食用方法。
3. 让孩子们了解良好饮食习惯与身体健康的关系,喜欢上蔬菜和水果。

(三)前期准备

1. 常见的蔬菜、水果实物,蔬菜种子。
2. 蔬菜、水果的图片。
3. 榨汁机、盘子。

(四)课程生成过程

首先,以种植区为观察对象。教师带领孩子们在种植区里观察蔬菜、水果,同时给这些蔬菜、水果秧苗除草、浇水。根据孩子们对蔬菜的关注度,初步设置主题网络,布置主题角,确定了子主题——常见的蔬菜。

午餐后,教师和孩子们一起到果园里活动,孩子们发现果园里的桑树上结了密密麻麻的果子,他们开始兴奋起来。孩子们每天都要求教师带他们到果园里观察桑葚的生长情况,还常常问教师:"桑葚什么时候可以吃?桑葚是水果吗?"看着孩子们对桑葚充满了好奇,教师及时捕捉孩子们的兴趣点,充实主题角,生成了子主题——常见的水果。

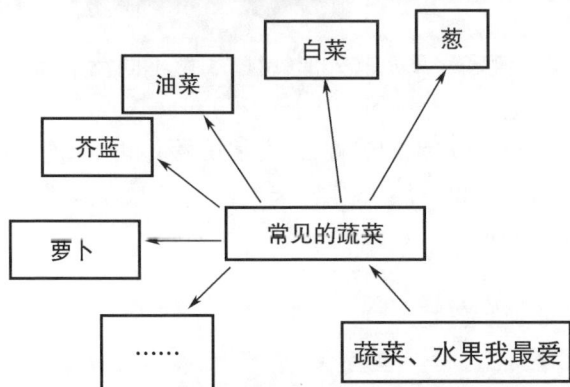

经过一段时间的探索,孩子们已经能分辨部分蔬菜和水果的外形特征,了解了常见的蔬菜、水果以及它们的生长环境,但个别孩子还是有疑问:"为什么番茄既是水果又是蔬菜呢?为什么西瓜就是水果呢?南瓜也是水果吗?"结合孩子们的求知欲望和课程的发展需要,教师继续带领孩子们探讨蔬菜、水果的不同,逐步补充子主题,生成子主题——蔬菜、水果的区别。

通过各种认知活动,孩子们已经能分辨蔬菜和水果的外形特征,能正确区分蔬菜和水果了。有一次,几个孩子议论道:"为什么我们每天都要吃蔬菜和水果呢?""我喜欢吃面条,不喜欢吃蔬菜。""我更不喜欢吃芹菜。"……看来,让孩子们了解蔬菜和水果是人类生活的重要食品,以及蔬菜、水果的营养价值是十分重要的,因此,教师自然而然地生成子主题——蔬菜、水果营养多。

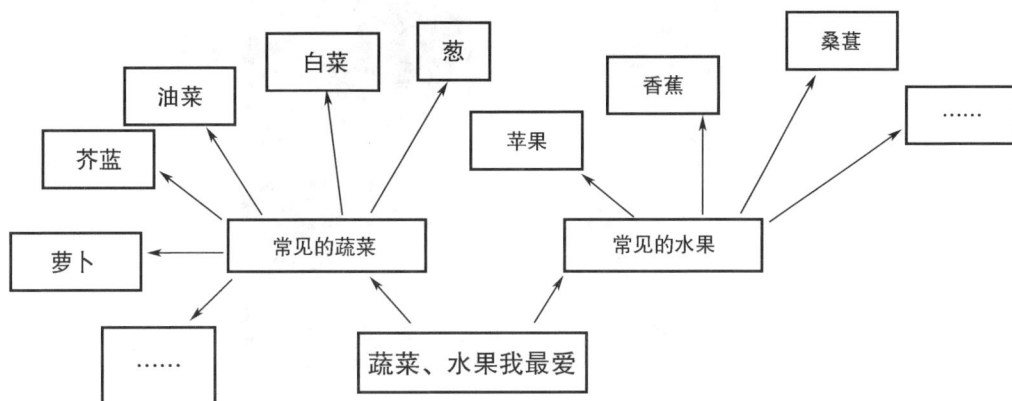

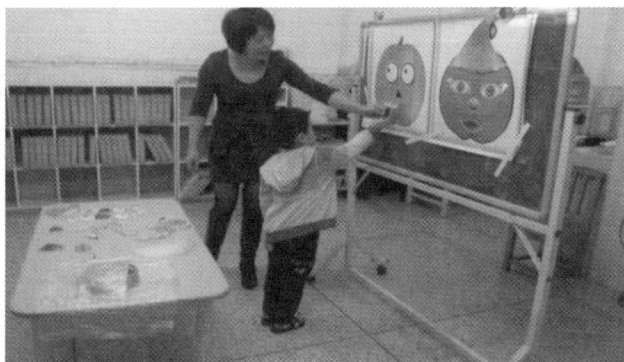

通过看一看、摸一摸、闻一闻、做一做、尝一尝等方式,孩子们收获了各种知识。为了让孩子们养成良好的饮食习惯,教师生成了子主题——饮食习惯。从按时进餐、定时定量、营养均衡等方面对孩子们进行食育教育。

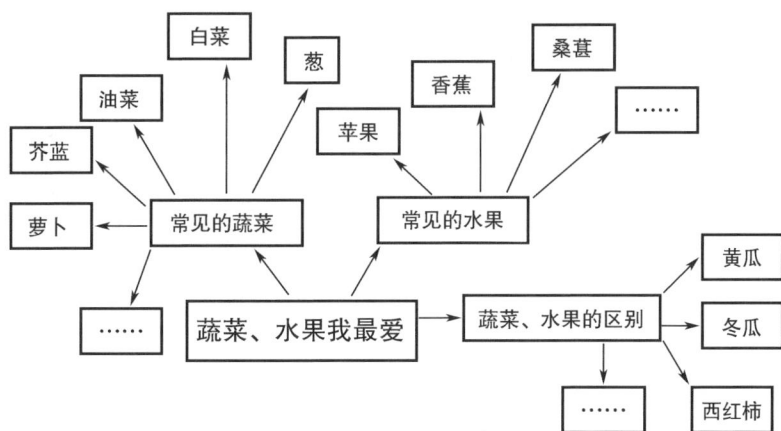

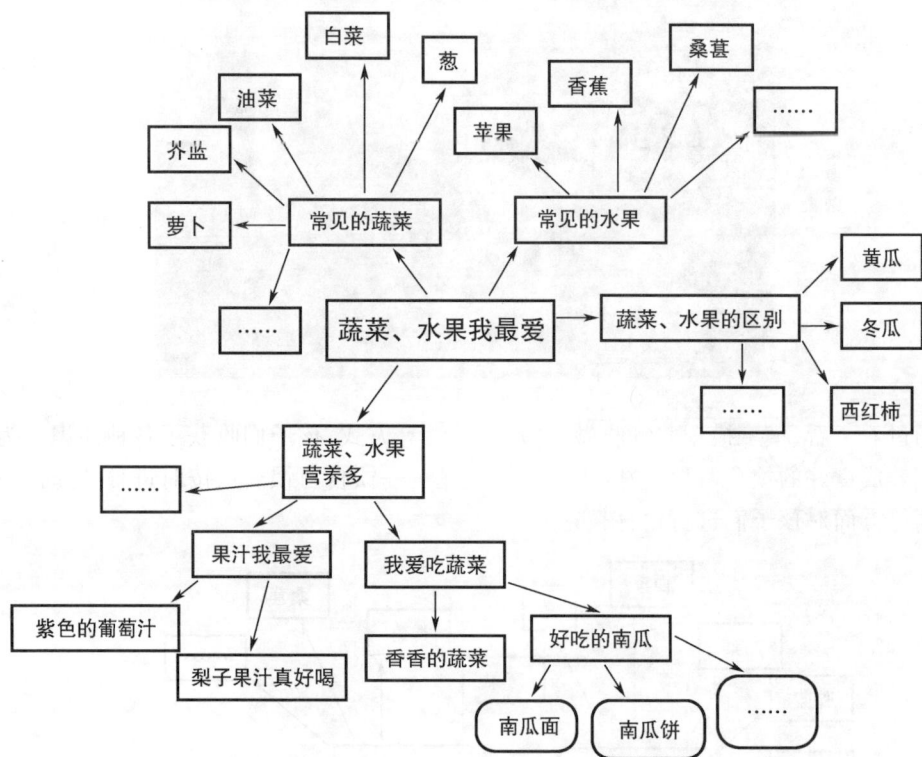

（五）家长工作

1. 允许孩子从家里带蔬菜、水果到园里参加活动。

2. 教育孩子要多吃蔬菜、水果。

3. 带孩子到菜市场去买菜，帮助孩子认识和了解蔬菜。

4. 让孩子帮忙择菜、洗菜，做一些简单的凉拌菜和蔬菜沙拉，激发孩子对蔬菜的兴趣。

5. 与孩子共同进餐，告诉孩子蔬菜的名称和营养价值，注意培养孩子荤素搭配的良好饮食习惯。

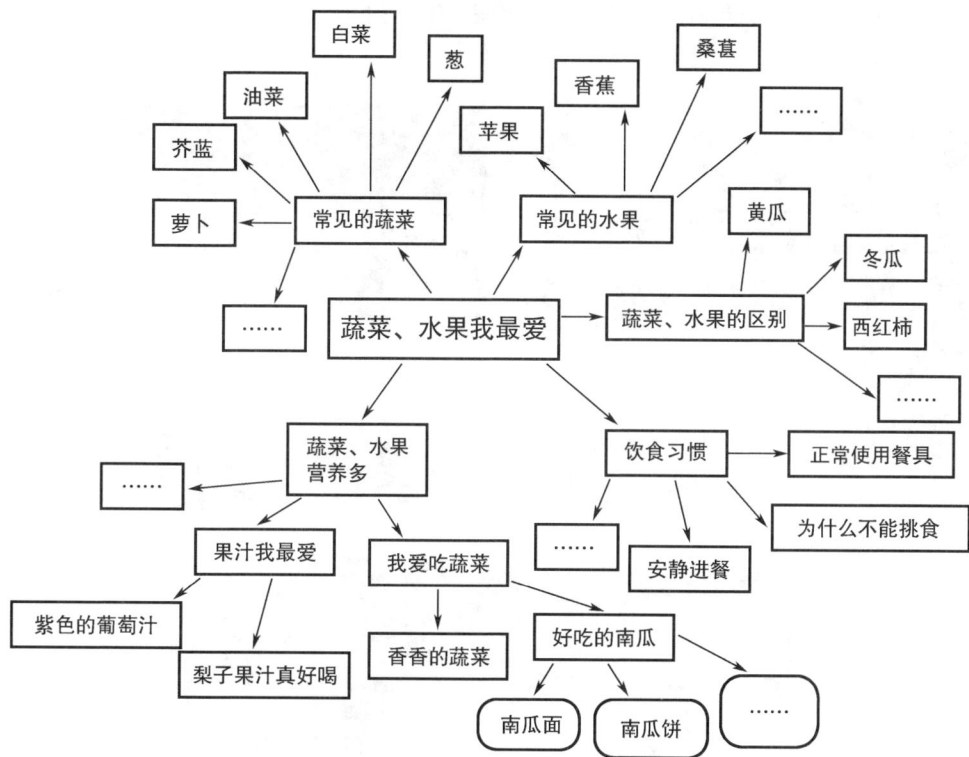

6.通过"家园共育",让家长了解在主题活动"蔬菜、水果我最爱"中可能需要配合的事项。

（六）效果和反思

"蔬菜、水果我最爱"的主题活动开展了8周，孩子们对蔬菜、水果充满好奇，探索、学习的兴趣浓厚，有效地完成了预定目标，共经历了"常见的蔬菜""常见的水果""蔬菜、水果的区别""蔬菜、水果营养多""饮食习惯"等子主题活动。前期，教师先和孩子、家长共同收集蔬菜、水果的图片及相关资料，将其布置在主题墙上，使孩子们对蔬菜、水果有了初步的概念，了解每种蔬菜、水果对人体的好处。随着主题活动的开展，不断地在主题角上张贴、更新部分蔬菜、水果的生长过程图片。

在幼儿园的种植园里种植一些容易发芽的蔬菜、水果，并提供适宜的生长环境，让孩子们观察它们的生长过程及变化。孩子们通过给这些蔬菜、水果的秧苗浇水、除草、抓害虫，细心地观察了它们的点滴变化。这不仅培养了孩子们的观察能力，而且培养他们的责任心，锻炼了他们的意志力，同时让孩子们明白蔬菜、水果来之不易，要爱惜食物。

孩子们通过看一看、摸一摸、闻一闻、做一做、尝一尝，了解了蔬菜、水果的外形特征，了解了蔬菜、水果的食用方法、味道和营养，明白了挑食的危害，知道了均衡饮食、定时定量、食用绿色食物等有益健康。

在此次主题活动中，教师从生活中常见的蔬菜、水果出发，让孩子们了解它们的生长环境及生长过程，引导孩子们观察蔬菜和水果的叶子、果实的外形特征，了解它们的味道、营养价值，并进行了创意造型和趣味联想。在亲子活动——蔬果拼盘中，许多家长和孩子还用了切、雕、刻等工艺。有的用红萝卜、小番茄拼成了"猫头鹰抓田鼠"的拼盘；有的将阳桃切片、将大南瓜雕成一个老寿翁，拼成了"多子多福图"；等等。整个亲子活动，其乐融融，达到了很好的效果。

孩子们的一日生活重点以蔬菜、水果作为活动的素材。如在音乐活动"李小多分果果"中，通过儿歌教育孩子们有好吃的东西要与同伴共同分享，学会谦让；"样样都吃身体壮"中，通过儿歌教育孩子们不挑食，要多吃蔬菜、水果，身体才能长得棒。科学活动"好吃的南瓜"中，让孩子们了解南瓜可以做成不同的食品，并让孩子们和家长一起制作南瓜饼、南瓜面。在美术活动中，让孩子们学会用橡皮泥制作水果模型，凭借想象在水果上填画。在实验活动中，让孩子们猜猜、做做，观察水果在水中的沉浮现象，并进行观察、记录。在语言活动"猪八戒吃西瓜"中，让孩子们懂得要养成良好的饮食习惯。

通过开展各种活动，孩子们获得了有关水果、蔬菜的知识，知道蔬菜、水果是农民伯伯辛苦种出来的，懂得多吃蔬菜、水果身体好。许多家长反映孩子爱吃蔬菜和水果了，也不挑食了。"我们家子涵以前不吃蔬菜，现在他知道蔬菜很有营养，愿意吃蔬菜了。""嘉航现在能自己吃饭了，每一餐都把饭菜吃得干干净净！""林纳能说出许多蔬菜的名称。"等等。听到家长们的反馈，教师感到本次课程的开展已经取得了预定的效果。该活动仍需继续开展，使孩子们良好的饮食、卫生习惯得以强化。

二、中三班生成课程——多彩的秋天

(一)课程由来

午餐后,教师带着孩子们在园内活动。这时候,一片树叶被风吹落并飘落在冰欣小朋友的头上。其他孩子看见了,都觉得很有趣,很好玩,都抢着把树叶拿起来,并围绕这片树叶进行了交流。有的说:"这树叶椭圆椭圆的,像一把扇子。"有的说:"这片树叶是黄黄的。"有的问:"这是什么树叶啊?"孩子们越聊越高兴。这时,汪小宇小朋友好奇地问:"树叶为什么会掉下来呢?"心瞳小朋友说:"它是被风吹下来的。"博涵小朋友说:"天冷了,树叶就会掉下来。"烨纯小朋友说:"这是因为秋天到了。"看着孩子们从一片小小的落叶上发现了季节的变化,教师启发孩子们道:"秋天不仅有落叶,还有很多地方与夏天不一样。"于是,生成了主题活动——多彩的秋天。

(二)预定目标

1. 让孩子们初步了解秋天的季节特征(天气转凉,小草、树叶开始变黄,菊花开放,水果、农作物成熟,昆虫较为活跃)。
2. 让孩子们了解秋天是丰收的季节,市场上的蔬菜、水果特别多,农民伯伯忙着秋收。
3. 让孩子们了解秋天时人们的衣着装扮,知道衣服的作用,懂得及时增减衣服。
4. 让孩子们了解秋天的天气凉爽、晴朗,适合外出游玩。

(三)前期准备

1. 秋天的景象图片。
2. 秋天的水果实物。
3. 准备组织一次秋游。

(四)课程生成过程

秋天到了,天气渐渐变凉,树叶慢慢变黄,像蝴蝶一样飘舞着落下来。一天,廷逸突如其来的一声"阿嚏",使旁边的小朋友吓了一跳,廷逸说:"老师,我觉得很奇怪,早上的时候我觉得好冷,总是打喷嚏,妈妈一直要我多穿件衣服,可是到了中午,我总觉得好热,晚上的时候我又觉得冷了。现在的天气真是太奇怪了。"聪明的煜勋说:"哎呀,廷逸,因为现在是秋天呀!"瑾宜听了,也说道:"我妈妈说秋天天气会变凉的! 也让我多穿件衣服,她还给我买了新的衣服呢。"根据孩子们的讨论,教师意识到孩子们感受到了秋天的天气变化,于是,教师问孩子们:"你们发现秋天的天气开始变化了,那么秋天的天气和夏天的有什么不同呢? 这么好的天气,我们可以做些什么事呢?"几个聪明的孩子开始了新一轮的讨论。于是,生成了子主题——秋天的天气,并开始了探索。

孩子们对秋天的天气有了初步了解。一天下午在户外活动的时候,秋风吹了起来,阵阵凉意扑面而来,随之而来的还有一片片落叶,孩子们看到到处飞舞的落叶兴奋不已,纷纷捡起落叶帮它们寻找大树妈妈。锦帆抬头看着周围的树说:"快看,快看,是这棵大树妈妈掉下的树叶。"弘立突然挠着头说:"奇怪,为什么这棵树的叶子越来越少了?""因为它生病了!""因为它的叶子大呀。""不对,不对,因为它长得高。""不是,是因为它怕冷。"孩子们争论起来了,他们对秋天植物的探索开始了。教师根据孩子们讨论的话题布置了一项亲子活动,即让孩子们带着问题和家长一起寻找答案。第二天,收到了孩子们的答案:"老师,昨天那棵树是落叶树!我爸爸告诉我还有另外一种树,叫常绿树!""老师,昨天我和爸爸、妈妈找图片的时候还找到许多秋天的花!你看!"孩子们开心地分享着和家长收集到的资料。根据这些资料生成了第二个子主题——秋天的植物。

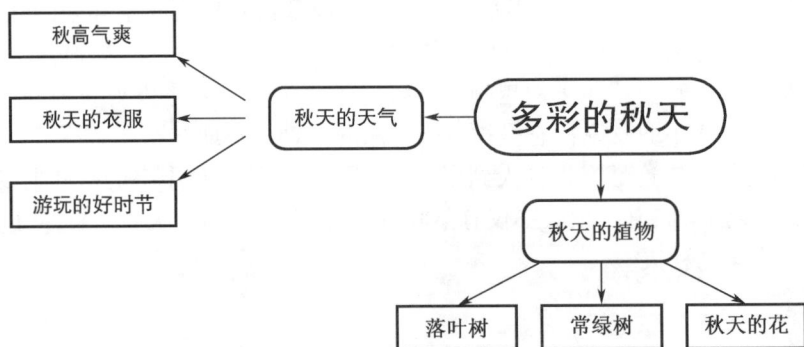

```
秋高气爽
                        秋天的天气  ←——  多彩的秋天
秋天的衣服  ←——

游玩的好时节
                                        秋天的植物

                            落叶树    常绿树    秋天的花
```

在探索活动中,孩子们已经了解了秋天的季节特征,他们的探究欲望有了明显的提高。例如,午餐后,孩子们在操场活动,一阵风吹来,树上的叶子纷纷飘落下来。孩子们欢呼雀跃,争相捡起了落叶。这时,小乐大声喊道:"老师,老师,看,叶子飘落时真像一只只黄色的蝴蝶。"兴荣说:"是一架架战斗机。"教师和孩子们一起将落叶带回教室,并让家长一同收集各种落叶带到班上,开展了"认识树叶""树叶拼画"等活动,并布置了主题角——叶子的秘密。孩子们用收集到的不同形状的树叶进行拼图、组合,体验和同伴共同创作的乐趣。

孩子们对秋天产生了浓厚的兴趣。随着活动的开展，家长也积极参与到活动中来，有几个家庭相约到果园摘水果，还带了"战利品"，如柚子、石榴、柿子等到班里和其他孩子分享。孩子们品尝到了香甜的水果。第三个子主题——秋天的水果探索活动也由此展开。

（五）家长工作

1. 请家长利用休息日带孩子到户外找秋天、拾落叶、观察有趣的昆虫。

2. 天气转凉，提醒孩子增减衣物，教孩子穿衣、脱衣的方法。

3. 引导孩子认识一些常见的农作物，为孩子讲解其名称、特征、作用。

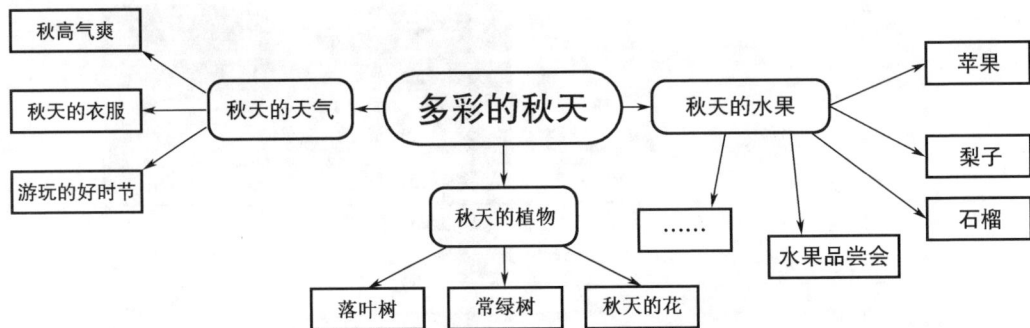

多彩的秋天
- 秋天的天气
  - 秋高气爽
  - 秋天的衣服
  - 游玩的好时节
- 秋天的植物
  - 落叶树
  - 常绿树
  - 秋天的花
- ……
- 水果品尝会
- 秋天的水果
  - 苹果
  - 梨子
  - 石榴

（六）效果和反思

在本次主题活动中，教师带领孩子们到户外观察树叶、小草的变化，组织孩子们拾落叶，拼贴落叶，还利用秋游引导孩子们在大自然中寻找秋天，让孩子们感知秋天的季节特征。通过看幻灯片"丰收的季节"，让孩子们了解秋天到了，农民伯伯忙着收割稻谷、收蔬菜、摘水果，知道蔬菜、水果、大米等来之不易，教育孩子们做一个爱惜粮食，爱吃新鲜蔬菜、水果，不挑食的好宝宝。通过观看短片"健康宝宝"让孩子们明白：人要保持健康，必须营养均衡，尽量多吃绿色食物，少吃、不吃油炸、高糖、高盐及腌制食物。让孩子们观看动画片《昆虫的一天》，使孩子们了解昆虫与农作物的关系，知道昆虫分成害虫和益虫两大类，要懂得保护益虫、消灭害虫。通过穿衣比赛，让孩子们感知秋天人们衣着的变化；通过游戏"春夏秋冬我知道"，让孩子们感知一年四季的变化；通过学习儿歌《四季歌》，进一步引导孩子们了解秋天的环境变化，给孩子们留下深刻的"秋天"的印象。

在本次活动中，孩子们认识了各种各样的水果和蔬菜。许多孩子还在周末和家长一起到公园找秋天、拾落叶，去农贸市场买菜，并帮家长择菜、洗菜，看家长做菜，感受劳动的快乐。许多家长反映："孩子几乎改掉了挑食的坏习惯。"教师也发现孩子们在幼儿园进餐时基本不挑食了。孩子们还在活动中认识了许多昆虫，并且了解了哪些是益虫，哪些是害虫。孩子们对"秋天"的主题非常感兴趣，时常将看到的、听到的说出来、画出来，真正体现了孩子们参与活动的积极性、主动性。从这个主题活动中还可发现，孩子们对于感性的、具有可操作性的活动特别感兴趣，如水果品尝会、树叶拼贴、穿衣比赛等活动，孩子们的兴致都非常高，探索欲望强烈，效果非常明显。这次主题活动得到了家长们的大力支持，无论是让孩子们带水果，还是让家长和孩子一起去买菜、拾落叶，家长们都积极配合，为孩子们的自主探索提供了良好的条件。

但是，南方的秋天季节特征还不够明显，教师和孩子们在进行秋天的探索活动中常常汗流浃背，只有在天气明显转凉的时候才能抓住时机让孩子们观察天气和人们的着装。

三、大三班生成课程——我给垃圾安个家

（一）课程由来

户外活动时，孩子们发现幼儿园的垃圾桶比原来多了，于是便叽叽喳喳地议论起来了。

彤芯："真奇怪，为什么摆了这么多垃圾桶？"

鸿鸿："当然是用来装垃圾的呀！"

可儿:"是什么垃圾呢?"

博涵:"这些垃圾桶的颜色真多呀!为什么要分颜色呢?"

萌恩:"快看,上面还有各种标志呢!它们表示什么呢?"

一时间,"垃圾"成了孩子们关注、谈论的话题。孩子们开始关注身边的垃圾,询问如何进行垃圾分类。因此,生成了"我给垃圾安个家"的主题课程,让孩子们共同探讨如何营造一个美丽而又生机勃勃的良好生存环境。

(二)预定目标

1. 让孩子们初步了解垃圾处理及循环使用的相关知识,了解环境污染给人类生活带来的危害。

2. 开展探究和实践活动,让孩子们初步掌握获取资料、信息的方法,学会和同伴分享自己的想法。

3. 提高环保意识,关注生存环境,让孩子们初步具有"心存善念,兼济天下"的情怀。

(三)前期准备

收集环保方面的图书、故事、诗歌、文章、影视作品、图片,以及垃圾处理及循环使用的图片等。

(四)课程生成过程

1. 子主题——生活垃圾

在听过《我是小卫士》的歌曲后,孩子们三三两两围在一起分享交流。活动正式开始喽!孩子们在说一说、谈一谈中各抒己见,讨论着每天家里会产生哪些生活垃圾,扔掉的都是什么……播放有关环境污染、垃

圾成堆的幻灯片,让孩子们了解过多的生活垃圾给人类带来的影响,由此引发出"这么多垃圾我们该怎么处理"的问题。

通过组织孩子们观看"垃圾分类系列宣传片",使孩子们对垃圾分类有了初步的认识;接着把垃圾分类方面的内容制作成生动、有趣、易懂的 PPT、小动画等让孩子们欣赏,使孩子们对垃圾分类有进一步的了解。

孩子们认识到垃圾分类的重要性之后,都要对家中产生的生活垃圾进行分类,学习正确分类、投放生活垃圾。于是活动延伸到家庭中,进行"小手拉大手,亲子齐动手"活动,让孩子和家长一起做好生活垃圾的分类工作。

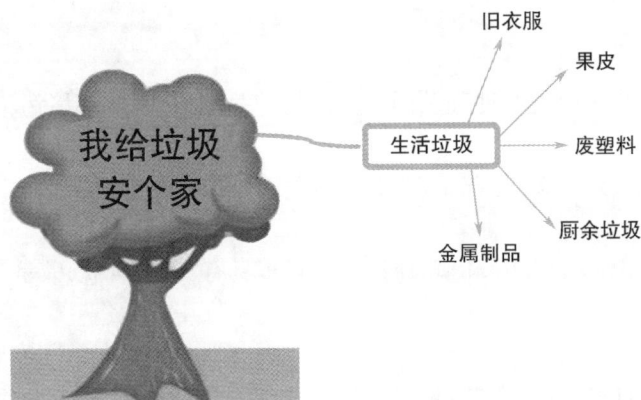

2. 子主题——垃圾分类

如何正确处理好垃圾,把垃圾放在合适的地方,也成为孩子们讨论的话题。

区域活动能有效促进孩子们自主性的发展。在区域活动中,学习环境宽松、自由,孩子们能根据自己的兴趣和能力进行自主活动,可以自主地选择、操作、探索,通过实践获得知识,积累经验。教师把孩子们的兴趣点和他们想要探索的内容通过区域操作来呈现。

(1)益智区

在此区放置操作材料和各种"垃圾"图片,自制垃圾分类桶,做"送垃圾回家"游戏,让孩子们尝试垃圾分类,帮助孩子们巩固垃圾分类的概念。在教师的引导下孩子们学习正确投放"垃圾",并学会用简单符号、图案做记录。同时,教师还要引导孩子们将学到的知识运用到生活中去,带动身边的人一起保护环境,节约资源。

（2）阅读区

在此区投放相应的绘本《可回收利用的垃圾》、字卡、图片等，供孩子们自主阅读，学习、理解标志和图示的意义，初步学会使用标志和图示。让孩子们进一步了解生活垃圾分类与回收的意义，同时知晓垃圾回收再利用的多种方式和必要性。

（3）音乐区

在此区放置小音箱、平板电脑、视频、音频、乐器、道具等，让孩子们自主学习儿歌《小小垃圾桶》，通过唱一唱、演一演，感受儿歌的旋律、节拍，感受音乐带来的愉悦。通过儿歌让孩子们知道垃圾桶的作用，从而增强孩子们对垃圾分类投放、保护环境的意识。

（4）美术创意区

"自制垃圾桶"活动中，给孩子们提供收集来的废旧物品，欣赏、观看创意作品，激发孩子们的创作欲望。孩子们自主探索、尝试用不同的材料设计、制作有趣的垃圾桶，并在垃圾桶上标示"可回收垃圾""厨余垃圾""有害垃圾""其他垃圾"。让孩子们学习对自己的创意作品进行介绍。

（5）实验区

通过小实验"再生纸"，让孩子们在操作中懂得纸张来之不易，不能随意浪费。

（6）科学区

通过观看视频《垃圾哪去了》，让孩子们了解四类垃圾的具体处理方式，直观感受到垃圾的分类处理方法，真切感受到垃圾分类能减少环境污染，给人类带来很多好处，从而自觉参与垃圾分类。

（7）体育区

此区设置了游戏"生活垃圾分类大赛"，此游戏深受孩子们的喜爱。将桶、盆等作为垃圾桶，贴上四类垃圾的分类标志，并利用饮料瓶、绳子等材料铺设"赛道"，让孩子们探索更多的玩法，开发孩子们的智力。

生活中有很多可回收利用的垃圾，应该怎样利用它们呢？教师引导孩子们进行讨论，并布置任务，让孩子们回家后和家长一起思考、收集信息。第二天，孩子们的经验交流活动，又会带给教师很大的惊喜。

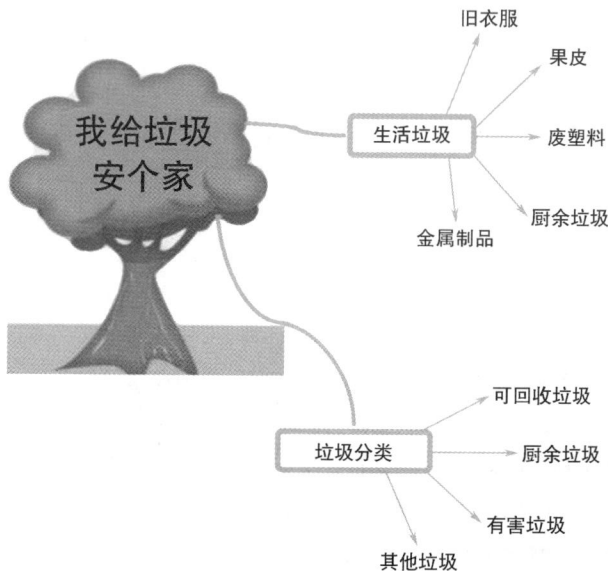

3. 子主题——变废为宝

孩子们早上来到幼儿园,各自把和家长收集到的信息与小伙伴们一起分享。小组中能听到孩子们叽叽喳喳的话语:"我知道废旧的纸盒、纸箱可以用来做小汽车。""饼干盒可以制作一个小花盆,酸奶瓶和果汁瓶可以做成美丽的花瓶,牛奶罐、大纸盒可以变成特色的垃圾桶。"等等。孩子们都有自己的想法和见解。于是,说干就干,各自寻找合作的小伙伴,把收集来的"废物"(已经消过毒)变"宝物"。

孩子们各自挑选着合适的材料,三三两两地忙了起来。

孩子们的作品完成了。有用塑料瓶做成的小花篮;有用硬纸板做成的帽子;有用纸盒、纸箱做成的书架;还有的用泡沫塑料纸牌制成一间小屋……孩子们的奇思妙想变成了现实,他们喜滋滋地分享着自己的成果。制作活动让孩子们真切体会到了"变废为宝"的乐趣和成就感,大大提升了他们的动手操作能力。

教师将孩子们的创意作品拍成相片、做成小视频,与家长们分享孩子们的快乐和成功。

家庭和幼儿园是影响孩子成长最关键的两个因素。幼儿园要充分挖掘家长的教育资源,使家长也成为幼儿园课程的参与者和实施者。幼儿园邀请家长参与到课程活动中,不仅使课程内容更加丰富,而且能更好地促进孩子的全面发展。

在"小手拉大手,亲子齐动手"的活动中,家长们纷纷加入课程活动中。家、园合力,共同开展垃圾分类、变废为宝、环保实验活动。

(1)亲子制作垃圾分类标志、垃圾桶等。家长带领孩子一起收集废旧材料,玩游戏、做实验,体验变废为宝、游戏活动的乐趣。

(2)亲子科学小任务——小实验"再生纸"。准备烧杯、量杯、白乳胶、圆盘、搅拌勺、纱网、旧报纸或废纸等,和孩子一起了解再生纸的制作过程,一起动手尝试制作再生纸。

家长反映:"幼儿园开展这样的活动能让家长和孩子一起学到很多知识,从没有垃圾分类的意识,到能主动、正确处理垃圾和投放垃圾,还学会了变废为宝……幼儿园的活动对我们家长也有很好的教育和鞭策作用,为了教育孩子从小树立环保节能意识,我们家长在今后的生活中要以身作则,为孩子树立榜样。"

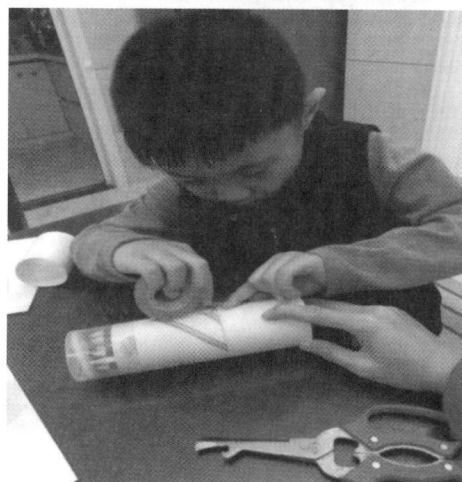

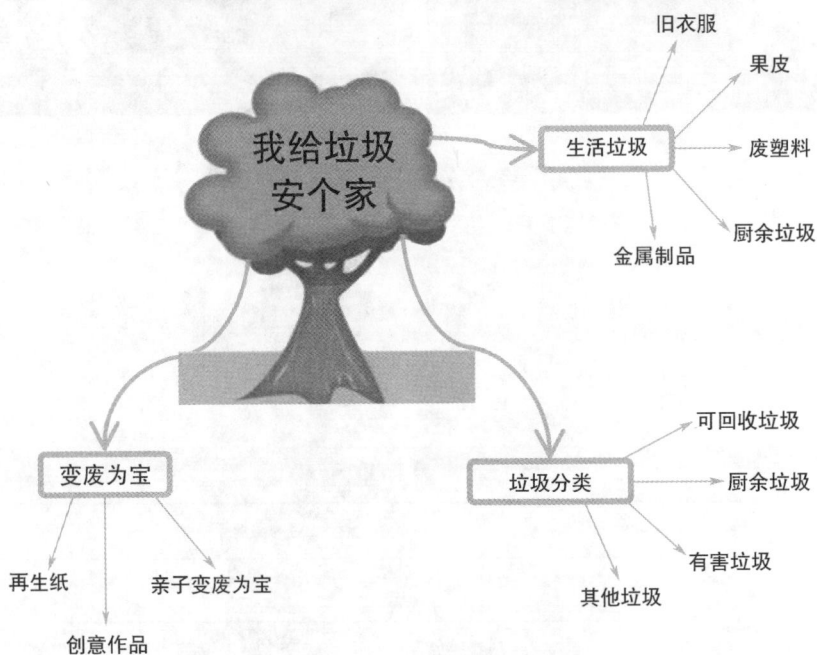

4.子主题——实践活动

通过一系列活动的探索学习,孩子们懂得了垃圾分类是一件非常有意义的事情。如何让更多人参与到"垃圾分一分,家园美十分"的活动中来呢? 如何大力推广生活垃圾分类的知识和方法呢?

经大家探讨、协商后,教师们决定开展实践活动,推广生活垃圾分类的知识和方法。

(1)实践活动一:小手拉大手,共建绿色家园

引导孩子们对家里每天产生的垃圾进行记录,然后把记录表带到班里张贴展示并分享交流。

潮州市兰英第一幼儿园"小手拉大手,共建绿色家园"垃圾分类调查表

班级:_____   姓名:_____

时间	是否分类	分为几类	产生质量	可回收的质量	分析
星期一					
星期二					
星期三					
星期四					
星期五					

(2)实践活动二:我是小小调查员——垃圾分类知多少

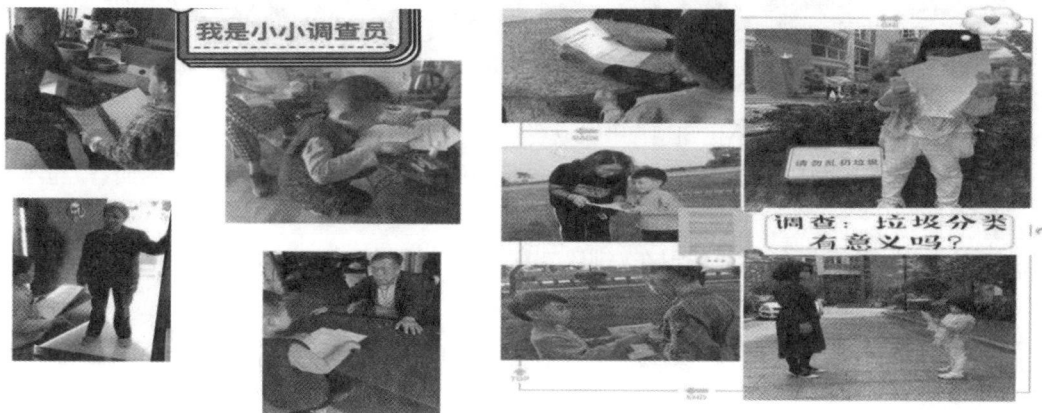

(3)集思广益设计宣传资料

孩子们用各类彩纸、油画棒、剪刀、彩笔、胶棒等以小组自主组合形式设计、制作宣传资料。在设计的过程中,有的孩子把乱扔垃圾的危害用绘画的形式表现出来;有的设计了多彩的垃圾箱,有的把垃圾的来源、去处画成流程图,方便他人理解垃圾的回收再利用……制作出来的宣传画、宣传标语表达了孩子们保护环境、爱护美丽家园的愿望。

(4)实践活动三:小宝贝,大行动

孩子们分工合作制作海报、宣传标语、印制宣传资料,为社区群众介绍生活垃圾如何分类。在活动中,有的孩子拿起宣传资料,向路过的行人和周围社区居民介绍生活垃圾分类

的小知识;有的把垃圾分类宣传海报分发给社区的居民。活动促使社区居民积极参与到垃圾分类的行动中来,他们纷纷表示,垃圾分类是一件非常有意义的事情,会积极响应,大力支持。

5. 班级开展"绿色环保我知道"知识竞赛

(1)活动在一曲《地球,你好吗?》中开始了,孩子们自主分成小组,以轮流回答、抢答方式开展活动。

(2)让孩子们说一说:地球现在好吗? 出现了什么问题?

(3)世界环保日是哪一天?

(4)垃圾污染有哪些危害?

(5)垃圾有哪些种类?

(6)变废为宝有哪些小妙招?

(7)谈谈"温室效应"引起了地球哪些不良现象? 说一说温室效应产生的原因。

(8)说一说低碳生活的做法。

(9)说一说有哪些环保宣传标语?

(10)如何保护我们的环境?

(11)集体歌唱《让绿色永恒》,为得分高的小组送上小红旗,结束活动。

知识竞赛活动深受孩子们的喜爱。孩子们在活动中能畅所欲言,把学到的知识分享出来,就连平时几个内向不爱说话的孩子也能参与发言,表达自己的见解和想法。

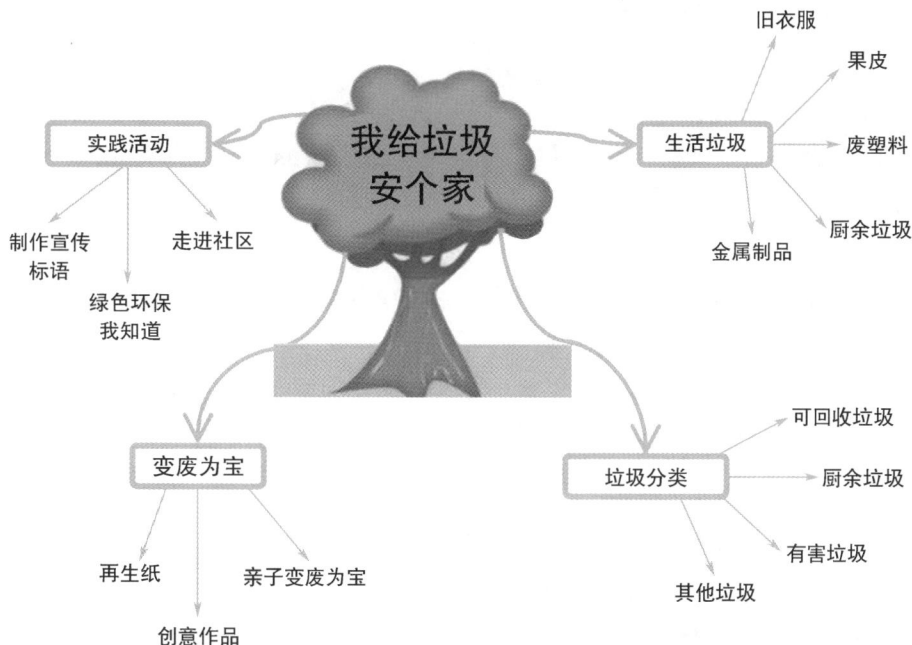

（五）效果和反思

"我给垃圾安个家"活动开展了7周,教师将环保教育纳入教学中,将环保教育贯穿到孩子们一日生活的各环节中,让孩子们在故事、儿歌、游戏中潜移默化地接受丰富多彩的环保内容,形成热爱自然、保护环境、节约资源的意识和自觉行动。

在活动实施中,前期预定目标随着孩子们兴趣点的转移进行了调整。前期活动准备、环境布置也随着活动开展慢慢丰富起来。

活动第一阶段,在区角放置"垃圾污染"方面的图书、绘本、视频、音频等;活动第二阶段,在区角放置"垃圾分类"图片、垃圾分类标志、各种垃圾桶、变废为宝的视频、可回收利用的绘本等,设立环保图书吧、环保主题角;活动第三阶段,设立"变废为宝"展览区,展示孩子们、家长们的创意作品;活动第四阶段,展示区张贴环保小报、宣传标语、宣传海报等,设立环保种植角。

此次活动得到了家长们的大力支持,许多家长带上孩子一起收集、查找、阅读环保资料。家长们以身作则,为孩子们树立了环保榜样,鼓励、支持孩子们的各种环保行为,与孩子们一起收集废品,并将"废物"变"宝物",制作出各种各样有趣的物品。孩子们也积极参加环保劳动,为种植区的植物浇水、捉虫;在公共场地看到随处可见的垃圾,能主动捡起来扔到垃圾桶里;个别孩子在蛋壳里种了种子,盼望到处充满绿色。

此次活动使孩子们了解到环保的相关知识,懂得环保节约、垃圾分类的重要意义,初步养成爱护环境、垃圾分类的良好习惯,同时也大大提高了教师、家长的环保意识。旖妮小朋友的妈妈说:"有一次带她到公园玩,他爸爸不小心踩到草坪上,她就批评爸爸把小草踩坏了,随口又读出两条环保标语:'小草也有生命,请足下留情!''依依芳草地,怎忍举足相残!'并把爸爸拉出了草坪。这些都是幼儿园教育的功劳。"家长的好评还有很多很多。

然而,对孩子们进行环保教育必须持之以恒,必须让环保意识真正根植于孩子们幼小的心灵中。"孩子环保则国家环保!"让我们的天更蓝、水更清、山更绿,让我们的生活环境一天比一天好。

第三节　近期的生成课程

一、小二班生成课程——幼儿园里的秘密

(一)课程由来

　　小二班的孩子们带着对家长的眷恋,带着对新环境的好奇,走进了一个新的大集体——兰英大家庭。开学一个月了,孩子们已经消除了对新环境的陌生感,开始眨着大眼

睛观察幼儿园里的一切,并惊喜地发现了幼儿园里一个又一个秘密:"我发现幼儿园里有警察。""你知道幼儿园里那几栋大楼中有什么吗?""我们幼儿园有没有病毒?""幼儿园里吃饭怎么不用刷卡付款呀?"等等。孩子们对幼儿园这个新环境特别感兴趣,便开始讨论"我们的幼儿园"。孩子们对幼儿园的了解并不多,但充满好奇,并迫切想进一步探索,于是,开启了生成课程活动。

（二）确定主题

为了满足孩子们的探索需求,教师在区域里投放了幼儿园各个功能室、活动区域照片。教师带领孩子们参观幼儿园,并在讨论中发现,原来幼儿园的集体生活,在刚入园不久的小班孩子们的眼里是那么不一样,那么新奇。于是,"幼儿园里的秘密"成为生成活动的主题。

（三）预定目标

在满足孩子们好奇心的同时,教师根据孩子们的发展需求和年龄特点,初步制定了以下目标。

（1）让孩子们进一步熟悉和了解幼儿园。

（2）孩子们能自主探索幼儿园里的"秘密",对感兴趣的事物进行仔细观察,学会提问题。

（3）让孩子们喜欢上幼儿园,感受集体活动的乐趣。

（四）前期准备

经验准备:与孩子们讨论、交流这一个多月以来的幼儿园生活,让孩子们回顾自己的进步与成长,并与家长一起将自己对幼儿园感兴趣的人、事、物制成图表。

物质准备:话筒道具、角色卡、各活动室照片等。

环境准备:创设"幼儿园里的秘密"主题墙。

（五）生成过程

1. 秘密一:幼儿园里的大人们

（1）活动由来

孩子们渐渐有了自己的好朋友,话题也多了起来,喝水的时候就聊了起来。

陈宇佳:"幼儿园里的警察叔叔穿的怎么和我爸爸的不一样?"

蔡佳桓:"他们的制服和我们小区的保安一样。"

蔡沛楠:"警察有枪,保安没有。"

蔡思洽:"我们幼儿园的保安爷爷也很厉害,有长长的大叉子。"

陈恩哲:"我看到他们手里还有黑黑的棍子,那可是有电的。"

陈砚砚:"比魔法棒厉害吗?"

何雨扬:"厨房阿姨也很厉害,做的午餐和点心很好吃。"

何沐聪:"我还认识晨检那个医生阿姨呢,她一定也会打针。"

从孩子们的聊天中发现,他们对幼儿园里各个岗位的大人既熟悉又陌生,不完全知道这些大人有什么本领,在忙些什么。为了满足孩子们的好奇心,我们展开了讨论。

教师:"幼儿园里有哪些大人?"

陈泓霖:"幼儿园里有穿蓝色制服的保安爷爷。"

陈铮杨:"有两个医生阿姨,她们穿粉红大褂。"

丁维乐:"有许多阿姨,有的在厨房,有的在打扫卫生。"

教师:"除了这些,幼儿园里还有哪些大人?"

何润桓:"对了,老师也是大人呀! 哈哈……"

教师:"幼儿园里究竟有哪些大人? 他们有哪些本领? 我们一起组成探秘小分队去探索吧!"

(2)活动预期

孩子们自由选择探秘小分队,在教师的带领下走近大人的工作岗位,揭开他们的神秘面纱。期望孩子们在探秘活动中能进一步了解大人的工作,学习人际交往的技能,理解大人工作的辛苦。

幼儿园里的秘密

幼儿园里的大人们

（3）活动准备

三位教师分别带领三支小分队，为孩子们准备了小记者话筒和小分队旗帜，准备带着孩子们去寻找幼儿园里的大人，开启第一个"秘密"的探索之旅。

（4）活动过程——探秘小分队采访日记

第一天，一号探秘小分队的孩子们来到了医务室，找到了熟悉的保健医生阿姨。孩子们和保健医生阿姨打了招呼之后，却拿着话筒不知道该说什么。原来，孩子们习惯了回答大人的问题，还不懂如何采访大人。教师并没有代替孩子们采访，而是引导他们尝试主动地进行提问。保健医生阿姨问孩子们："你们为什么来这里呀？"思洽回答："我想认识医生阿姨呀。""欢迎小记者们，你们想了解什么呢？"思清大胆地问："你会给我们打针吗？"保健医生阿姨听了哈哈大笑，开始介绍自己的工作，孩子们也与保健医生阿姨聊了起来。

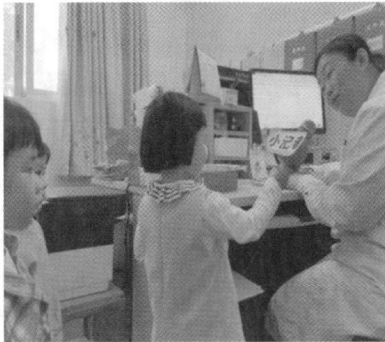

回到活动室，孩子们顾不上休息，激动地讨论了起来。

思洽："我最厉害了，和保健医生阿姨说了好多话。"

思清："我也问了，还知道她不会给我们打针。"

艺悦："电视里的记者更厉害，他们拿话筒问了好多话。"

西西："我长大了也要做记者。"

教师们发现孩子们对自己"小记者"的身份特别喜欢，但还未具备"采访"的能力，于是在接下来的第二天，生成了"我是小记者"的主题活动。孩子们通过"认识记者""学习礼貌用语"等集体活动，以及在区域里角色扮演"小记者"、家里采访大人等实践练习，初步学会了简单的采访。

幼儿园里的秘密

幼儿园里的大人们

我是小记者

在继续探索幼儿园里大人们的秘密之前,教师与孩子们一起做足了采访的准备:初定了想采访的"大人"清单(保安爷爷、厨房阿姨、园长妈妈、老师们);练习了"请""您好""请问"等礼貌用语;梳理了想提的问题等。

第三天,二号探索小分队出发了。本次探索的是幼儿园保卫室里的秘密。

名益:"老叔(潮州方言),您多大了?"

保安:"哈哈哈,我和你爷爷差不多大。"

名益:"我爷爷不上班,在家做饭。"

保安:"那也很忙啊!家里爷爷忙着照顾家人,保安爷爷忙着在幼儿园上班。"

唯乐:"那我们叫您保安爷爷吧,您每天在忙些什么呢?"

保安:"小朋友们是来探秘的,那我就先保密哈,让你们自己来好好观察一下。"

沐恩:"没问题,我们很厉害的!"

烨烨:"是啊!看我们的。"

孩子们通过观察、采访,进一步了解了幼儿园保安的工作职责,知道了保安工作和警察的区别。同时学会了简单的采访,初步懂得可以通过观察和交流了解事物。

接下来的两天,孩子们又采访了幼儿园里的保洁阿姨、厨房的工作人员、园长妈妈,以及后勤工作人员和幼儿园的老师们。通过本次活动,孩子们了解了幼儿园里大人们的工作,知道了大人们认真工作,默默付出,守护着孩子们健康成长。孩子们不仅从活动中学习到了礼貌的交流方式,也感受到了幼儿园是个充满爱的集体,每个人都是不可缺少的一分子,每个大人都有自己的责任,这也是孩子们最大的收获。最后,为了让孩子们能够更好地表达自己的心意,教师开展

了爱心卡片制作活动,为幼儿园里的大人们送去温暖和祝福。

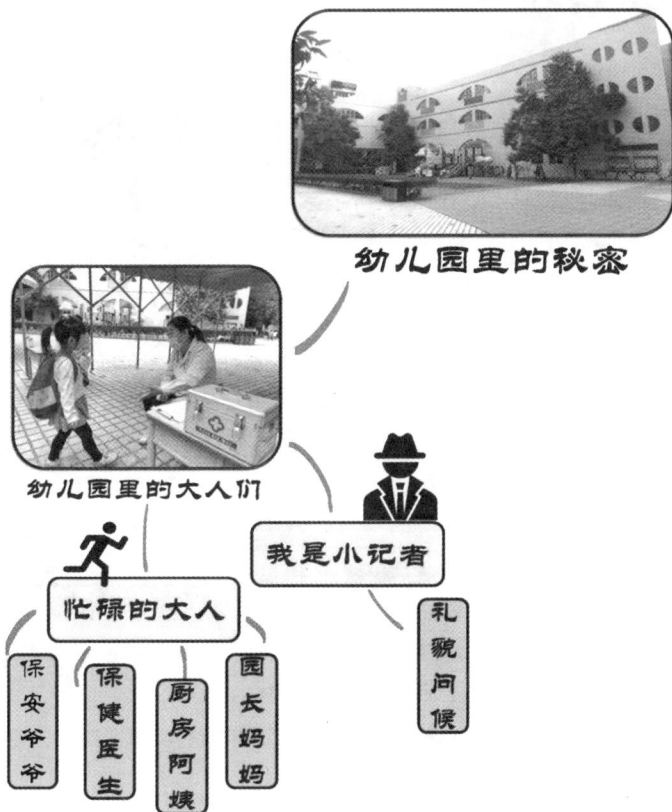

幼儿园里的秘密

幼儿园里的大人们

我是小记者

忙碌的大人

礼貌问候

保安爷爷

保健医生

厨房阿姨

园长妈妈

（5）活动反思

在"幼儿园里的大人"的整个探索活动中,孩子们自主地去提问,去探索,用自己的话来寻找大人们的"秘密"真相,比起传统的常识课,更能促进孩子们各方面能力的发展。孩子们通过实践探索,积累经验,从不太主动与人交流,到敢于主动与人交往,提升了社会交往能力。

2. 秘密二:幼儿园里的秘密基地

（1）活动由来

孩子们在采访大人的途中"奔波",发现幼儿园里还有许多没去过的地方和角落,感觉特别神秘。

润桓:"那里是什么地方? 这些小单车是谁的?"

禹希:"我看哥哥姐姐们玩过,应该很好玩。"

伊萱:"我也好想玩啊!"

沐恩:"快看,我还知道这后面有一片沙子哦!"

沐聪:"在哪? 能建城堡吗? 幼儿园的秘密基地真多!"

教师发现孩子们对探索幼儿园充满渴望,而这也契合刚入园的小班孩子们的认知需求,于是又生成了主题为"我们的秘密基地"的探索活动。

（2）活动预期

期望孩子们通过活动,进一步认识、了解幼儿园,热爱幼儿园,体验发现的惊喜和乐趣。

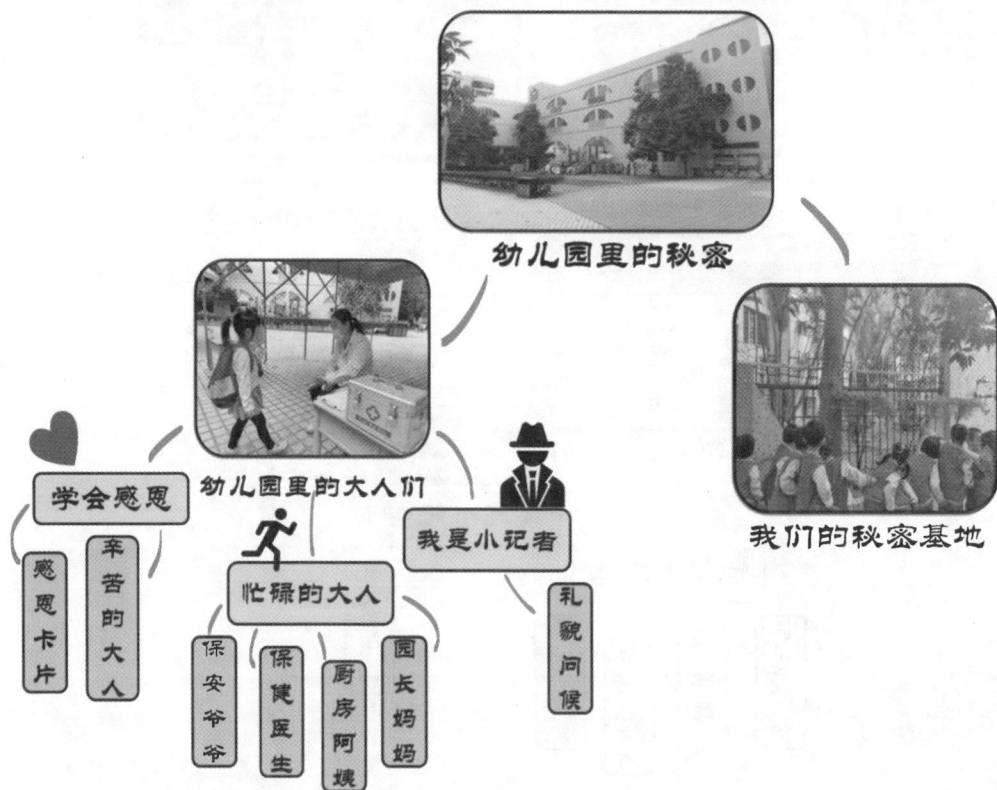

幼儿园里的秘密

幼儿园里的大人们

我是小记者

我们的秘密基地

学会感恩

忙碌的大人

礼貌问候

感恩卡片

辛苦的大人

保安爷爷

保健医生

厨房阿姨

园长妈妈

（3）活动准备

区域里放置幼儿园活动室的照片；利用活动时间带孩子们参观幼儿园；带孩子们观看幼儿园功能室简介、短视频等。

（4）活动过程

①活动一：初步探索

探索小分队走到科艺楼后面，"玩沙区"引起了他们的注意。

齐齐："大家看，这里有沙子！"

乐乐："我在海边玩过沙子，可好玩了。"

波波："这里怎么有沙子呢？"

冰冰："幼儿园要盖房子吗？"

可可："这是沙池，我在公园里见过其他小朋友玩，我自己还没玩过呢！"

丽丽："对，我还知道玩沙子时不能揉眼睛。"

孩子们边玩沙子边聊天。有的在找沙子里的"宝藏"，有的在建城堡，有的在堆小人……孩子们十分高兴，商量着下次来玩沙子要带上哪些工具。

接下来，孩子们又发现了幼儿园里其他"秘密基地"：种植区、工具区、观察区、玩具建构区、停车场……这天，教师带领孩子们来到了楼梯角的器械区，这里摆放着许多运动小器械，有单车、篮球架、山洞圈等。"这些是什么东西？"孩子们好奇地围着看。教师发现孩子们特别兴奋,想要玩又不敢。如何安全、规范地使用幼儿园里的小器械,也是小班孩子们所欠缺的经验,于是,生成了主题为"有趣的器械"的探索活动。

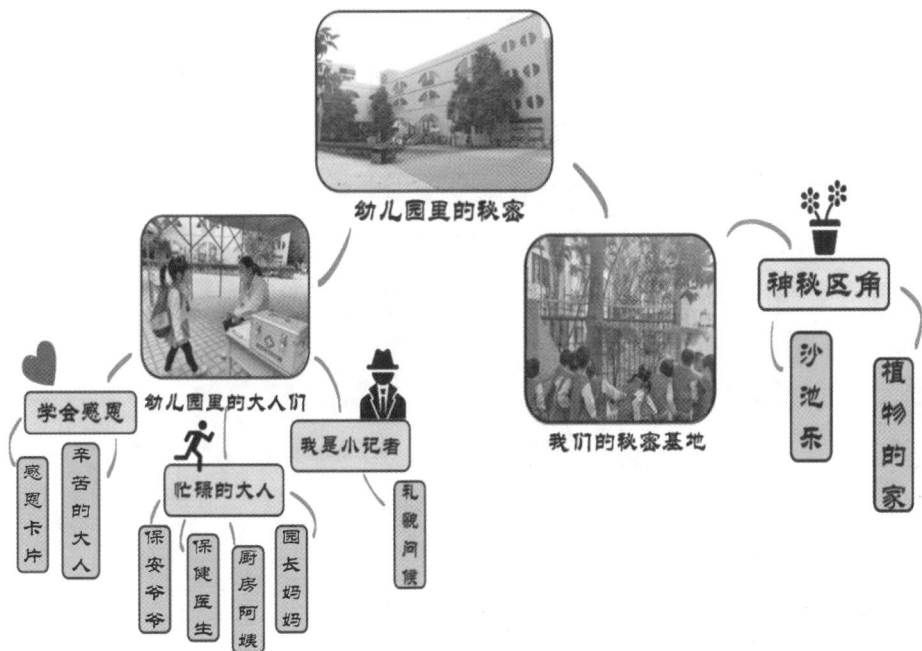

②活动二:实践体验

孩子们对"器械区"里的单车最感兴趣,因为看过哥哥姐姐们玩,特别羡慕,也想试试,于是孩子们进行了骑单车竞赛。

孩子们把"器械区"的运动器械全玩了一遍,即小推车、投篮、小山洞、沙包、皮球等。孩子们发现"器械区"里有这多好玩的宝贝,真是一个了不得的秘密基地。而操场也变成了孩子们欢乐的大游乐场。

在这次探索中,孩子们了解了许多户外活动的项目,而以前一提到户外活动,孩子们只会想到滑滑梯。现在孩子们积累了许多户外活动的经验,对幼儿园的美好生活也有了更多的体验和期待。

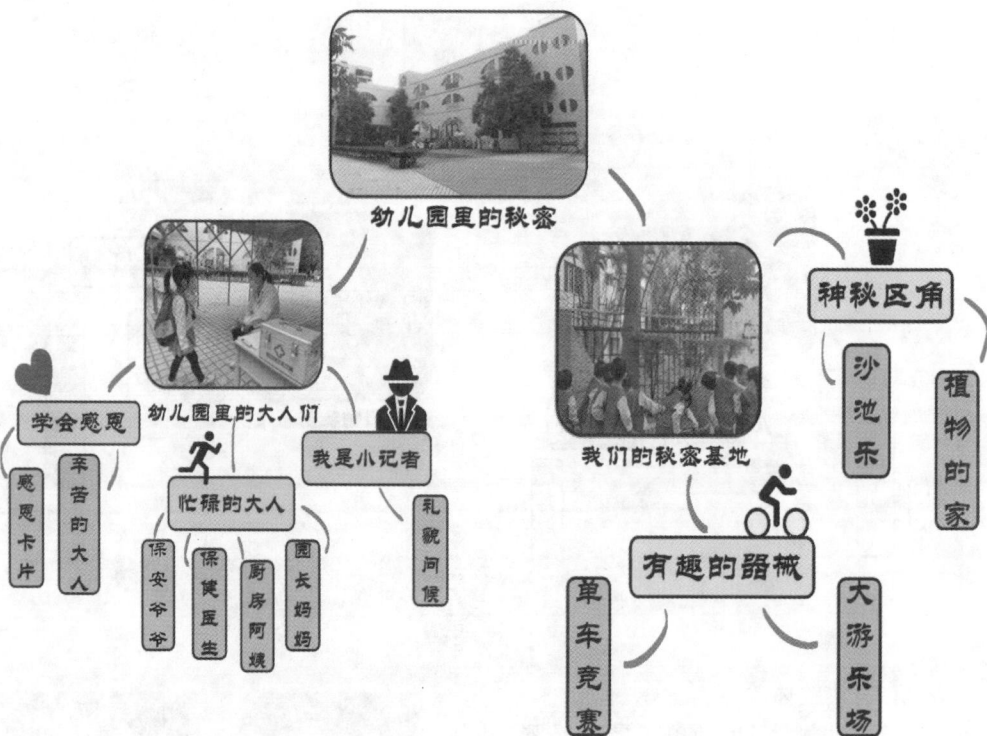

3.秘密三:小二班的秘密

(1)活动由来

小二班活动室是孩子们的家,这一天,教室桌子底下的一个绿色瓶子引起了沐恩小朋友的注意,机灵的他试图钻到桌子底下一探究竟。这时,润桓小朋友一句"老师,沐恩不乖"打断了他的行动。"下面有个奇怪的灭火器!它是绿色的!"沐恩的大嗓门很快把孩子们的注意力都吸引了过去,大家纷纷讨论起这个不同寻常的灭火器。"老师,昨天班里没有这个灭火器呀,怎么突然就有了呢?难道是你变的魔术吗?"禹希的这个话题还真是有趣,迅速在班里引发了议论,孩子们把探秘的目光投向了小二班活动室。

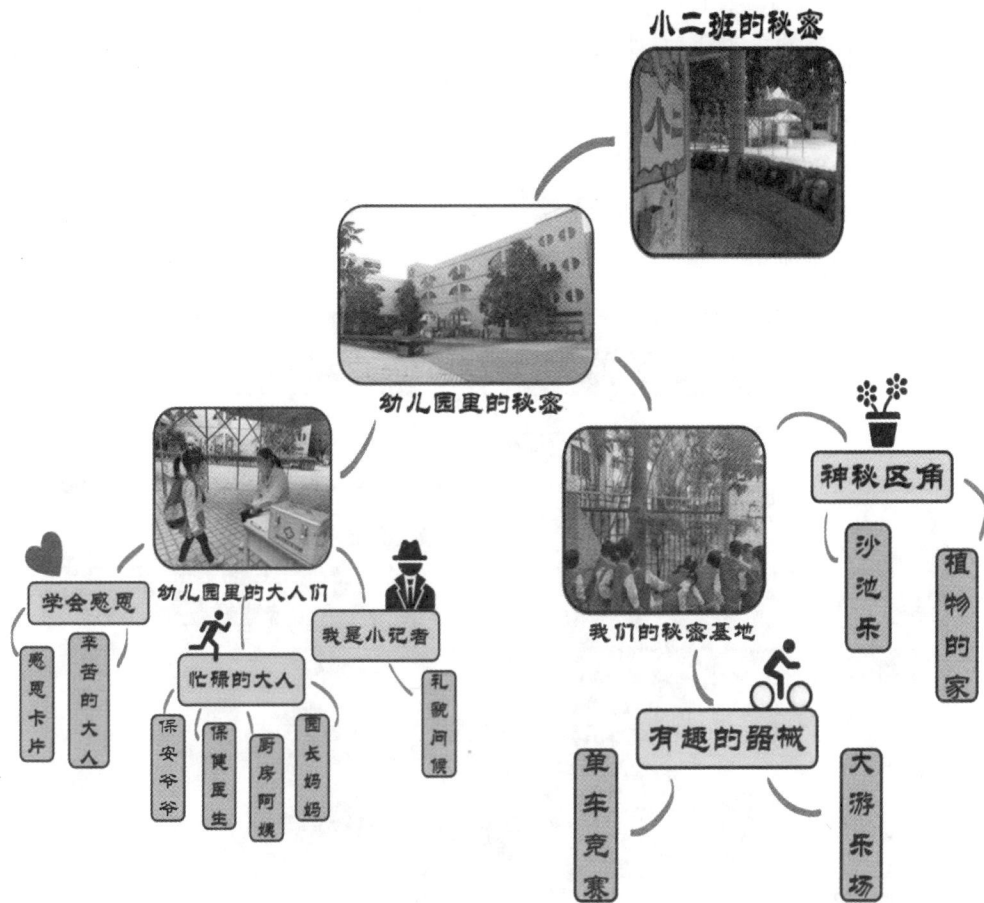

（2）活动预期

期望孩子们能够在活动中更加了解、熟悉班级环境,懂得遵守活动区的规则,感受区域活动带来的乐趣。

（3）活动过程

①活动一:一起来寻宝

孩子们有了初步的探秘经验,开始自由组队、自主探索。有的钻到桌子底下,有的打开箱子,有的打开储物箱,有的自己创设区域等。

孩子们收获满满,发现了小二班的魔法主题墙;阅读区储物箱里,有上一届哥哥姐姐们留下的绘本;美工区储物箱里有许多彩色的操作材料;生活区又投放了新用具;计算区里又新增加了进区规则;表演区里多了一个话筒……孩子们惊呼:"哇! 小二班的宝贝真多啊!"

②活动二:变废为宝

孩子们在探索中越来越有"小主人"的样子,每天忙得不亦乐乎。一次午休后,教师将储物间的许多袋子放在门口,这引起了孩子们的注意,他们开始玩起了这些大袋子。于是,生成了"变废为宝"的主题活动,期望孩子们能变废为宝,一物多玩,发掘活动室里好玩的东西。

明益:"快看,我变成袋鼠妈妈了!"

齐齐:"我的小汽车更厉害!"

比比:"哈哈哈,你们能看见我吗?"

就这样,孩子们玩起了体育游戏"神奇的袋子"。

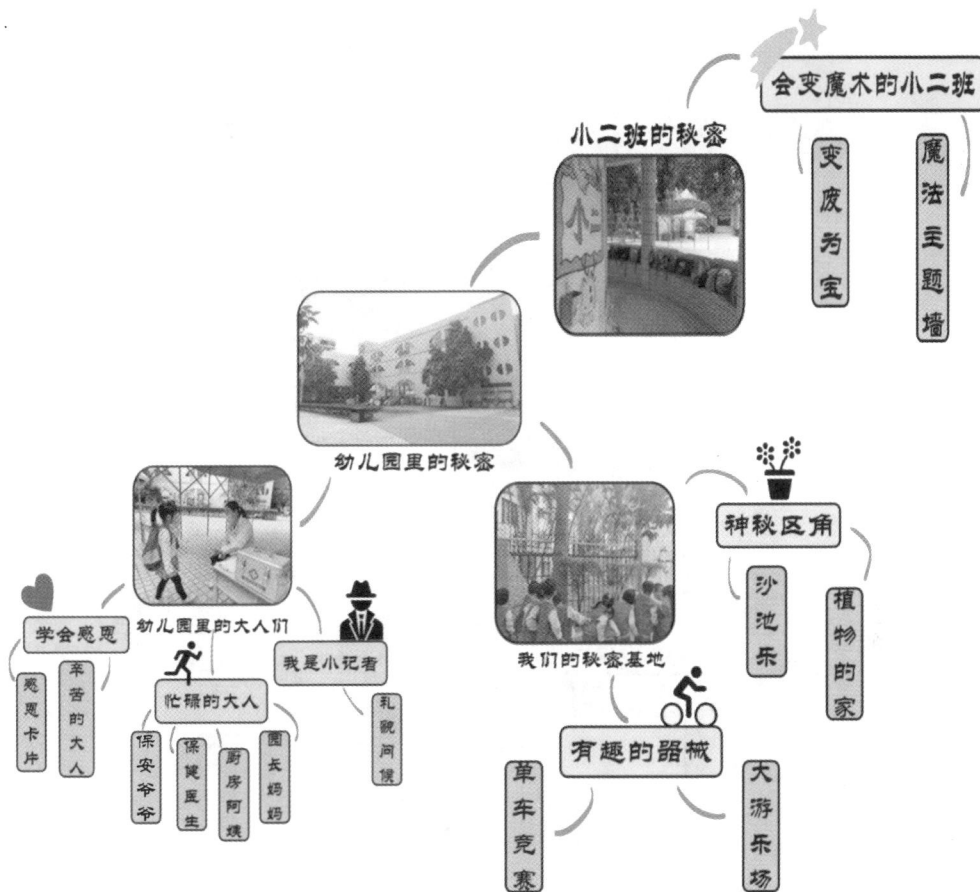

③活动三:有趣的区域活动

这一天,探秘的孩子们发现了教师刚做好的进区卡。

尔雅:"你们看,这上面有我们的照片。"

铮杨:"插的地方就是我们的家吗?"

雨橙:"老师,这是要做什么啊?"

精彩的区域活动在孩子们的讨论声中开始了。

教师:"小朋友们,这是老师为大家制作的进区卡,知道有什么作用吗?"

维乐:"就像我们进幼儿园要打卡一样,进区域活动也要打卡。"

思洽:"老师,是这样吗?"

教师:"是的,我们进区要插卡,还要遵守区域的规则。"

于是,教师与孩子们一起讨论了进行区域活动时要注意哪些问题,并制定了新的区域规则。

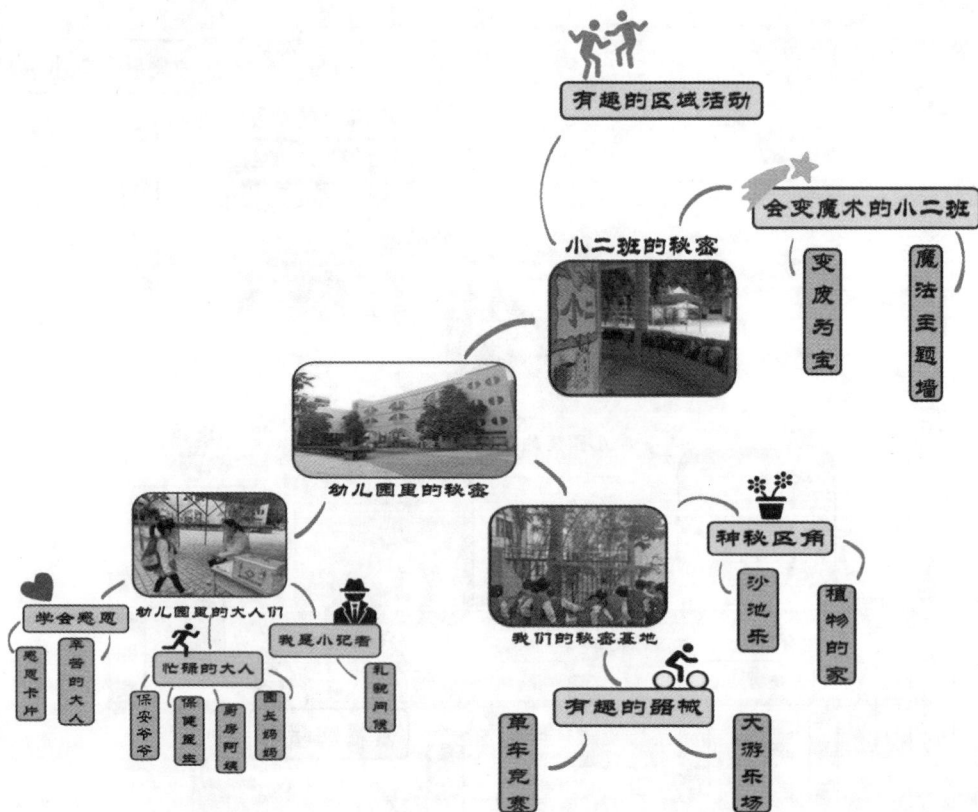

④活动四:小二班和其他班

艺越小朋友说他去过小四班,看见小四班也有好玩的玩具,这引起了大家的注意。旁边的孩子听到了,也提出疑问:"是不是小二班跟其他班是一样的呢?其他班级又有什么秘密呢?"带着这个疑惑,探索小分队打算重新出发,一起去探索幼儿园里其他班的秘密。

(4)活动效果

通过探索"小二班的秘密",孩子们对小二班有了进一步的了解,并且懂得了教师们布置班级的意义和目的。孩子们自己也愿意参与其中。同时,他们还懂得了遵守班级的约定和区域规则,真正成了小二班的主人。

4.秘密四:大楼里的秘密

(1)活动由来

由于小班的活动室在楼下,所以孩子们还从未上过教学楼、音体楼、科艺楼,因此,他们对未知的大楼充满期待。教师将带领孩子们探索幼儿园大楼里的秘密,于是生成了主题为"大楼里的秘密"的探索活动。

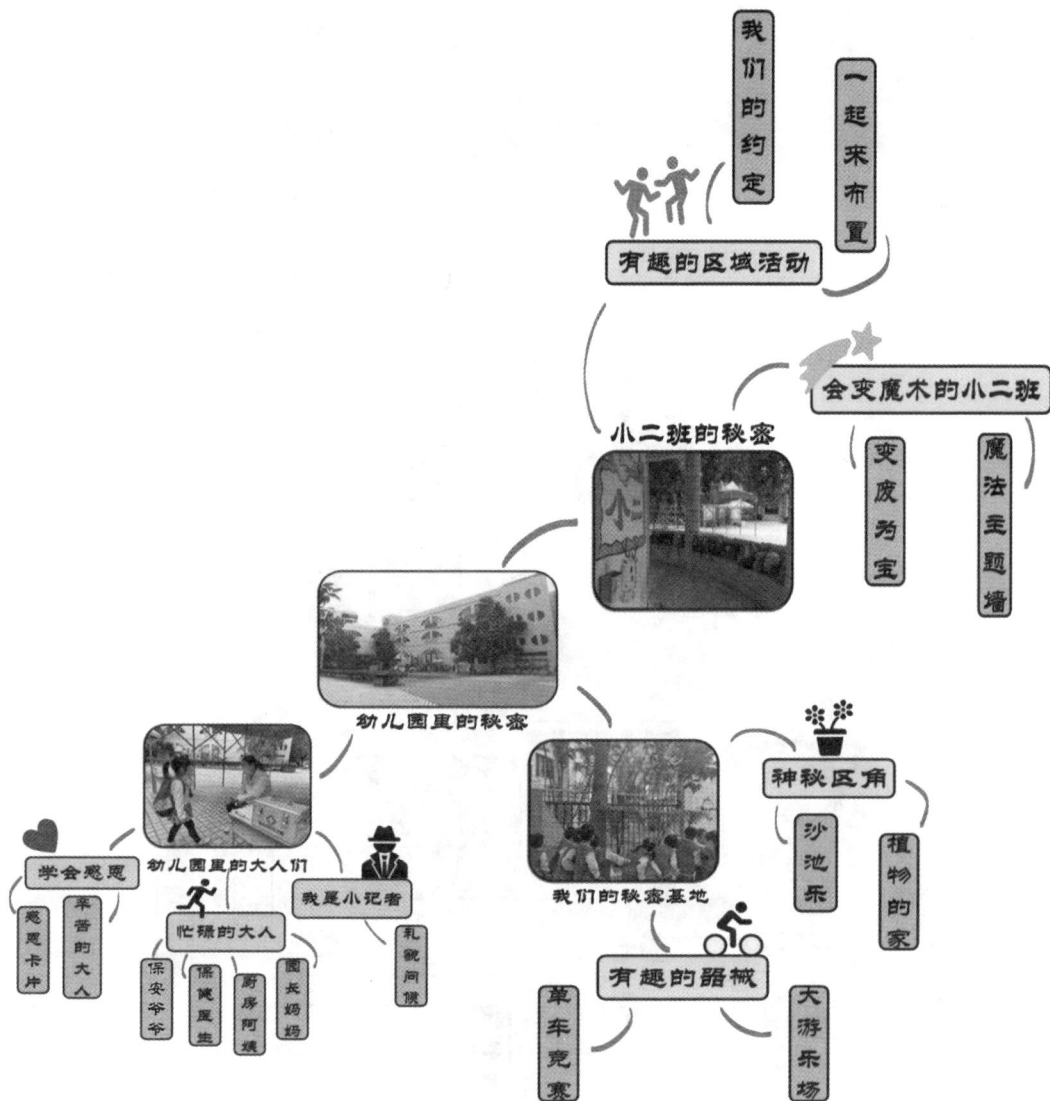

（2）活动预期

带孩子们参观各个大活动室，使他们能对大活动室中的器械等进行简单的操作，体验大活动室的乐趣，享受在幼儿园里的快乐时光。

（3）活动过程

①活动一：精彩的美工室

探索小分队来到了美工室，孩子们被眼前琳琅满目的美术作品吸引住了。

泓霖："大家快来呀，这里有好多漂亮的蛋糕！"

思清："哇，看起来好像可以吃一样。"

禹希："这是假的，不能吃！"

教师："这些都是用超轻黏土制作的，小朋友们玩过吗？"

泓霖："老师，我最喜欢玩泥土了，快开始吧！"

齐齐："老师，我要画画。"

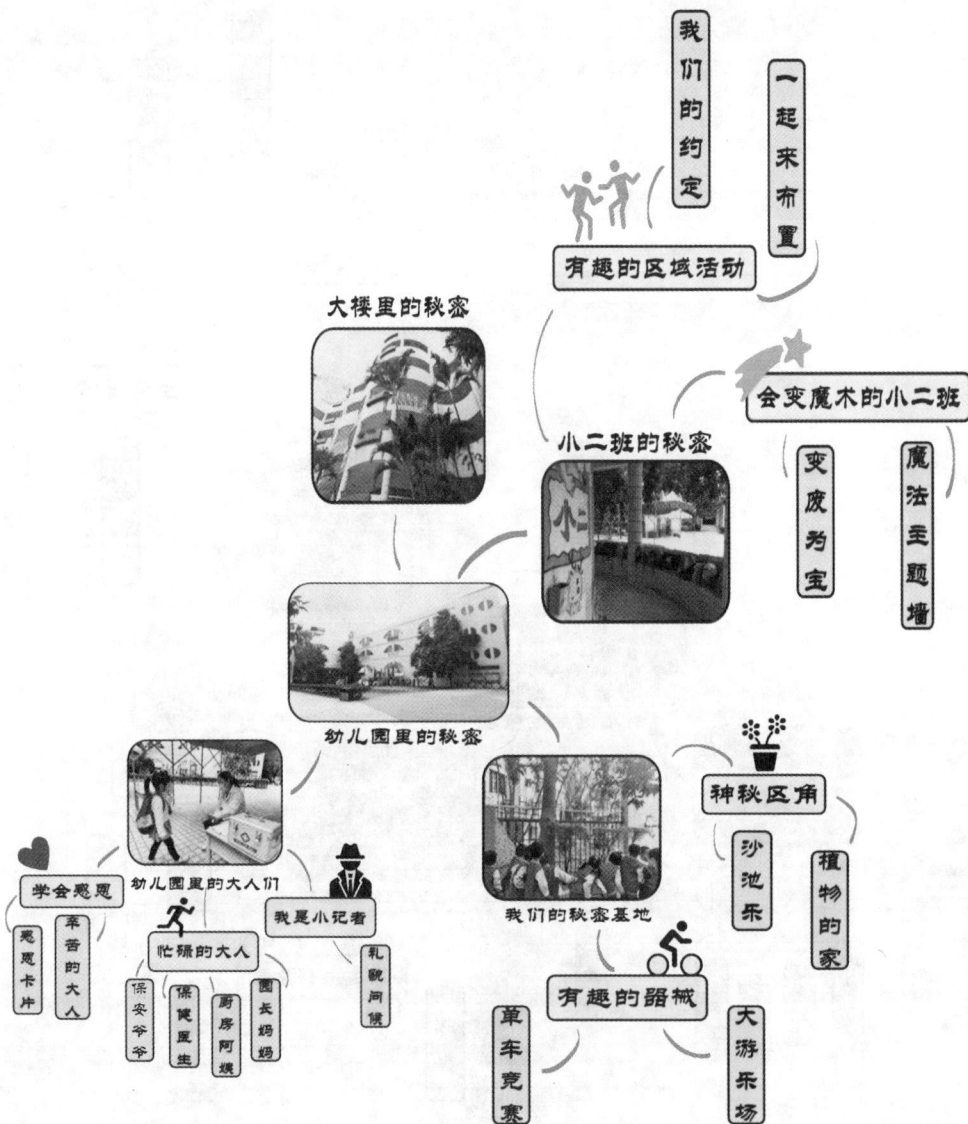

比比:"老师,我要做手工。"

于是,孩子们又忙活了起来。有了班级区域活动的经验,孩子们懂得了"东西从哪里拿的便放回哪里去",所以在美工室的活动显得井然有序。

②活动二:探索科学室

孩子们来到了科学室。这里的工具可真多呀,孩子们把玩起来。艺越小朋友拿起一个望远镜仔细端详,不知道这是什么。不一会儿,便引起了大家的围观,还讨论了起来。

炫恺:"这个东西好像大眼镜啊。"

艺越:"它有两个圆圆的大眼睛。"

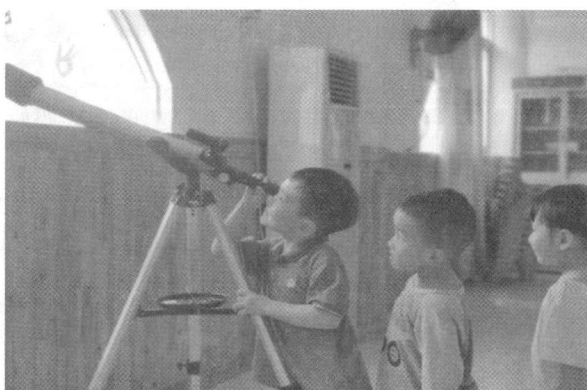

思烨："好好玩呀，不过这个眼镜有点儿长，怎么看呀？"

齐齐："这是望远镜，它能帮助我们看到很远很远的地方。"

思漾："是吗？我也想玩！"

孩子们在这次探秘中，感知了望远镜的外形特征，了解了望远镜的功用，学会了使用望远镜。

第二次来实验室探秘的时候，禹希小朋友发现了与望远镜长得很像的东西。它比望远镜长，而且只有一只眼睛，但是与望远镜一样，能看到很远的地方，于是大家将"望远镜"带到班级区域里继续探索。

孩子们在科学室里还发现了很多有趣的东西，如神秘的人体模型、地球仪、放大镜、天平等，这些实验工具引起了孩子们极大的兴趣。

③活动三:阅览室里知识多

孩子们排着小长队来到了幼儿园阅览室,一进门又惊呆了,大家都惊讶地说:"哇,这么多图书啊,真好!"于是,孩子们沉浸在绘本的海洋里。

"哎呀,你们别挤了!"安静的阅览室传来泓霖小朋友的声音。原来大家都想阅读《大树妈妈》这本书。为了满足孩子们,教师在阅览室里组织了一次语言活动,让孩子们一起来学习这个故事。

恩哲:"大树妈妈真好!"

琪琪:"大树妈妈在很热的时候给我们撑起了大伞。"

比比:"我们幼儿园里也有好多大树妈妈!"

可可:"老师,我们去看看幼儿园里的大树妈妈吧!"

嘻嘻:"我们又发现了一个秘密,幼儿园里有大树妈妈。"

瞬间,孩子们的兴趣点转移到了幼儿园里的大树上,于是开启了新的主题探索活动——幼儿园里的大树。

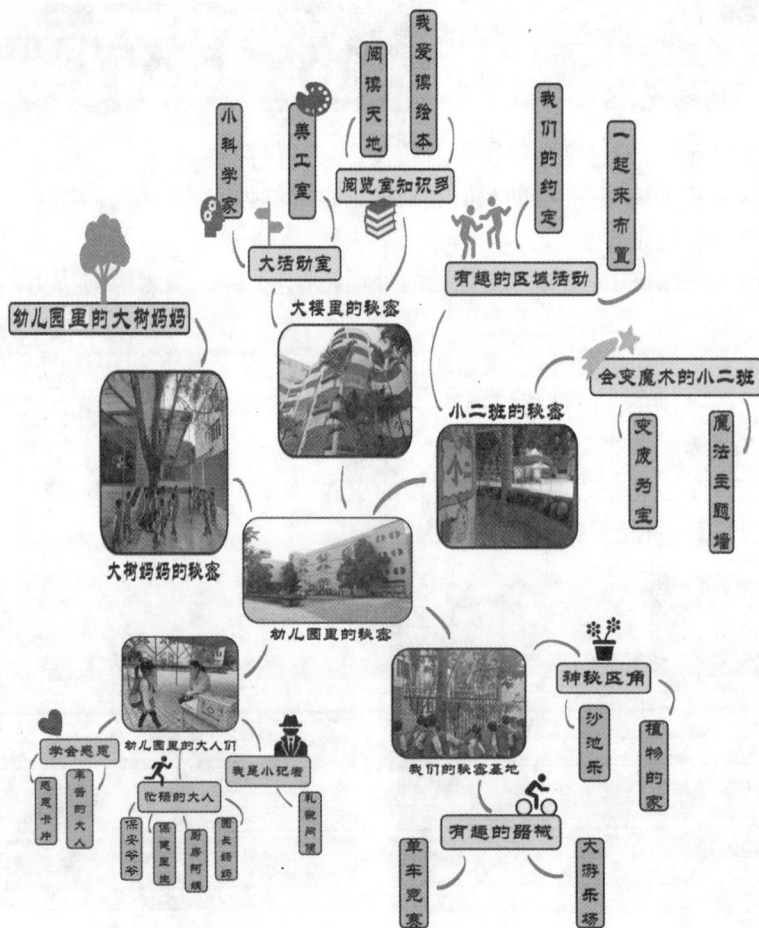

（4）活动效果

在"大楼里的秘密"探索活动中，孩子们观赏了多姿多彩的美工室，参观了神奇的科学实验室，体验了趣味的角色区，阅读了生动的绘本。通过欣赏、操作、体验等方式，孩子们对各个活动室有了初步的认识。"大楼里的秘密"为孩子们丰富的幼儿园生活又开启了一扇精彩的大门。

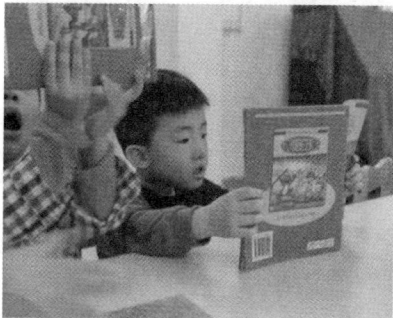

5. 秘密五：幼儿园里的大树妈妈

（1）活动由来

《大树妈妈》的故事，把探索小分队又带到了户外。孩子们开心地数着幼儿园里的大树。

陈铮杨："大树妈妈的树干上有好多的皱纹啊！"

陈铭妍："还有好多痘痘。"

何雨扬："大树妈妈多少岁啊？"

孩子们围着大树总有说不完的话，"幼儿园里的大树妈妈叫什么名字？""为什么大树妈妈的树叶会掉下来？""大树妈妈脚下的蚂蚁是住在大树妈妈房子里吗？"等等。于是，探索大树妈妈的活动开始了。

（2）活动预期

期望孩子们在探索活动中，认识幼儿园里树木的名字、种类，知道树木会因为季节变化而发生变化，懂得爱护树木、保护周围的环境。

（3）活动过程

①活动一：大树妈妈的房间

在户外活动的时候，孩子们围着大树，目不转睛地盯着树下忙碌的蚂蚁。

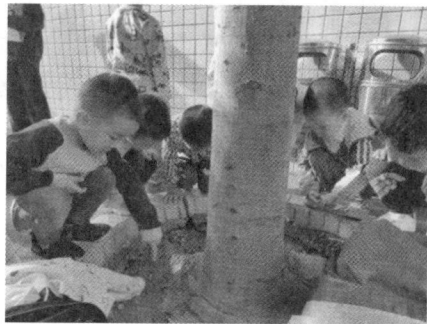

佳桓："你们看，大树妈妈脚下面有蚂蚁。"

颜野："它们在干什么呢？"

齐齐："蚂蚁在搬家。我们是来找大树的秘密，不是来看蚂蚁的。"

佳桓："我喜欢蚂蚁，我不看大树。"

思洽："我也喜欢蚂蚁，我要探索蚂蚁的秘密。"

颜野："那我们分开吧，我要和大树做朋友。"

发现部分孩子的兴趣点转移，教师没有过多干预。孩子们自然地分成了两个探秘小分队。

接下来，孩子们又忙碌起来了，有的探秘大树，有的探秘蚂蚁。孩子们常常带着问题去观察，又带着问题讨论。他们将自己发现的秘密用绘画的形式简单地记录了下来。探秘大树的孩子们除了能说出大树的名字，还知道了大树有树干、树枝、树根、树叶，有些树还能开花和结果实；探秘蚂蚁的孩子们发现了蚂蚁住在大树房子里，它们还会把找到的食物搬到大树房子里储藏起来。

大树妈妈的房子　大树的名字　小科学家　美工室　我爱读绘本　阅读天地　阅览室知识多　我们的约定　一起来布置

树叶拼贴画　幼儿园里的大树妈妈　大活动室　大楼里的秘密　有趣的区域活动

小二班的秘密　会变魔术的小二班　变废为宝　魔法主题墙

落叶飘飘　大树妈妈的秘密　幼儿园里的秘密

神秘区角　沙池乐　植物的家

学会感恩　幼儿园里的大人们　我是小记者　我们的秘密基地

感恩卡片　辛苦的大人　忙碌的大人　礼貌问候

保安爷爷　保健医生　厨房阿姨　园长妈妈　有趣的器械　单车竞赛　大游乐场

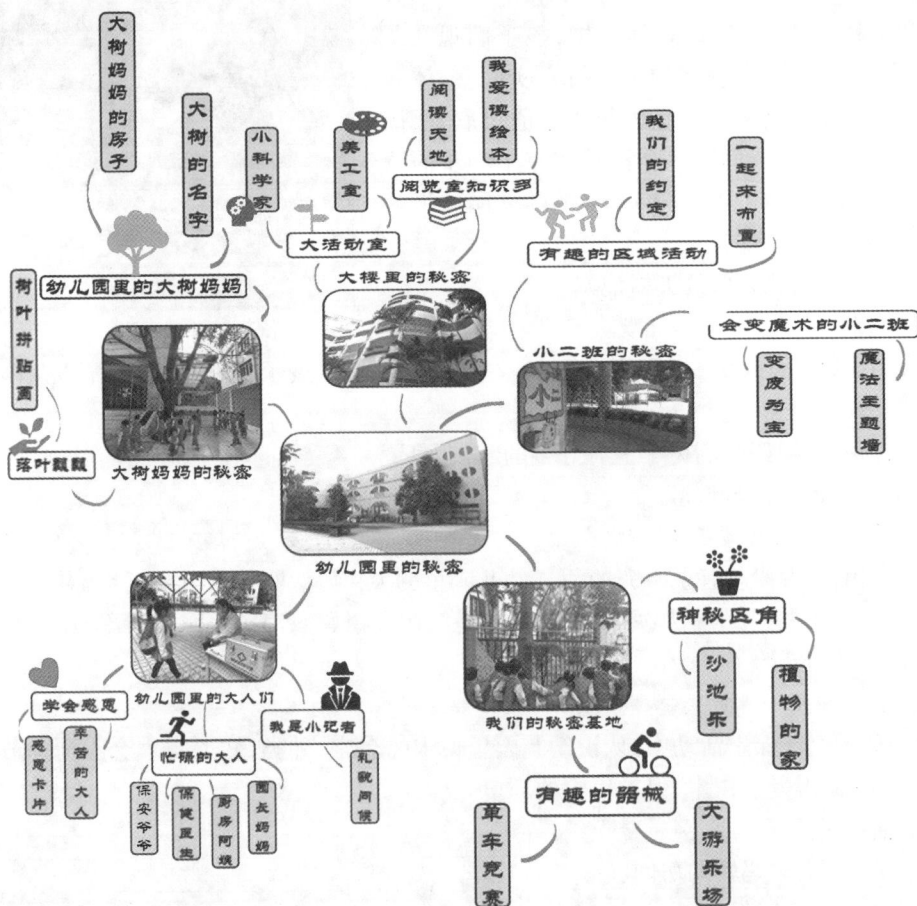

②活动二:落叶趣事

在户外活动的时候,孩子们发现大树妈妈的叶子一片一片飘落在地面上,于是玩起了捡落叶的游戏。

雨橙特别开心,因为她捡到两片很大的树叶。"这片树叶太漂亮了!"雨橙的大落叶引来了孩子们的围观。

柯榕:"叶子是大树妈妈的头发吗?"

润桓:"不是,叶子不是大树妈妈的头发。"

可可:"树叶那么美,我们带回去做手工吧。"

于是,创意无限的孩子们把落叶变成了大树、公主裙、小船、房子、飞机、降落伞⋯⋯

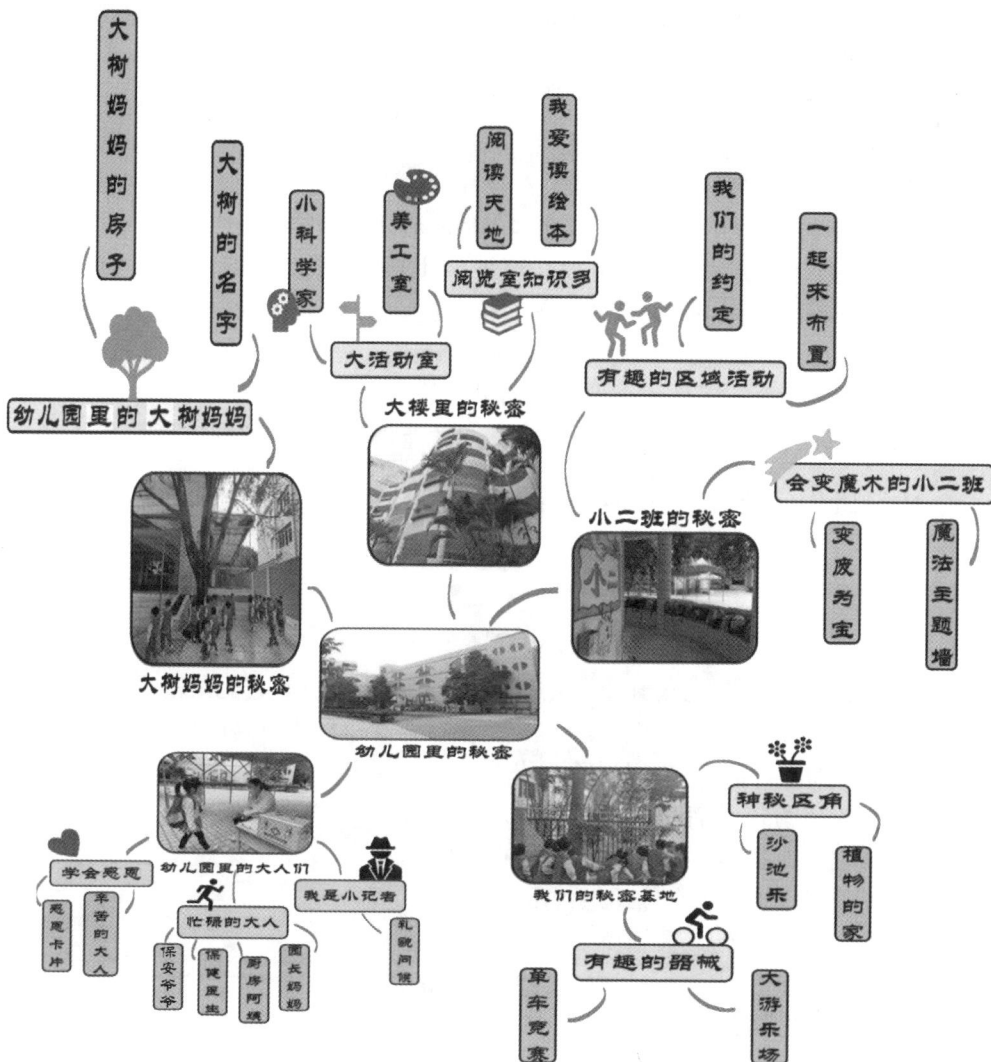

大树妈妈的房子

大树的名字

小科学家

美工室

阅读天地

我爱读绘本

我们的约定

一起来布置

阅览室知识多

大活动室

幼儿园里的大树妈妈

大楼里的秘密

有趣的区域活动

会变魔术的小二班

小二班的秘密

变废为宝

魔法主题墙

大树妈妈的秘密

幼儿园里的秘密

种秘区角

沙池乐

植物的家

学会感恩

感恩卡片

辛苦的大人

幼儿园里的大人们

忙碌的大人

我是小记者

我们的秘密基地

保安爷爷

保健医生

厨房阿姨

园长妈妈

礼能同僚

有趣的器械

草车尼寨

大游乐场

（六）活动效果

孩子们在"幼儿园里的秘密"生成课程中,主要生成了幼儿园里的大人们、幼儿园里的秘密基地、小二班的秘密、大楼里的秘密、幼儿园里的大树妈妈五大主题活动。在"幼儿园里的大人们"的活动中,孩子们对大人们的工作职责以及背后的辛苦有了初步认识,也懂得了要感恩身边为自己默默付出的人;在"幼儿园里的秘密基地"的活动中,孩子们体验了幼儿园里的运动器械及体育玩具,知道了如何安全运动,同时爱上了户外体育锻炼;在"小二班的秘密"的活动中,孩子们成了小主人,参与了班级区域的创设,学会了遵守区域规则;在"大楼里的秘密"的活动中,孩子们初步了解了幼儿园的大活动室,对幼儿园生活有了更美好的向往;在"幼儿园里的大树妈妈"的活动中,孩子们对幼儿园里的大树有了进一步的认识,对大树下的蚂蚁也进行了探索,同时也懂得了要珍惜美好的事物,珍惜在幼儿园的快乐时光。

本次生成课程惊喜不断,孩子们的探秘热情一路高涨,在亲身体验、实际操作中积累了经验,提高了探究能力。同时,对幼儿园的了解也更加全面、立体了,增强了归属感,对幼儿园的未来生活有了更加美好的憧憬和期待。

(七)活动反思

生成课程既不是教师预先设计好的、在教育过程中不可改变的死板的课程,也不是孩子们无目的、随意的、自发的活动。所以在本次生成活动中,教师始终以孩子们的兴趣点为主,辅以师生互动,不断调整活动的方向和形式。对于孩子们的问题和讨论点教师高度重视,充分挖掘有探索价值的资源,做足准备工作,激发孩子们探索的兴趣和自主性,及时满足孩子们的各种需求。在探索和认知的过程中,孩子们充分地感受到了幼儿园里的爱与美好。这次课程活动让教师深刻体会到孩子们思维的活跃、创造力的无限。要教育孩子,教师要先学会共情,学会理解,学会欣赏,学会尊重,才能与孩子一起共同成长。

二、中三班生成课程——奇妙的昆虫

(一)课程由来

夏日的一天,教师正领着孩子们在室内活动,突然有几个孩子围在一起不知在看什么,教师立即走过去一看,原来是从窗外飞进来一只好看的小昆虫。它先是落在一个小女孩的身上,小女孩吓得快哭了,一个男孩走过去,一手捉住了小昆虫。这时,有的孩子说这是益虫,应该放了;有的则说是害虫。大家争论起来。

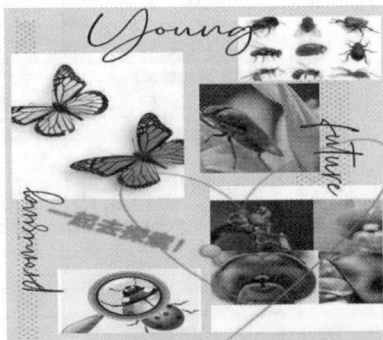

小昆虫一时成为孩子们热烈讨论的话题。这时教师给了孩子们一个提示:"有什么方法可以证明你们说的是对的呢?"很多孩子自然地想到用查书、上网等方法来证实自己的观点。看着孩子们对小昆虫这样感兴趣,教师决定与孩子们一起探索昆虫的秘密,在观察和探索中去发现、去感悟、去理解,从而感受昆虫世界的奇妙之处。

(二)预定目标

(1)通过观察,了解自然界中较为常见的昆虫,知道它们的名称、特征、生存环境及作用,感受昆虫的多样化。

(2)萌发观察和探索大自然的欲望,能用不同的方式表达对昆虫的认识,懂得要保护益虫。

(3)学习搜集信息、资料的方法,体验分享交流的快乐。

(三)前期准备

(1)收集昆虫标本、图片、绘本、故事等资料,师生共同布置"昆虫"展区。

(2)与家长做好沟通,使其配合做好活动准备工作。

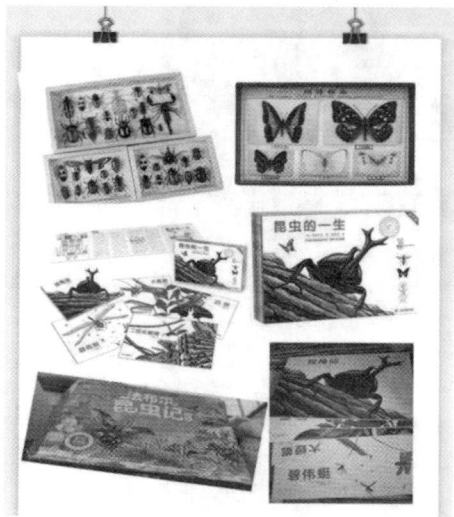

（四）课程生成过程

1.子主题——我知道的昆虫

一天后,孩子们各自把收集到的资料带到幼儿园,进行分享交流。经过充分查证达成共识:昨天的小昆虫是瓢虫,瓢虫分为很多种,大多数都是益虫,只有少数是害虫(如十星瓢虫和二十八星瓢虫)。瓢虫以蚜虫和蚧虫为食,特别是七星瓢虫,也就是我们通常所说的"花大姐",它是捕蚜虫能手,帮助农田除害虫少不了它。

这时教师补充说明:"花大姐"的本名叫瓢虫,因为它有一双美丽的翅膀,上面有红、黄不同颜色,还夹着一些美丽的斑点,因此得了个美名——花大姐。人类利用益虫捕捉农田里的害虫,可以减少农药喷杀次数,省工省力,还不会污染土壤和地里的农作物,有利于生产绿色食品。像"花大姐"这样的益虫正逐步成为生物防治的排头兵,会为人类做出很大的贡献。

让孩子们用小彩笔把心目中的瓢虫画出来。

"除了瓢虫,你还知道哪些昆虫呢?"教师又给孩子们布置了新任务。

第二天,孩子们陆续带来了好多昆虫的图片,并且在家里对自己感兴趣的昆虫进行了学习了解。于是开展了"我们知道的昆虫"的集体教学活动。孩子们纷纷拿着自己带来的昆虫图片给大家介绍。梓熙说:"蜘蛛非常厉害,它专门靠织网来捕捉虫子吃,网是很黏的,虫子上去了就下不来。"博阳说:"蜈蚣有四十二条腿,它会蜇人,喜欢潮湿的地方。"等等。

通过视频、图片,孩子们了解了昆虫。原来昆虫的身体分为头、胸、腹三部分,有一对触角,六条腿。课程结束后,教师把孩子们搜集来的昆虫图片以"我们知道的昆虫"的名字布置在主题墙上,还对照视频里的图示一一分析,将不是昆虫的图片打上"×"。孩子们找到了蜘蛛、蜈蚣、蝎子。

自由活动时,孩子们纷纷来到主题墙前,指着上面自己带来的昆虫图片向其他小朋友介绍它的名称、本领。就这样,孩子们在互相交流分享的过程中又认识了很多昆虫。主题墙的图片不但激发了孩子们大胆表达的欲望,也提高了孩子们的语言表达能力。有的孩子还问:"老师,为什么说蜜蜂是勤劳的?""蚂蚁吃什么,住在哪里?"看到孩子们对昆虫这么感兴趣,教师顺着孩子们的兴趣点生成了另一个子主题——昆虫的秘密。

奇妙的昆虫 ⟶ 我知道的昆虫

- 瓢虫
- 蜘蛛
- 蜜蜂
- 蜈蚣
- 萤火虫

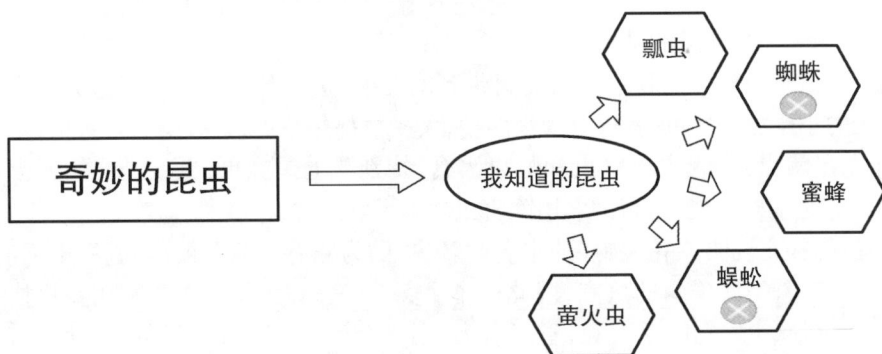

2. 子主题——昆虫的秘密

第二次的探索活动是昆虫的秘密。教师直接导入:"你们知道昆虫都生活在哪里吗?"孩子们大多是从书本上了解昆虫的,他们认为昆虫离他们很遥远。于是教师说:"让我们一起去找找它们,好不好?"孩子们非常开心。于是大家带上放大镜和一个塑料罐出发了。大家找到了一个蚂蚁洞,发现有许多的小蚂蚁来来往往地忙个不停。孩子们蹲下一看,原来蚂蚁们在抬一只蜻蜓。

只见这些蚂蚁有的咬住蜻蜓的头,有的咬住蜻蜓的尾巴,拉的拉,推的推,使尽全身力气,这个"庞然大物"竟然被拉动了。孩子们说:"这些小蚂蚁的力气真大呀!"大家立即将带来的饼干分成三份放在蜻蜓的旁边,其他的蚂蚁一哄而上,把饼干咬成比蚂蚁洞还小,三三两两抬着一块,向洞口爬去。孩子们知道了瘦小的蚂蚁真的有很大的力气。于是,大家总结出一个道理:团结就是力量,蚂蚁是一个团结的群体。

大家又来到了草地上,孩子们的奔跑惊动了草丛里面的蟋蟀,蟋蟀一个一个都跳了起来。孩子们无意中发现了它们,一阵惊呼。于是他们叫喊着去捉蟋蟀,用了很长时间才捉住一只。

在草丛里还发现了蝴蝶、蜻蜓,孩子们去追,结果它们都飞走了。后来,孩子们在树下发现了一只蜘蛛,只见它用网把叶子卷了起来,正在里面睡觉呢。旁边还有蜘蛛网却看不到蜘蛛,孩子们走过来走过去,碰了一下蜘蛛网,蜘蛛立刻赶了过来,孩子们立即明白了,原来这只蜘蛛很狡猾,正躲在旁边伺机捕捉猎物呢。

教师领孩子们又来到了菜地里。菜地里静悄悄的,什么虫子也没有。这时,一个小朋友用手拨动着菜叶,一只蚂蚱跳了起来。他指着蚂蚱说:"快看,这里有一只!"原来它的颜色和菜叶的颜色是一样的。孩子们看到蚂蚱蹦得高高的,一个个惊叫了起来,还模仿蚂蚱蹦蹦跳跳,传出一阵阵笑声。回到教室里,大家开始讨论为什么蚂蚱能蹦得那么高。孩子们通过观察和比较,很快就知道了蚂蚱有蹦得高的秘密武器,即一对长长的、粗壮的后腿。还有哪些昆虫与蚂蚱一样有长长的、有力的后腿呢? 通过上网查找,很快找到了答案。最后孩子们一起随着音乐学蚂蚱蹦跳,他们似乎真把自己当成了蚂蚱,一个个手撑着地,努力地蹬着腿。

孩子们还把探索的过程用绘画的形式记录了下来,把捕捉到的小蚂蚁、蟋蟀、蚂蚱等昆虫放在区域里,供大家继续观察。看着孩子们对蚂蚱的蹦跳这么感兴趣,于是又开展了"昆虫本领大"的活动。

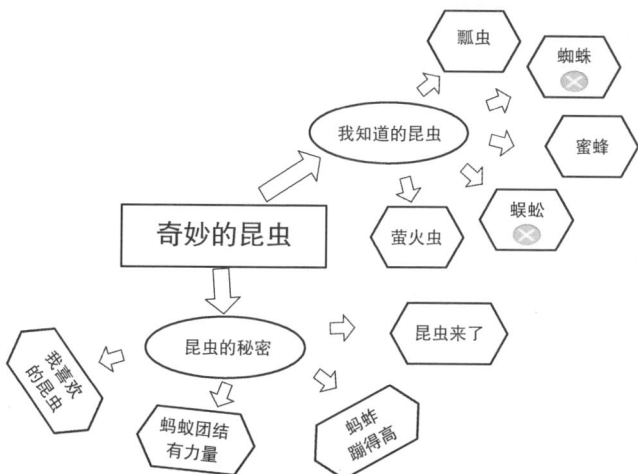

3. 子主题——昆虫本领大

在探索"昆虫的秘密"活动后,孩子们知道了蚂蚱蹦得高,蚂蚁团结有力量,那么其他的昆虫又有什么本领呢?于是"昆虫本领大"的活动拉开了序幕。师生一起利用视听结合的方法探索昆虫的本领。让孩子们了解昆虫具有保护色,许多昆虫的体色与它们所处环境的颜色非常相似,如蝗虫、竹节虫、枯叶蝶等;简单了解当昆虫遇到危险时自救的方法,如臭屁虫放屁;知道蝴蝶、蚂蚁、蟋蟀、知了等都是害虫,而可怕的螳螂、脏脏的屎壳郎却是益虫,所以不能以貌取人。孩子们都兴致勃勃、情绪激昂,对昆虫世界充满了好奇。教师将活动延伸到家庭,让家长与孩子一起探索。

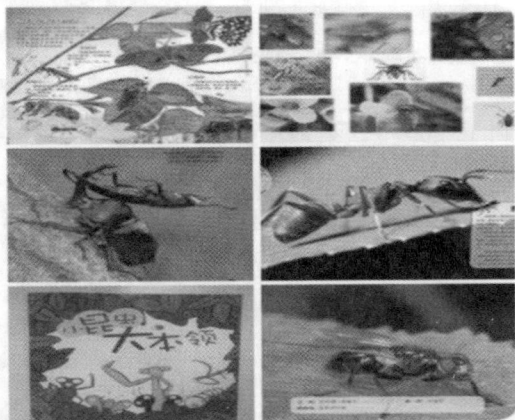

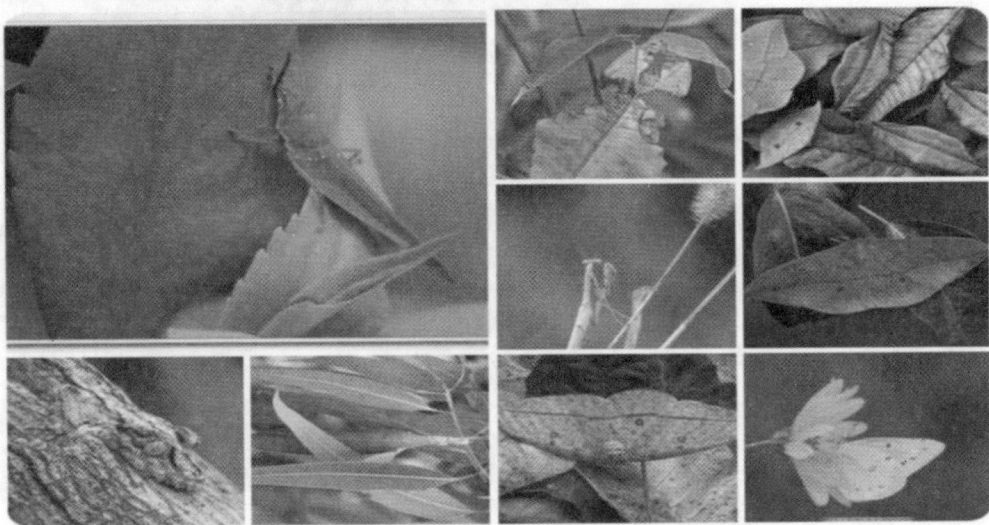

(五)效果和反思

用了3周时间,完成了"奇妙的昆虫"的探究活动,收到了较好的活动效果。师生一起走进大自然寻找、观察昆虫,发现、了解一些昆虫的主要特征、生活习性,知道有些昆虫可以传播花粉、酿蜜,有些可以做食材、药材,有些可以预示气温变化或灾难发生……同时也知道有些昆虫会把病菌传播给人类、植物、动物等,既丰富了科学常识,又感受到探究昆虫世界的乐趣。

在探索讨论中,昆虫本领大、昆虫的保护色、昆虫的自救等,使孩子们知道了许多昆虫的秘密,充分激发了他们的好奇心和探究欲望。在一次又一次的探索、讨论中,孩子们都兴致勃勃,情绪高涨。

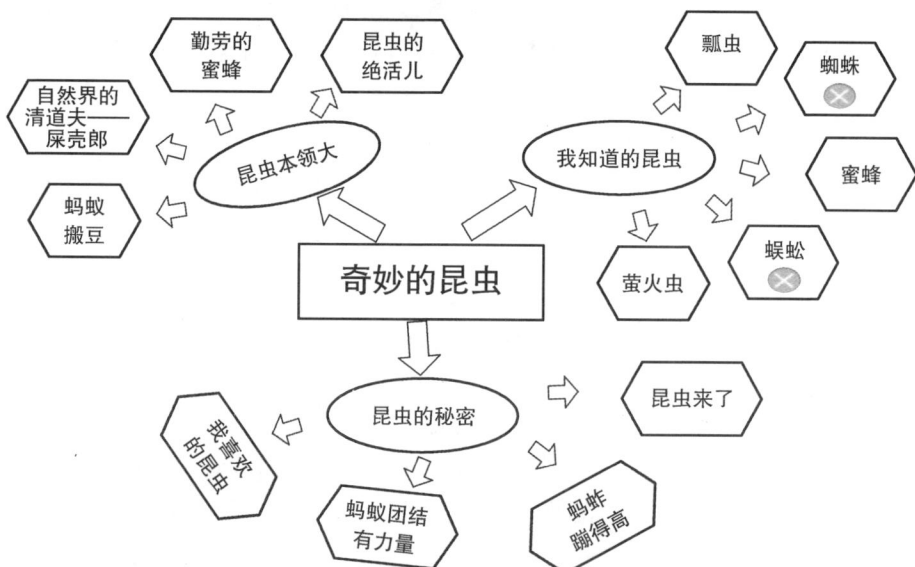

在此次课程生成活动中,孩子们通过自己的探究发现了更多昆虫的秘密,这对他们将来探索世界是一次有意义的激发和启迪,这是活动想要达到的目的。幼儿园将选择更多这样的课程活动引领孩子们去探索、去发现,努力构建孩子们喜欢的课程。

在3周的探索活动中,教师与孩子们一起学习,一起进步,一起感受了昆虫探索活动带来的快乐。

在生成课程中,当孩子们提出问题的时候,教师应积极回应,及时捕捉、发现孩子们萌生的新兴趣、新点子、新设想。针对孩子们提出的问题,教师应带领孩子们进行探究性思考,以促进孩子们创新能力的提高。

对于孩子们来说,在自主探索活动中,他们充分感受到了大自然中昆虫的特性和趣味,了解了昆虫的本领、昆虫的生长环境,懂得应该保护益虫、消灭害虫。在活动中,孩子们不仅体验到了活动的乐趣,而且增长了知识,其认知能力、探索技能、思维品质都得到了不同程度的提升。

家长反馈:幼儿园开展这样的课程活动很好。家长和孩子通过查阅百科画册、网上查找了解昆虫

的知识;家长利用节假日带领孩子到大自然中去寻找昆虫,捕捉昆虫,看到孩子在树木上、水边、石头下、草丛里、落叶下找到昆虫时的兴奋,家长也很高兴。家长与孩子讨论昆虫,为家庭和谐、快乐生活增添了很多乐趣;在家中和孩子一起饲养捉到的昆虫,引导孩子要细心照料它们,一段时间后,带孩子将昆虫放归大自然,培养孩子爱动物、爱大自然的情感。家、园共同为孩子创造一个主动探索、健康成长的环境,培养孩子的探索精神。

三、大三班生成课程——我爱潮州文化

(一)课程由来

在幼儿园的一日生活中,处处都有孩子们的生成活动。在孩子们分享"周末见闻"时,他们兴高采烈地谈论了起来:"我周六去牌坊街游玩,那里有好多的潮州小食。""牌坊街有好多不同的亭子,妈妈说那叫牌坊。""我也去过,那里的周末晚上有文化表演,如舞狮、潮州大锣鼓、英歌舞、潮剧……""还有很多有趣的房子,和我们住的房子不一样。"一时间,"潮州文化"这个话题引起了孩子们的好奇和兴趣。

(二)确定主题

针对孩子们周末参观潮州牌坊街文化节游行活动,对潮州文化并不了解,充满好奇这一情况,教师确定了生成课程的主题——我爱潮州文化。

(三)预定目标

(1)初步了解潮州的传统文化,感受千年潮府古城的特色。
(2)初步学会收集、分析资料,了解获取信息的途径和方法,体验探索、合作的乐趣。
(3)通过前后对比感受潮州的发展变化,萌发爱家乡、爱潮州文化、长大为家乡争光的美好情感。

(四)前期准备

与家长一起收集与潮州有关的资料、地图、歌曲、民谣、VCD、图片等。

(五)课程生成过程

1.子主题——戏曲艺术
潮州文化起源于潮汕先民,创新于现代,是中华民族优秀传统文化的一个分支,有中外文化兼容的特点,即方言、潮剧、潮乐、美食、工夫茶、工艺美术、民俗、特色民居等。全市文物古迹星罗棋布,木雕、潮绣巧夺天工,潮剧、潮乐绕梁坊间,古桥、古街将古城景色串珠成链。潮州,不愧是国家历史文化名城。

幼儿园区域活动是对原有课程组织形式的一种拓展,区域活动的真正意义在于能够让孩子们真正接触生活,通过玩耍、操作、体验、感受,获取直接经验。通过区域活动,帮助孩子们积累潮州文化知识,激发孩子们学习潮州文化的兴趣。

（1）播放"魅力潮州"视频

一段视频激发了孩子们对"潮州"的兴趣，他们兴奋地谈论了起来："我去过牌坊街，看到牌坊街那里有潮剧演员化着浓浓的妆，穿着古装在台上表演，真好听！""我喜欢看潮州大锣鼓表演，有一位大哥哥打着一面大鼓，指挥着很多人演奏，配合得非常好。""我看过用线吊着一个木偶在表演，真有趣。"等等。围绕着孩子们交谈的内容，结合孩子们的兴趣点，教师通过区域活动来引导他们探索、了解潮州戏曲艺术。

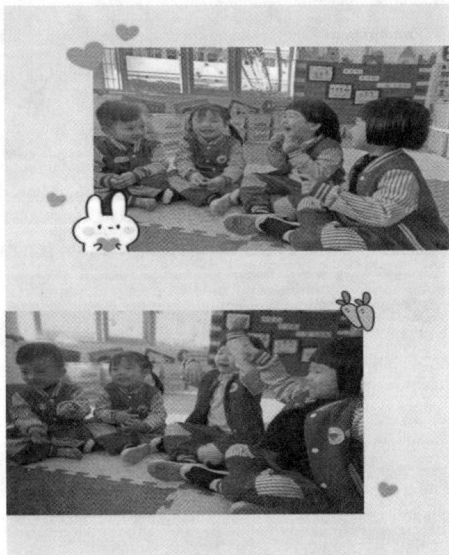

（2）潮文化——戏曲艺术

区域材料准备和环境的创设，为孩子们开创自主发挥的空间，在玩中学、做中乐，感受潮州文化的魅力。

为了丰富资料，教师借助了家长的力量，家长帮忙收集一些与主题相关的资料投放到区域中。孩子们在自主操作、探索中，以及环境的影响作用下，积累经验并学习表达自己的感受，获得情感、认知等方面的发展。

①区域材料投放

a. 音乐区

在此区域投放了潮剧相关的视频、图片、道具、服饰、布景等。这些能够激发孩子们学习、了解潮剧的欲望，感受潮剧的浓郁韵味、独特风格。

b. 表演区

在此区域投放了各种乐器、小音箱、视频等，供孩子们在区域中探索、尝试，让孩子们在自导自演中感受潮州音乐的独特魅力。

c. 木偶区

在此区域投放了提线木偶教具、投影仪、提线木偶视频、课件、布景等，让孩子们给木偶制作服装，尝试操纵木偶进行角色表演，体验成功制作与表演的乐趣。

②区域活动开展

孩子们自主选择区域，开始了自主探索，了解潮剧、潮州大锣鼓、木偶、英歌舞、潮曲等。

a. 音乐区

在《我是潮州人》的歌声中，教师与孩子们围坐在一起，谈论着对潮剧的认识。博熙说："我喜欢潮剧，特别喜欢听奶奶唱潮剧。"萌恩说："我的爷爷、奶奶、爸爸、妈妈也会唱潮剧，我也会唱几句。"说完，她便哼唱了两句，得到了大家的阵阵掌声。

又点开一段视频："潮州戏迷一起走进潮剧，感受地方特色文化魅力。"更深层地激发孩

子们学习、了解潮剧的欲望,一起感受潮剧独特的浓郁韵味。活动中,孩子们知道了潮剧是用潮州方言演唱的一个具有独特民俗风情的戏曲剧种,是潮州人民喜闻乐见的文艺形式。这种特有的剧种已列入第一批国家级非物质文化遗产名录。

孩子们在区域中,三三两两学着哼唱潮剧,俏皮可爱的动作表演、轻快的曲调赢得了阵阵掌声。孩子们笑声不断,掌声不断。潮剧承载着潮州人太多的记忆,也是大家小时候依偎在长辈怀里的摇篮曲。教师鼓励孩子们回家和爷爷、奶奶学唱潮剧,然后当"小老师",教授其他孩子。孩子们学习潮剧,可不断赋予潮剧新的生命力,并让家乡的文化声名远播!

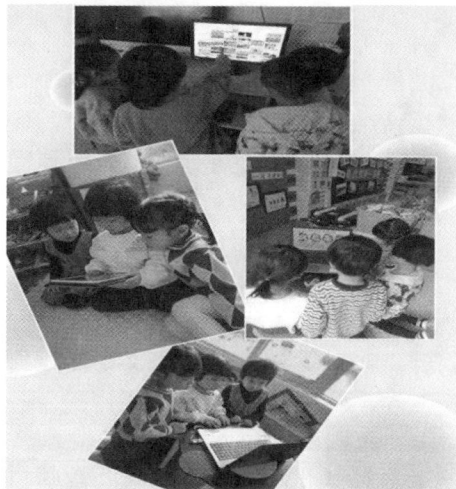

b. 表演区

根据活动的需要,教师与孩子们一起欣赏潮州大锣鼓视频,感受潮州大锣鼓的欢乐喜庆气氛。"他们的服装真漂亮!打鼓的大哥哥动作太帅了。"孩子们对其中的乐器也很感兴趣,兴奋地谈论着:"这个乐器叫什么? 它会发出什么样的声音呢?"带着这样的问题,教师打开平板电脑,帮孩子们搜索"潮州大锣鼓",一起学习、了解。潮州大锣鼓是潮汕地区传统音乐中的一种,是当地古老的民俗文化,每逢新年或乡镇风俗节日、迎神赛会,潮州大锣鼓便声震百里。孩子们敲敲打打玩弄着区域中的各种乐器,探索、尝试着,在自娱自乐中感受、学习潮州文化,潜移默化地受到传统文化的熏陶。

c. 木偶区

教师带领孩子们观看一段铁枝木偶表演,通过图片、视频,让孩子们走进铁枝木偶戏班,领略木偶艺人凭借一双巧手操纵"剧筷",赋予本无生命的木偶全新的技能,体会木偶艺人"台上一分钟,台下十年功""手拍鼓,脚拍锣,嘴唱歌,头壳撞深钹"的艰辛。

在区域中,孩子们给木偶制作服装,制作简单的提线木偶形象,尝试操纵木偶进行角色表演,体验成功制作与表演的乐趣。

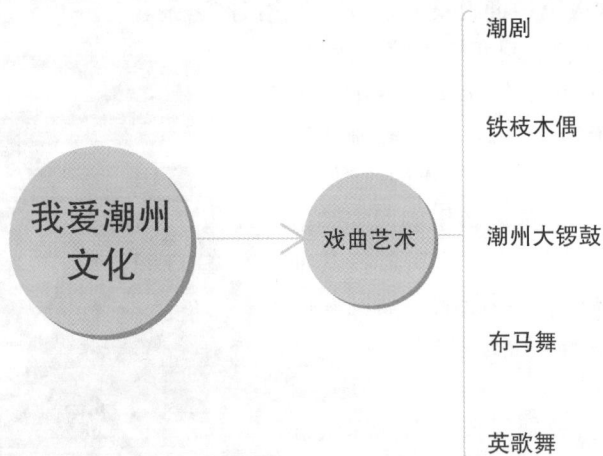

```
                                                    潮剧

                                                    铁枝木偶

    我爱潮州          戏曲艺术                        潮州大锣鼓
    文化

                                                    布马舞

                                                    英歌舞
```

2.子主题——传统工艺

带着对潮州文化的深深向往,教师与孩子们跟随镜头游潮州。走过了牌坊街,来到了中山路。中山路是潮州工艺一条街,传统工艺在这里都得到了充分体现。

(1)活动一:潮州文化——传统工艺

木雕、泥塑、嵌瓷是潮州最出名的传统工艺。孩子们对潮州木雕、潮州大吴泥塑、潮州嵌瓷传统艺术的精巧匠心、高超艺术惊叹不已。

大家收集操作的材料投放在区域中,最后收集到了轻黏土、瓷泥,又找到了小刻刀、几块小木板、香皂、纸雕书、雕刻步骤图示等,三三两两开始尝试泥塑和雕刻活动。雕刻组在教师的引导下,雕刻出了简单的小动物、水果、汽车等,孩子们开心地分享着。泥塑组自主选择工具、材料,通过印、捏、雕等,也创作出了许多作品。最后,大家都感叹雕刻师傅、泥塑师傅的细心、恒心,表示非常值得学习。

嵌瓷的美丽让孩子们感到惊叹,他们热烈地讨论起来。"我家也做陶瓷,但我们做的是马桶。""我家不是,我们做的是日用瓷。""我家做的是口杯。"等等。大家七嘴八舌地讨论着家里的陶瓷生产。带着孩子们的热情,大家又开启了"潮州文化——潮州陶瓷"之旅。

（2）活动二：潮州文化——潮州陶瓷

带领孩子们通过视频走进"枫溪陶瓷城展厅"。这里的陶瓷精品有 5 000 多件，琳琅满目，形态各异。这里是陶瓷的世界，有餐具、茶具、咖啡具、礼品瓷、建筑卫生瓷等十多个门类，让人目不暇接。

教师组织孩子们讨论：通过参观，你对潮州陶瓷产品了解了多少？通过此问题引出以"潮州陶瓷"为主题的课程。

在各区域投放瓷泥、模具、转盘、卡片、平板电脑、教学视频以及各种陶瓷产品等。孩子们在这里通过认识陶瓷、制作陶瓷等活动，初步了解陶瓷制作工艺，亲身体验创作乐趣，锻炼动手能力、创作能力，激发了作为潮州人的自豪感。作为新一代的"潮州人"，孩子们在学习中了解了潮州文化，并明白了文化传承的意义。

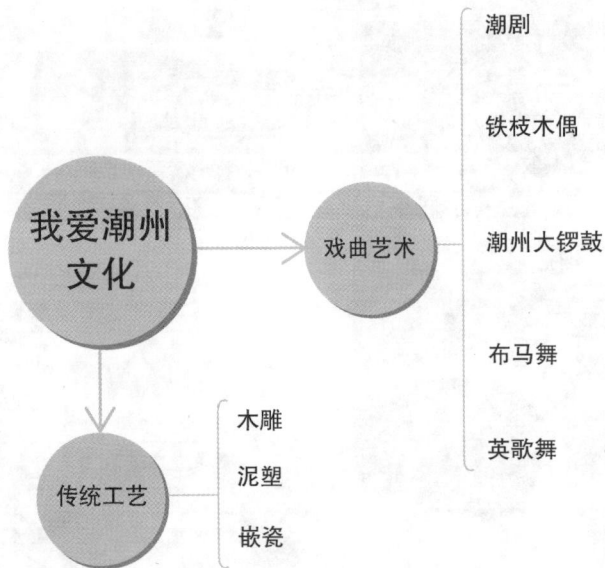

我爱潮州文化
→ 戏曲艺术 —— 潮剧／铁枝木偶／潮州大锣鼓／布马舞／英歌舞
→ 传统工艺 —— 木雕／泥塑／嵌瓷

3. 子主题——食在潮州

《幼儿园教育指导纲要(试行)》中提出:"充分利用社会资源,引导幼儿实际感受祖国文化的丰富与优秀,感受家乡的变化和发展,激发幼儿爱家乡、爱祖国的情感。"潮汕美食节的举办给孩子们带来了极大的兴趣。教师们给家长们写了一封信,宣传"开展潮州文化——食在潮州"活动,加强家园双向互动,着重让孩子们了解家乡的饮食文化,激发爱家乡的情感。

请家长和孩子一起查找、收集相关的资料,创设主题环境。

家长和孩子一起收集废旧物品制作吊饰悬挂,如香包、水果、凉果、粽子等;制作潮州小吃,如红桃粿、茨壳粿、水晶饺、咸水果、春饼等。用这些布置主题区,营造氛围。

在创设环境的过程中,注重师生的共同参与,利用墙壁、空间展示教师、孩子与家长收集的有关材料。力求让环境布置活起来,充分发挥"环境"这位"无声教师"的作用。

让家长周末带孩子到各个美食摊点品尝各种潮汕小吃,让孩子更好地了解家乡的饮食文化。在幼儿园,孩子们互相交流自己品尝的美食,包括美食的名称、味道、形状、制作材料等。教师提议,在班上也建"美食一条街",吸引更多的"顾客"来品尝潮州美食。

一起收集材料:吹塑纸、皱纹纸、布碎、剪刀、水粉、小针线、彩笔、废旧物品等。班级"美食店"开张了! 孩子们分工合作,一组布置场地,一组制作小吃,一组根据需要增添材料。看,小组长正在介绍特色小食韭菜粿、蚝烙、水晶饺。用什么可以代替制作小食的材料呢? 孩子们各抒己见,教师在旁边静静观察着,暂时不去打扰他们,让孩子们自己做决定。

第一组孩子选择自己所需的材料,如布、水粉颜料、胶水等制作蚝烙。乐乐把布剪成圆形,刷上颜色,再叠一块布,但用固体胶怎么也粘不住两块布,这时教师提醒他可以试一试胶水,结果粘住了。乐乐还提醒旁边的同伴说:"不要倒太多,否则黏糊糊的。"第二组的孩子用黏土制作了牛肉丸、汤圆等。第三组的孩子用泡沫制作了糕粿,在教师的提示下用黄色水粉刷了刷,这样一盘糕粿就出炉啦!

孩子们忙得不亦乐乎！经过一上午的制作，一盘盘蚝烙、一盘盘韭菜粿、一碗碗汤圆、一串串牛肉丸、一盘盘糕粿完成了。下午孩子们开始布置场地，利用班级现有的材料搭建属于自己的展台，"美食一条街"红红火火地开卖啦！

在角色游戏区域中，孩子们模仿美食街的叔叔、阿姨开始做"生意"了，他们穿着围裙认真地制作着"美食"，"小顾客"们规矩地排队购买，个个像小大人一样。

孩子们沉浸在自己的"工作"中，他们在创造和游戏中体验快乐，获得知识和技能，想象力、模仿力、表达能力、动手能力等都得到了提高，同时，也收获了满满的成就感。此次活动让孩子们学会了观察、比较、记录、分类，学会了愉快地与他人协商、分工合作，并礼貌地为他人服务。此次活动从多方面来表现家乡的文化，让孩子们进一步感受到了家乡文化的独特魅力。

4. 子主题——工夫茶

潮州工夫茶历史悠久，底蕴深厚，是中华茶文化的缩影、潮文化的精华。知茶性、明茶理、爱家乡。茶是天涵之、地载之、人育之的灵

物。潮州人家家户户都会工夫茶。潮州的大街小巷、商铺都有边做生意边泡工夫茶的。孩子们在品尝潮州美食之后都会说："再喝杯工夫茶就舒服啦!"传承潮州文化,为孩子们打开一扇乡土教育的大门,让他们每个人在"潮"的氛围中诗意成长。

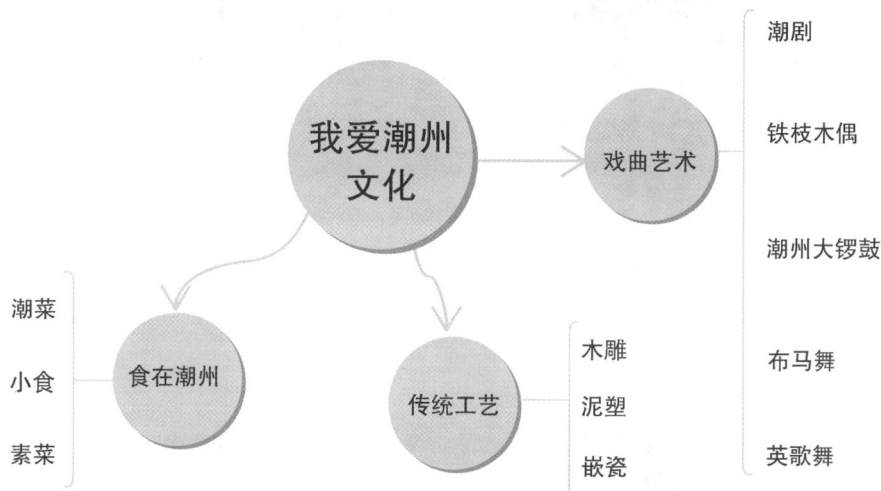

（1）创设情境——茶话会

将孩子们分成6组,每张桌子放一套茶具。让孩子们围绕茶具展开讨论:家里什么时候喝茶? 怎样泡茶、品茶? 引导孩子们围绕这一话题用较连贯的语句表达自己的见解,加深孩子们对家乡的热爱之情。在茶话会中,孩子们感受着茶文化蕴藏的丰富内涵,想要深入了解茶文化,可以通过多媒体(平板电脑、手机)查找相关资料。教师参与活动,引导孩子们从三个方面(茶叶、茶具、茶艺)搜索了解。

孩子们分成三个小组,开始了探索活动。教师巡回指导,分别从茶具、茶的分类、饮茶礼俗、茶道顺序、泡茶技巧等不同方面给予孩子们适当建议,帮助孩子们完成探索活动。

茶话会开始了,孩子们模仿大人边泡茶边聊天,体验潮汕人精致的生活方式。

通过这次探究,孩子们对潮州文化——工夫茶有了更深的认识,从而更热爱生活,热爱传统文化习俗。

（2）区域投放关于工夫茶相关材料

陶乐吧:投放瓷泥、转盘、模具、图片等。

科学区:投放各类茶叶、茶罐、茶具、图片、字卡等。
生活区:投放茶叶、茶具、茶壶、潮州小食、小桌椅等。
大戏台:投放潮乐器材、潮剧服饰、木偶、平板电脑、布景等。
语言区:投放潮汕童谣读本、平板电脑、字卡、图片等。

(3)开展亲子体验活动:我给爷爷、奶奶敬上一杯茶

品工夫茶是潮汕地区特有的,家家户户都有工夫茶具,每天必定要喝上几杯茶。可以说,有潮州人的地方,便有工夫茶的影子。因此,班级开展了"我给爷爷、奶奶敬上一杯茶"的活动。邀请爷爷、奶奶来园,一起观看茶叶制作流程,感受茶文化。爷爷、奶奶和孩子们一起朗读潮汕童谣、一起吟唱潮汕歌谣,孩子们为爷爷、奶奶敬上一杯茶。

5.子主题——潮州民居

潮州古城区,街巷纵横有序,名宅古第巨祠无数,形成了独特的潮州古民居群。教师要求家长带领孩子在周末的时候去参观古城区、许驸马府等。孩子们来到幼儿园后争先恐后地讨论了起来:"那些房子真好看,屋顶是往上翘的。""那些房子没有二楼、三楼,我家是住在二十楼的。""那些房子真漂亮,大门雕刻了各种各样的图案。"等等。抓住孩子们的关注点,于是生成了"潮州民居"主题活动,开启了探索活动。

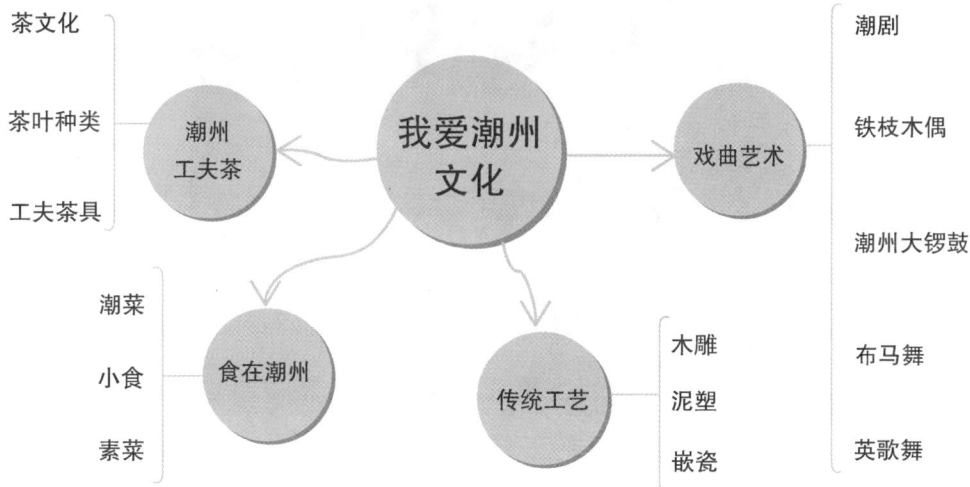

（1）活动一：认识潮州古民居

通过视频、图片,引导孩子们认识、了解潮州特色民居。孩子们七嘴八舌议论起来了,有的说:"原来四点金是因为四个角上各有一间像'金'字的房间压角,所以叫四点金。"有的说:"下山虎,原来是由三面房屋、一面墙壁组成,中间是大客厅,两侧各有一间大房间,有天井,大门是侧开的。"还有的说:"驷马拖车,像由四匹马拉的车子。"等等。

在观看视频的同时,教师帮助孩子们做小结:潮汕最常见的民居建筑是"下山虎""四点金"和"驷马拖车"这三种,它们都有一个突出特点,即极其注重装饰,体现了"潮州厝,皇宫起"的独特风格,彰显了"京都帝王府、潮汕百姓家"的尊贵与气度。

（2）活动二：建构古民居

孩子们对潮汕民居独特的建筑风格十分惊叹,个个都跃跃欲试,想要当一名"小小的建筑师"。因此,教师带领孩子们走进建构区,满足孩子们的愿望,给孩子们搭建"想象落地"的空间。孩子们自主选择材料,不断地探索、思考、协商、合作,大胆运用各种材料,建筑属于他们心目中的潮州民居。

孩子们利用简单的积木建造出了一座座特色民居。他们兴高采烈地互相欣赏作品,充满着成就感和自豪感。看到孩子们的创作热情,教师适时介入活动,引导孩子们建构出美丽的大潮州。

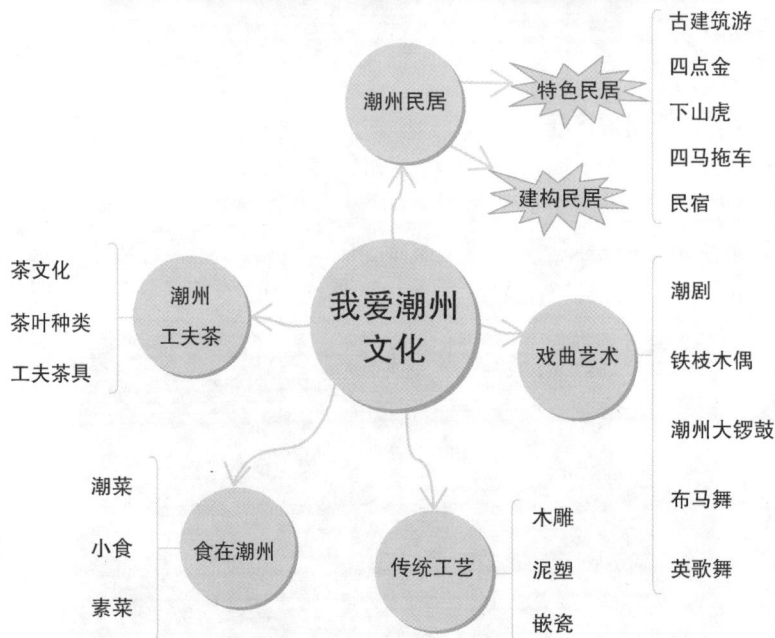

6.子主题——旅游胜地

随着潮州旅游的日益发展,广济桥已成为游客到潮州必打卡的观光景点之一。民谣唱道:"到广不到潮,枉费走一遭。到潮不到桥,白白走一场。"广济桥是世界第一座启闭式桥梁,也是中国四大古桥之一,其独特的建筑风格,吸引着来自世界各地的游客。教师带领孩子了解潮州的旅游景点、名胜古迹。孩子们在主题系列活动中很自然地谈论到潮州的风景区:"老师,我们的湘子桥上现在有没有鉎牛?""我读童谣《潮州湘桥好风流》有'十八梭船廿四洲,两只鉎牛一只溜'。"等等。于是,教师带领孩子们一起走进建构区,建构属于他们心目中的旅游胜地。

(1)活动一:建造湘子桥

通过 PPT、视频,分析湘子桥的结构特点,学习从结构、色彩、技能技巧等方面进行建构。教师示范建构楼台、桥墩,引导孩子们说出建构楼台、桥墩运用了哪些技能与方法(运用对称、扩展拼搭、加固错位等技能进行建构),培养孩子们的想象力、观察力与思维能力。

①孩子们自主分组,合作建构。提出建构要求,进一步引导孩子们用大型积塑、茶罐等建构楼台和桥墩。

②师生共同设计湘子桥各建筑物的位置,定好位置后,贴上标记。

③小组讨论分工,然后动手操作,教师巡回指导。

教师告诉孩子们楼台中间要有行人可以通过的通道,可以选用辅助材料进行搭设。桥建好后把折好的船整齐摆放在中间的空位,完成建构。

孩子们充分发挥了自己的想象力、创造力,利用互锁、叠高等技巧搭建出了别致的湘子桥。在此次活动中,孩子们的动手能力、合作能力、思维能力及创新意识都得到了较大的提高,真正做到了玩有所学、玩有所思、玩有所悟、玩有所成。

教师还利用"智慧树App"把孩子们的建构物上传到家园互动平台的班级圈上,并布置亲子任务:家长通过网络欣赏到孩子和同伴的建构作品后,再进行亲子创意建构,最后将作品上传到平台上。亲子建构任务使孩子们在幼儿园获得的知识技能在家庭中得到强化、巩固,使生成课程得到延伸。在平台上可以看到亲子作品"桥"的不同造型、不同种类、不同功能等。利用智能软件把握好创意课程延伸教育,使有效教育又前进了一步。

邱添羽妈妈
2017年12月31日
今晚同哥哥协力,用彩泥、纽扣和牙签搭建的小小湘子桥!
Oh yeah.Give me five 👍 💪

蔡皓轩妈妈
2017年12月31日
桥梯,桥门,桥墩,桥亭,虽然看不出是湘子桥😊,但还是有桥的形象的。

谢欣淇   已完成

18楼船24舟,2只生牛一只溜,边搭桥边童谣,其乐融融~~

许圣烁妈妈
2017年12月31日
就地取材,许圣烁和邻家姐姐一起完成任务。

在建构的过程中,孩子们的创作热情得到激发,合作精神得到展现,创造力和创新能力也得到了提高。孩子们与教师分享自己的作品,初步体现出兰英幼儿园极具特色的"创客教育"。

(2)活动二:混龄建构滨江的一角

建构游戏在我园有着良好的理论和实践基础,建构活动具有操作性强、创造性高、互动交往频繁的特点。"信息技术+建构活动,开展幼儿园的创客教育",有助于锻炼孩子们手、眼、脑的协调性。教师结合课题总目标,充分运用各种资源,针对小、中、大班孩子们的年龄特点,关注图、文、声、形、奇等因素,尝试以大带小,混龄建构滨江的一角,激发孩子们的创作欲望,充分调动孩子们的积极性、主动性和创造性,培养具有兰英幼儿园特色的"创客文化"。

孩子们在游戏中探索、思考、协商、合作,利用收集的废旧物品一起大胆地开展混龄建构活动,以另一种方式表达对家乡的热爱。

混龄建构作品充分体现了孩子们的想象力、创造力。建构的作品吸引了许多家长前来观赏。

家长们纷纷把孩子们的创意作品用手机拍摄下来,发到朋友圈和微博上,让更多的人欣赏到孩子们的作品。孩子们的创意得到了肯定,他们的成就感和自豪感油然而生,这使他们变得更加自信。在不断探索、创新和创造中,孩子们慢慢成为小创客,幼儿园也实现了孩子创新能力的培养,形成了创新、创意、创造的教育特色。这种新型的教学形式打破了以往传统的教学模式,深受大家的喜爱。

(六)活动反思

在这一主题活动开展的10周里,孩子们对潮州文化有了更深的认识,他们了解了潮州、爱上了潮州,升华出作为一个潮州人的自豪感。

此次活动中,教师布置了工艺展区、戏剧艺术展台、音乐一角、美食一条街、茶吧、创意区。在活动中,孩子们的动手能力、建构能力、合作能力、思维能力、创新意识都得到了较好的提高。

湘子桥 ── 旅游胜地

滨江一角

潮州民居 → 特色民居 ── 古建筑游 / 四点金 / 下山虎 / 四马拖车 / 民宿

建构民居

茶文化 / 茶叶种类 / 工夫茶具 ── 潮州工夫茶

我爱潮州文化

戏曲艺术 ── 潮剧 / 铁枝木偶 / 潮州大锣鼓 / 布马舞 / 英歌舞

潮菜 / 小食 / 素菜 ── 食在潮州

传统工艺 ── 木雕 / 泥塑 / 嵌瓷

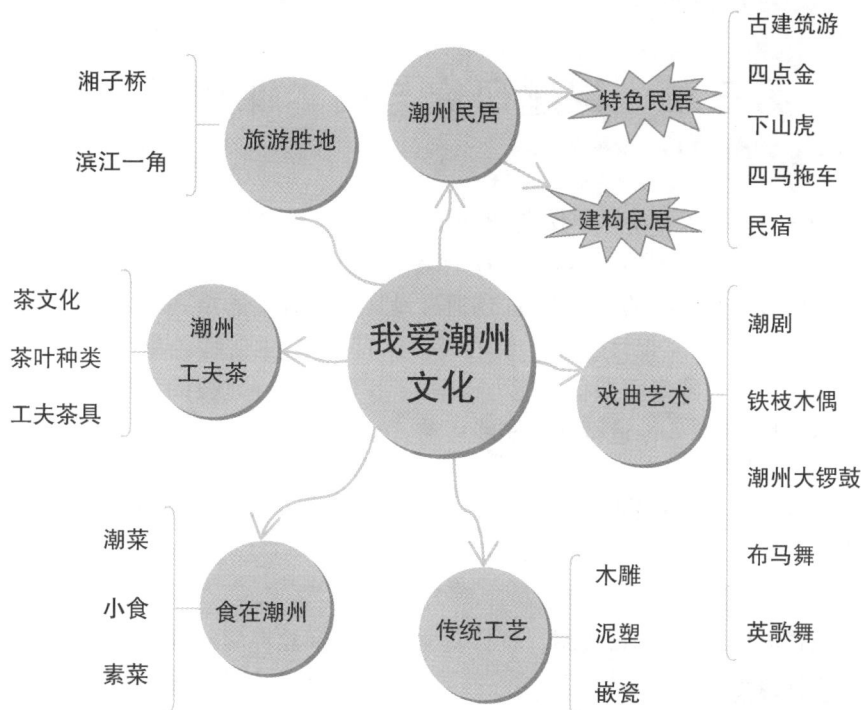

　　孩子们对建构活动产生出浓厚的兴趣,萌生了较强的创造欲望。结合幼儿园开展的科研课题——"信息技术＋建构活动,开展幼儿园的创客教育",首先,将"我爱潮州文化"主题活动融入创客教育,引领孩子们动手操作,创新创造。其次,充分利用信息技术,将创客教育理念引入建构活动中,把各种桥制作成多媒体课件或者微课、视频,让孩子们更多地了解建构的相关知识,这扩大了孩子们的视野,丰富了孩子们的建构经验。最后,通过收集各种不同的材料,如木板、牛奶罐、盒子、纸箱等物品,以小组为单位,让孩子们学会自主拆箱、画箱外的线条(城墙),再用报纸制作成十八梭船等,有的放矢地培养"小小创客"。

　　活动的开展得到了家长们的大力支持。家长和孩子一起收集资料,为孩子介绍有关潮州的历史故事;利用周末,带孩子游潮州、品小食、看戏剧、欣赏工艺美术作品、参观古民居、品工夫茶……

　　家长们看到孩子们的进步,感受到孩子们对家乡传统文化的热爱,纷纷参与到活动中来,积极收集相关资料以及废弃材料,丰富建构区,让孩子们利用废旧材料进行创意建构。

　　10周的时间过得真快,孩子们在活动中兴致十足,对潮州文化也有了更深一层的了解。他们知道时代在进步,家乡在变化,只有不断学习,才能紧跟时代步伐,才有可能把家乡建设得更美丽。

　　在此活动中,教师们也和孩子们一起进步、一起成长,对千年潮府古城的内涵有了更深刻的了解和认识。丰富多彩的活动,轻松的学习氛围,让教师们的创造性思维进入一个任意驰骋的广阔空间,实现了自我更新、自我超越。

　　由于条件的限制,一些孩子的想象没能很好地"落地"。幼儿园将不断改进办园条件,努力创造适合孩子们的学习平台,努力使更多孩子们的想象都能"落地",变为现实。

第三章　课题研究与园本课程开发

近10年来,我主持了6个科研课题,期望通过课题研究以研促教,不断提高自己和教师的教育教研水平。结合我园的园本课程,各个课题的研究侧重园本课程的构建和开发。不只通过生成课程形成幼儿园的园本课程,还通过设计活动方案的模式开发孩子们的社会实践课程,通过体育民俗探究设计出孩子们的民俗体育游戏、主题特色早操……在信息技术课题研究中注重提升教师驾驭课程的能力,激发家长参与课程建设的积极性,全方位、多渠道地开发园本课程,并深入地进行课程实践活动。

第一节　环保课题研究与社会实践课程方案的建构

在没有正式申请课题之前,我园一直自发地开展环保教育活动,因为我们有一个共识:环保教育应该从孩子抓起!

一、环保教育应该从孩子抓起[①]

我们认为,环保教育应该从孩子抓起!因为良好的习惯是从小养成的。尽管孩子们年龄小,但只要选择适合他们的教育内容和教育形式,就能唤起他们的环保意识和环保热情,使之逐步养成良好的行为习惯。更重要的是,孩子们天真无邪,只要教育得好,他们就是一颗颗播种绿色文明的种子!由孩子带动家长,形成良好的环保氛围,不断改善我国的环境条件,这是我们共同的目标!

（一）选择适合孩子们的教育内容

对孩子们进行较为全面的环保教育,该从哪里入手?选择哪些具体内容?

首先,幼儿园制定了环保教育总体方案,主要分为以下三个方面。

1.《地球,我们的家园》

这一方案主要让孩子们了解地球上有什么,知道森林、海洋、草地等在环保方面的作用,懂得人类生活需要些什么。

2.《令人担忧的污染》

这一方案主要从水污染、大气污染、土壤污染及食物污染等方面让孩子们了解污染源以及各种污染对人类的危害。知道环境保护与人类生存息息相关。

3.《保护环境,爱我家园》

这一方案首先从切断污染、珍惜自然资源、废物回收、控制人口增长、建立自然保护区、从身边做起等方面让孩子们掌握环保知识,既懂得环保的重要性、紧迫性,又懂得该怎样做

---

① 本部分内容根据论文《环保教育应该从幼儿抓起》整理,该论文刊登于《文苑·教育与教学》2006年第2期,获文苑杂志社优秀论文评比一等奖。

才能保护地球,建设绿色家园。

其次,各班根据幼儿园的总体目标及总体方案,结合本班孩子们的年龄特征及兴趣生成具体的环保主题,创造性地开展环保教育活动。

(二)营造良好的环保教育氛围

根据孩子们的年龄特征及认知特点,我们十分注重营造一个可感、可知、可看、可说的教育环境。

1. 张贴环保宣传画

我们在楼梯两旁及教室门口等地方张贴色彩鲜艳、图文并茂的宣传画,如"水是生命之源""保护海洋""净化空气""保护湿地"等。让教师带领孩子们参观并给予适当的解说,激发孩子们的求知欲望及对环保问题的探究兴趣。

2. 设计环保宣传栏

我园教师积极搜集环保相关材料,精心设计,以宣传栏的形式展示出来。及时向家长宣传环保知识,使家长在接、送孩子时关注宣传栏内容,向孩子讲述栏中的一些环保小常识。如室内花卉的选择,哪些花能释放较多的氧气,哪些花不适宜室内摆放等。

3. 在园公共地区开设的"身边的问号"栏目中增加环保内容

在此栏目中增加环保内容,如"你知道花草树木的作用吗?""水是用不完的吗? 如何节约用水?""你知道不寻常的雨吗?""为什么不能随地吐痰?"等等。让孩子们走到哪里就能看到哪里,说到哪里,不断激发孩子们的环保意识和环保热情。

4. 召开全园家长会

向家长宣传我园的环保教育目标及正在开展和即将开展的各项环保活动。请家长配合幼儿园,注意为孩子树立良好的环保榜样,帮教师和孩子搜集环保相关材料。家长会后,各班反馈情况良好。我园的环保教育活动计划得到家长们的普遍认可。一些家长连声叫好并表示尽力支持幼儿园的教育活动。中三班饶倩如小朋友的家长立即给幼儿园订了《珠江环境报》和《环境》杂志。

(三)根据孩子们的年龄特征实施教育活动

在实施环保教育活动中,我们注重结合孩子们的年龄特征及实际需要确立活动目标,采用适宜的活动形式,使不同年龄的孩子们都能愉快地参与教育活动,受到良好的环保教育。

1. 小班孩子

小班孩子入园时间不长,感性经验十分有限。我们主要通过故事、儿歌、表演、歌曲、游戏等孩子们乐于接受的形式进行教育。如儿歌《环保拍手谣》《爸爸别抽烟》,故事《小鱼哭了》《今天没有水》,表演《爱清洁的好孩子》,谈话主题"绿色的家"等从孩子们最熟悉的事情说起,让孩子们初步懂得什么是环保,知道环保最直接的好处,唤起孩子们初步的环保意识。如知道花草树木能净化空气,使人身体健康,不能随便摇树摘花;知道人的生活离不开水和粮食,要节约用水,不浪费粮食;知道吸烟有害健康,劝爸爸不要抽烟。

2. 中班孩子

中班孩子无论是接受能力还是理解能力都比小班孩子强,且感性知识也较为丰富。因此各中班主要通过教师的启发和孩子们的兴趣生成环保活动主题。在活动形式上除了采用小班的活动形式外,还通过仿编儿歌和故事、小实验、社会调查、废物利用、亲子同绘环保主题画、种植活动等形式进行教育,着重让孩子们了解更多的环保知识。如大气污染、水污染对人类的危害,垃圾能造成哪些污染,为什么不用或尽量少用一次性用品等。了解环保与人类生活的关系,激发孩子们的环保热情和环保责任感,懂得爱护环境人人有责。在日常生活中能有意识地节约用水、用电,并能向家长及周围的人宣传环保知识,进而抵制不利于环境的行为。

3. 大班孩子

大班孩子已具备一定的理解能力、表达能力和动手能力。他们思维活跃,有较好的创新意识和探索能力。因此,在开展环保教育活动中,教师除了适当参与外,主要是让孩子们根据自己的兴趣及探索愿望自主地生成活动主题,并根据孩子们的活动情况最大限度地延伸活动。例如,大班三个班分别生成了三个活动主题——"纸""小实验,大学问""让绿色永恒",并各持续了 8~10 周。

在活动形式上,大班孩子除了通过各项活动了解一定的环保知识外,还通过查找资料、动手操作、艺术再现等感受环保的重要性,初步能用学到的环保知识解决一些实际问题。

(1)通过与家长一起搜集环保资料,了解我国的环境状况,例如,哪些地方缺水、哪些地方土地盐碱化、哪些水系已变成劣质水等。并在"身边的问号"活动中资源共享,解决环保的疑难问题。

(2)通过实验活动感受环保的重要性。例如,通过小实验"植物的向光性""叶子里的空气""植物如何吸水"等了解植物的生长离不开阳光、空气、水、土壤,而不管是空气污染、水污染,还是土壤污染都会给生长的植物带来污染,进而知晓食物污染是怎样产生的;通过实验"水变浊、浊变清",亲身体会清水变浊容易,变清困难,懂得保护水资源,尤其是保护可饮用水的重要性。

(3)通过实际行动宣传环保,参与环保。

①动手设计环保标牌,如"保护水资源,节约用水""请不要乱扔垃圾""保护环境,万物共生"等宣传环保;设计环保垃圾箱,分清可回收与不可回收垃圾箱、废旧电池专用箱等,宣传垃圾分类的好处。

②设置环保种植角,孩子们用蛋壳种上棵棵绿苗,祈望到处充满绿色;大三班的孩子们还用自己的画及创作的标语办成一张张环保小报,开设环保书吧。

③在"纸"的主题活动中,大一班的孩子们不仅掌握了纸的相关知识,而且利用回收的废旧纸动手"造纸"。他们将纸浸成"纸浆",再用密集的纱筛将纸浆变成一张张的"纸"。尽管孩子们制造的"纸"纸质粗糙,但在造纸过程中,他们不仅学到有关纸的最简单的制作方法,而且懂得物品来之不易,应勤俭节约、爱惜物品。

④利用废旧物品制作篮子、笔筒、坦克、汽车等,用它们布置"变废为宝"展区。让中小班的弟弟妹妹参观,使所有的孩子都懂得废旧物品可再利用。

(4)通过艺术再现及其他活动强化环保意识和环保行为。通过美术创意活动"设计绿色小区"、亲子绘画比赛"保护环境,关爱家园",创编舞蹈、相声等强化孩子们的环保意识。通过"环保小卫士"活动强化孩子们的环保行为。大班每天每班派出两个孩子戴上"环保小卫士"绶带,巡视幼儿园的各个角落,提醒中小班的孩子及家长把垃圾扔进垃圾桶,主动捡起地上的树叶、纸屑,使幼儿园的环境始终保持干净、整洁。

（四）教育效果

通过近两年的环保教育,我园孩子具有了较强的环保意识,掌握了较丰富的环保知识,初步形成了良好的环保行为习惯。具体表现在以下几个方面。

1. 热爱大自然,爱护花草树木

孩子们能主动带种子和花草到幼儿园开展种植绿化活动,对种植的花草能用心呵护。各班的种植角枝繁叶茂,并都开花、结果。即使幼儿园在基建阶段,但不影响小朋友们种植花草,牵牛花、金银花等藤本植物爬满了工地的美瓦隔离墙。

2. 讲卫生、爱清洁

不随地吐痰,不乱扔纸屑、废物,无论是在幼儿园的教室,还是在公共地区,都应使其保持得干干净净。我园孩子无论在家里还是在公共场合,都能不乱扔垃圾。如大班的禹津小朋友和爷爷到广场散步,爷爷因一时找不到垃圾箱就把一块纸巾扔在了广场边上,禹津小朋友坚决反对,不仅大声阻止,而且还捡起纸巾,坚持要把纸巾扔到垃圾箱里。孩子们清脆的声音引来了人们的注目,好多人忍不住露出赞许的微笑。

3. 大部分孩子掌握了较丰富的环保知识

孩子们不仅掌握了基本的环保常识,了解了各种污染源,而且还懂得了如何切断污染,知道通过控制排污、垃圾分类回收、植树造林、保护野生动物、控制人口增长等逐步改善环境,保护地球,确保人类健康不受威胁。在环保教育专题晚会上,孩子们在教师的帮助下表演了创编的《环保三句半》、舞蹈《地球清洁工》等。在知识竞赛环节中,孩子们争先恐后地抢答,浓浓的环保氛围笼罩着整个晚会。

4. 能用学到的环保知识指导自己的行动

在日常生活中注意节约用水、用电,节约粮食、纸张。苏博的妈妈说:"苏博平时在家里非常注意节约用水。洗手、洗脸时总是把水龙头开得很小。我洗过衣服的水他还用来冲马桶、洗拖把。"

5. 向家长及周围的人宣传环保知识

能主动与家长谈论环境问题,宣传环保知识,号召家长及周围的人加入环保行列。如孩子告诉家长:"1 节 5 号废电池能污染 5 m^2 土地达 50 年之久,因此不能乱扔废电池。"很多孩子能讲出许多国家的环保条例,如钓鱼要到指定地点、禁捕野鸟、奖励植树等。同时能自觉抵制一切有悖绿色文明的行为:小班孩子不吃妈妈买的青蛙;中班的孩子劝爸爸不抽烟,并在家里的墙上钉上"戒烟"牌;大班的孩子劝市场卖野鸟的人把鸟放生;很多孩子看到周围的人践踏草地,会立即阻止并读出环保标语"小草也有生命,请足下留情";等等。

我园的环保教育活动充分证明:在孩子们中开展环保教育是切实可行的,也是十分必要的。它既能让孩子们从小养成良好的环保习惯,又能让孩子们带动周围的人加入环保行列中来,对建设和谐社会、发展绿色文明都会起到很大的促进作用。

二、通过环保活动培养孩子们的节约习惯

我园从 2004 年 3 月开始把环保教育作为园本研究课题,开始构建环保课程,孩子们对环境的相关知识并不陌生,有利于新课题的开展。

在进行本课题研究的准备工作中,我们查阅了大量的文献资料,又在幼儿园里开展广泛的调查研究活动,对有关的问题进行了分析,并在此基础上制订了第一阶段、第二阶段的

研究计划和研究目标。2006 年 9 月,正式开展课题研究工作。

（一）研究的主要目标

1. 通过课题研究,突现我园的园本特色。力争在环保节约教育中形成独特的园本课程及环保节约的氛围。

2. 在课题研究中,不断提升教师的教育教学能力、科研水平,拓展其掌握课题研究的途径。

3. 各班生成环保主题课程,结合各个环保节日,开展形式各样、丰富多彩的教育教学活动。

4. 通过环保节约教育改变孩子及家长、周围人的不良习惯,让孩子和家长选择环保、节约、健康的生活方式,同时带动周边的人,共同建设环境友好型、资源节约型社会。

（二）参与对象

全园教师和孩子。

（三）研究成果概述

我园环保课题的研究促进了我园园本课程的开发。该课题的开展,既结合了当今世界关注的环保问题,又贴近我园的实际情况及孩子们的实际生活;促使我园教师和孩子们的环保意识得到全面提升;师生形成良好的环保行为,带动社区居民参与环境保护和节约资源活动,使环保教育走进社区,带动周边的人,产生更大的社会效应。

在环保课题研究中构建园本课程。

4 年来,我园在环保课题研究中,根据生成课程的特点,构建了具有鲜明特色的园本课程。

研究过程中,我们生成了主题活动"环保你我他""走进大自然""植物王国""令人担忧的污染"等。在有声有色的主题活动中,孩子们懂得了植物对环境的影响,懂得了植物与人、动物的密切关系,了解到各种各样的污染对人类、对自然环境的危害,拒绝使用一次性用品等,学会了关注身边的环境问题。

在学前教育专家的指导下,我们将课题目标细化到以水、电、纸为主要内容的教育教学活动,生成了主题活动"生命离不开水""神奇的电""有趣的纸"等。在"生命离不开水"的主题活动中,我们引导孩子们去探索水是什么样的,了解水的三态变化,观察水汽化的现象,与孩子们一起做"溶解""流动""调色"等实验,让孩子们在玩中明白水的基本特征及相关知识。通过图片、影像,组织孩子们讨论"水污染"的原因,让孩子们大胆想象、讨论,并想出了很多切实可行的节水、净水的方法。同时请在水厂上班的楷林妈妈来给孩子们讲解水污染的危害,让孩子们对水污染有更深的认识。在主题活动"神奇的电"中,开展了"电的本领大""家电需要电""电娃娃从哪里来"等教学活动,让孩子们讨论在日常生活中哪里需要电? 哪些物品需要电? 电是怎么来的? 通过"电灯是怎么亮的"等实验,多形式、多途径地对孩子们进行节电行为培养。现在,有了节电意识的孩子们,在家、在园经常提醒家长、教师及时关灯,少看电视、玩电脑。我们发现,活动开展后,许多家庭的用电度数有了明显的减少。在主题活动"有趣的纸"中,教师通过"纸张展览会""有趣的报纸""纸筒上的创作""纸箱大变身"等活动,让孩子与家长合作,把一个个平平常常的纸箱变成美丽的船只、火车、碉堡等,供孩子们户外活动玩耍,大大激发了孩子们探索纸的欲望。通过观察了解纸的特性和作用,懂得纸与人类生活的关系、纸与环境的关系,使孩子们懂得要珍惜纸张、做到一纸多用。家长反映:"孩子在家总是督促家长要少用面巾纸,每次都要检查家长的用纸量。"家长们现在也养成了节约纸张的习惯了。

我园在环保节约教育中形成了独特的园本课程及环保节约的氛围。大家开展了清理小广告、清扫社区卫生死角的活动。很多社区在楼道旁放置了分类回收垃圾桶,减少了环境污染,很多家庭利用洗菜、拖地水冲洗厕所,居民上街买菜都自带环保袋。孩子和家长都懂得正确选择绿色、环保的生活方式,与建设节约型、友好型和谐社会步调一致。同时,我们对环保节约的教育资源进行整理、筛选,编印成册,又构建了孩子们社会实践课程方案。

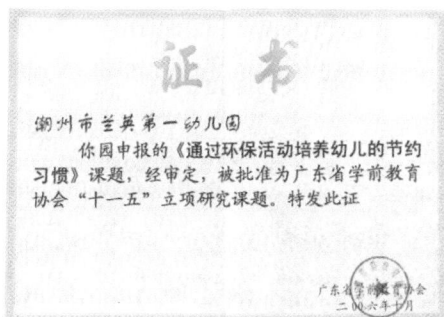

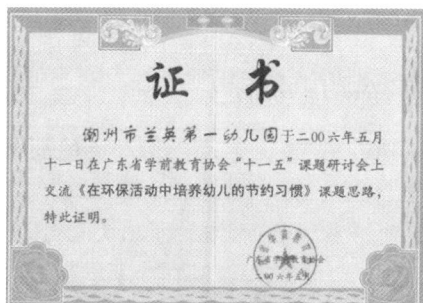

注:作者主持的广东省"十一五"课题《通过环保活动培养幼儿的节约习惯》于2006年10月立项,2010年10月结题。

附　精选方案

爱绿护绿　从我做起
——"植树节"主题实践活动方案

潮州市兰英第一幼儿园

一、活动背景

春天带着绿色的气息向我们走来,春风吹绿了枝头上的嫩芽,吹绿了地上的小草,也吹醒了孩子们的热情。3月12日是一年一度的植树节,为了在孩子们的心里播撒下绿色的希望,让他们亲身体验劳动的乐趣,感受美化环境的意义,我园将组织全园师生开展"爱绿护绿 从我做起"主题实践活动,通过形式多样的护绿行动和种植实践活动,做到人人参与,以此增强孩子们的环保意识、生态意识,达到为幼儿园增添绿色,净化、美化环境的目的,激发孩子们热爱大自然的情感。

二、活动时间

3月2日—12日

三、活动主题

爱绿护绿 从我做起

四、活动总目标

1. 知道树木、花草是我们人类的朋友,了解植物与人类的关系,学会从小爱护花木、保护环境。

2. 能够积极参加活动,帮助父母劳动。在活动中遵守规则,学习与他人合作,体会劳动的快乐。

3. 感受大自然、周围环境的美好,初步具有保护环境的责任感。

4. 做好宣传活动。

五、活动内容及措施

(一)集体活动

1. 3月2日(星期一),"爱绿护绿 从我做起"主题活动动员大会召开,园长在国旗下讲话,宣布"爱绿护绿 从我做起"活动开始。

2. 每个班级利用家园联系栏等宣传平台,向家长宣传绿化的意义,发动爱绿、护绿、捐绿大行动。

3. 3月2日进行绿化场地的划分,分配好各班绿化区域。

4. 每个孩子带一盆植物到园,为幼儿园添绿。

5. 各班自备植树工具(如铁铲、水桶、水勺、花洒等),花苗若干。

6. 加强种植区品种的搭配,因地制宜,在幼儿园设置移动花圃。

7. 集体观看植树节公益广告。

(二)各年级主题活动目标及内容

1. 小班级——我和菜苗共成长

(1)活动目标

①让孩子们知道3月12日是植树节,初步了解植树节的意义。

②让孩子们认识瓜果蔬菜,理解瓜果蔬菜与身体健康、成长之间的关系。

③激发孩子们参与菜园种植活动的兴趣,了解种植蔬菜瓜果的基本步骤,初步培养孩子们的劳动意识,保护好菜园。

（2）活动内容

①向孩子们讲解活动意图，了解活动意义。

②孩子们人手一份盆栽，教师带领孩子们一起美化幼儿园环境。

③带领孩子们认识种植区内蔬菜的名称，观察、分辨菜苗与杂草，给蔬菜浇水、除草、松土，将土地中多余的垃圾（如石头、瓦砾、树叶等）扔到垃圾桶。

④各班开展种植、认识蔬菜瓜果等活动，了解瓜果蔬菜与身体健康、成长之间的关系。

⑤班级开展"我为菜苗浇浇水"活动，让孩子们学会细心呵护植物。每天孩子们来到幼儿园后给植物浇水，比比看哪个班级种的蔬菜长得最高、最好。

2. 中班级——绿色树苗，共同呵护

（1）活动目标

①让孩子们知道3月12日是植树节，懂得树木、花草是我们人类的朋友。

②让孩子们与小伙伴协商保护花草的方法，学会爱护花草，保护环境。

③让孩子们感受大自然的美好，懂得保护花草树木是每个公民的义务。

（2）活动内容

①各班提前观察幼儿园树木种类，教师引导孩子们了解、认识幼儿园的树。

②认领小树活动。根据班级所认领的树，制作相关的"护树卡""爱心卡""祈愿卡"，把对小树的祝福以画的方式表现出来。

③教师带领孩子们把"护树卡""爱心卡""祈愿卡"挂在树上，和大树拥抱，与小树牵手。给幼儿园内及幼儿园周边的小树浇水、修剪枝叶，和小树合影留念。

④孩子们人手一盆盆栽，用盆栽美化校园，为校园添绿。

⑤布置植树节主题墙，丰富种植角植物的种类，让孩子们了解植物的有关知识，学习照顾、养护植物，并评选"绿色小卫士"。

3. 大班级——幼儿园、社区齐携手，多绿多温馨

（1）活动目标

①引导孩子们观察常见的树种，了解树木的名称、形态、特点、生长规律等，进一步增强孩子们对树的认识，理解人与树木的关系。

②让孩子们通过对树木的认识和探究，了解植树节的来历，植树与环保、绿化的意义，激发孩子们爱树、护树的情感，培养其环保意识。

③走出校园，到社区、街道上，向附近居民宣传植树的意义，以此培养孩子们的环保意识和社会实践能力。

（2）活动内容

①绿化植物知多少。教师和孩子们一起调查、了解并观察幼儿园周围的绿色植物，并摄影、记录。

②区域融合，在区域内与孩子们共同准备有关"树"的图书、图片，带领孩子们认识各种各样的树，让他们知道不同树的不同作用，了解生活中常见树的名称、形态、特点、生长规律等。

③让孩子们了解风沙对人类的危害，知道可以用何种方法来避免风沙带来的灾难，知道树木能阻挡风沙、减少风沙造成的灾害。

④鼓励孩子们向家中长辈宣传植树的意义。鼓励家长利用空余时间带领孩子到户外认识各种各样的树，用镜头记录下来，把"小小绿意带回家"，开展家庭种植活动。

⑤班级设计关于植树节的宣传标语和宣传牌,设计有关植树节的头饰。在教师的带领下到幼儿园附近社区向居民、行人宣传种树的意义,讲解爱绿护绿的重要性,让更多人了解绿化的好处,号召大家加入美化环境、保护树木的行列中。

⑥孩子们人手一盆盆栽,用盆栽美化校园,为校园添绿。

开展"植树节"教育活动是我们教孩子们爱护环境、保护环境的一种途径,希望借此活动让师生及家长感受爱绿护绿的美好,增强环保意识、生态意识,做到爱绿护绿,从我做起,携起手来绿化我们的幼儿园,绿化我们的生活环境,使我们的空气更清新,生活更美好。

六、活动回顾

春回大地,和风送暖,又到一年植树时。为了在孩子们心中播下绿色的希望,让孩子们在保护自然中亲身体验劳动的乐趣,增强保护花草树木的责任感,激发孩子们热爱大自然的情感,我园于3月2日—12日组织全园小朋友开展植树节"爱绿护绿"的系列活动。

(一)活动前的准备工作

1.3月2日(星期一),园长在国旗下做了以"爱绿护绿 从我做起"为主题的讲话,向全体师生介绍"植树节"的意义,向大家发出爱绿护绿的号召,宣读《爱绿护绿倡议书》,对接下来的活动提出了具体要求,宣布活动开始。

植树节倡议书

潮州市兰英第一幼儿园

亲爱的小朋友、家长们:

我们中华民族自古有"爱树、育树"的传统。有了树才会有和谐美丽的大自然;有了树,才有清爽、新鲜的空气;有了树,才会有高楼、房屋……一年一度的植树节即将来临,让我们共同携手,在这美丽的幼儿园播下绿色的种子。在此我们呼吁:

1.多走几步路,不要穿越绿化带,践踏绿地。

2.拒绝使用一次性筷子,节约每一张纸。

3.爱护每一棵树,劝阻不文明行为。

4.关心认养的树,定时浇水。

5.将自己的家和班级变成一个绿色家园。

我们倡议从自己做起,从身边小事做起!让我们播种绿色,播撒文明,相信有了爱的阳光,绿树才会长青。让我们一起努力让天空更蓝、地更绿、水更清!

潮州市兰英第一幼儿园

2.利用智慧树及QQ群等平台,向家长们播放《添一点绿色 多一份美好》爱绿护绿宣传片,广泛宣传绿化的意义,让家长们踊跃参加活动,带一盆绿色盆栽,为幼儿园添一份绿意。

3.活动前设计"植树节"活动方案,以级为单位开展活动,以级长为带头人对各级活动进一步细化,明确各班工作任务,分工合作。

爱绿护绿小天使

作业内容

大家好，3月12日是"植树节"，请家长与孩子选择一种植物一起探索、研究，并在智慧树平台分享探究植物…

已提交10人　　　未提交25人

本班完成情况

邢辰欣　　　已完成

在这个莺飞草长的季节，一起来探索花朵的秘密吧！

爱绿护绿小天使

邱腾逸　　　已完成

绿萝：一种非常普通容易栽培的植物，因有顽强的生命力，被称为"生命之花"，它的枝叶能攀爬也能悬垂，能吸附杂质，净化空气😊花语是"守望幸福"！

在全市上下开展"春天绿化大会战"之际，我们兰英一幼儿园从娃娃抓起，从家庭抓起，共同掀起植树造林绿化美化高潮！"守望幸福"，你我都行动起来吧👍

梁奕胜　　　已完成

发财树又名马拉巴栗，美国花生、瓜栗，属木棉科马拉巴栗属的一种植物，常绿乔木。这个属的名称取自圭亚那语，意思是"在水中"。

（二）创设爱绿护绿大环境

1. 我园在操场增设移动花圃，各楼层的花圃重新种植，对新建和已建成的绿化项目加强管护，确保树木生长旺盛、周围环境整洁，营造良好环境。

2. 在园长妈妈"我为幼儿园添点绿"的号召下，许多家长及全体教师都踊跃参与活动，每人带一盆植物到园，为幼儿园增添一道绿色的风景。

3. 在园内户外活动区，各班孩子在教师的带领下，认领自己班级的树木。每天都安排孩子们亲自施肥、除草、修理枝条，他们忙得不亦乐乎，就像在照看自己的小宠物一样，对树木无微不至、关爱有加。

爱绿护绿 从我做起

03/12
植树节

你认识这是什么▲吗？来听听老师的介绍……

我给花儿把水浇

中一班

（三）各年级开展教育实践活动

1.小班级——我和菜苗共成长

（1）小班级开展"我和菜苗共成长"主题活动,主要目标是让孩子们认识瓜果蔬菜,激发孩子们参与菜园种植的兴趣。教师首先利用实物和图片相结合的方式开展集体活动,让孩子们通过摸、看、尝等了解不同蔬菜、瓜果的外形、味道等,初步让孩子们了解种植的方法,懂得水、空气、土是植物生长的最基本要素,知道瓜果蔬菜与身体健康、成长之间的关系。

（2）教师带领孩子们到种植区,体验种植的乐趣。孩子们积极参与到活动中,帮助菜苗松土施肥,忙得不亦乐乎。孩子们在拔草、松土、浇水、种菜苗过程中萌发了呵护好菜苗的愿望,培养了爱护植物、爱护劳动成果的情感,初步感知"植树节"的意义。家长委员会的成员每天也会参与其中。

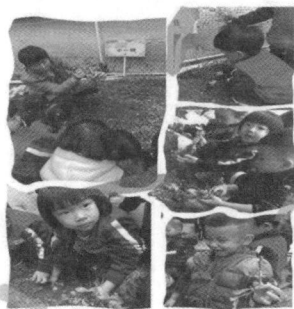

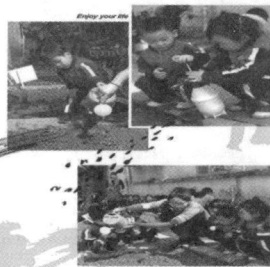

2. 中班级——绿色树苗,共同呵护

(1)中班级开展了"绿色树苗,共同呵护"的主题活动。在这次活动中,教师主要让孩子们懂得花草树木是我们人类的朋友,学会爱护花草树木、保护环境,懂得保护花草树木是我们的义务。在活动过程中,中班级的孩子们制作了"护树卡""爱心卡""祈愿卡",并为各班认领的小树挂树牌,将美好的祝愿挂在枝头上,给树木浇水,和小树合影,在大树下齐唱《爱护小树苗》等。孩子们认识了幼儿园里的树,知道了许多关于树的知识。

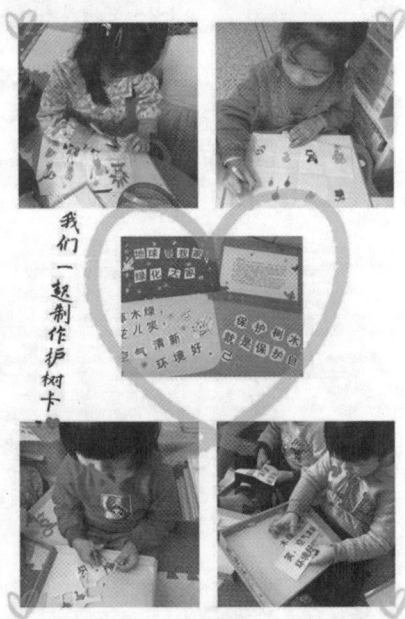

(2)活动中,教师利用主题墙、种植角的植物,让孩子们了解植物相关知识,对植物的生长进行记录、比对,并设计了"我观察 我记录"的表格,以绘画的形式收集照顾、养护植物的方法,班级每天评选"绿色小卫士",大大激发了孩子们参与活动的热情。实践活动不仅让孩子们懂得了照顾植物的基本方法,还学会了分工合作、互相帮助;还培养了孩子们爱护植物、热爱大自然的情感,亲身体验劳动的乐趣,感受美化环境的意义,激发其爱绿护绿的愿望。

3. 大班级——爱绿护绿宣传绿

（1）大班级开展了"爱绿护绿宣传绿"的主题活动。孩子们通过各种途径,如区域活动"我认识的树"、集体活动"树的作用"、歌曲表演"小树,我们的好朋友"、亲子共读"树的自述"等,了解了树的种类及作用,知道植树可以减少噪声;可以防风固沙,减少水土流失;可以调节气候,维持生态平衡。此外,树木还是自动调温器、天然除尘器、氧气制造厂、消毒站等。孩子们通过活动,能将自己了解到的关于树的知识与同伴分享,并在谈话活动中表达自己对植树节的理解及植树对于环保、绿化的意义。活动的开展激起了大班级的孩子们探索植物的兴趣。

（2）大班级的教师还根据孩子们的实际情况实施探究"植物之旅"的教育教学活动。教师利用智慧树平台布置亲子作业，让孩子们与家长一起上网查阅、搜集、整理植物的有关资料，并让孩子们带到幼儿园，教师与孩子们一起布置"植物之旅"主题墙，将孩子们与家长一起搜集的资料图片张贴在主题墙上，供其他孩子观看。孩子们在观看的过程中不断收获新发现，更深入地了解人与大自然的关系，进一步激发孩子们保护环境、保护大自然的意识。

（四）社会实践活动

大班级的孩子们在老师的带领下提前制作"爱绿护绿"宣传标语、宣传牌，一同走出校园，与幼儿园附近的奎元社区、街道携手，向居民宣传爱树、护树的意义及其重要性，号召大家齐参与，共绿化，创建温馨家园，培养了孩子们的实践能力。

一系列丰富多彩的实践活动，使孩子们进一步了解了植树节的意义，感受到爱护自然环境对于人类社会生活的重要性，增强了孩子们的社会责任感，提高了其环保意识，激发了孩子们爱护植物、热爱大自然的情感，培养了孩子们保护环境、从我做起的环保意识。虽然植树节的活动已经结束，但绿化环境是一个长期的过程，我们将继续努力，让每个孩子都和树木交朋友，将环保的种子播撒在每个孩子的心中。

一滴水滴，一片绿地，一个地球
——"世界水日"主题宣传活动方案

潮州市兰英第一幼儿园

一、活动背景

水是生命之源，是万物赖以生存的基础。很久以前，人们认为水是"取之不尽，用之不竭"的，没有意识到节约用水的重要性。为此，以3月22日世界水日为契机，我园开展"一滴水滴，一片绿地，一个地球"主题宣传活动，宣传我国水资源现状及节约用水知识，培养孩子们从小节约用水的好习惯和珍惜水资源的意识，通过"小手拉大手"的方式影响家庭，带动身边人加入节约和保护水资源的行列中来，让节约用水成为人们的生活习惯。

二、活动对象

全园师生

三、活动时间

3月10日—22日

四、活动主题

一滴水滴，一片绿地，一个地球

五、活动总目标

1. 让孩子们知道3月22日是世界水日，初步了解世界水日的宗旨是呼吁每个人都爱护水、珍惜水、节约用水。

2. 让孩子们在各种活动中，进一步体会水与人类的关系，懂得水的重要性，了解人与自然界都离不开水。

3. 开展爱水、节水的实践活动，带动每个孩子及家庭一起节约用水。

六、活动安排

（一）集体活动

1. 充分利用幼儿园宣传栏、宣传条幅、电子走幕、智慧树平台等进行宣传，倡导节约用水、保护环境的理念。

2. 各年级开展"一滴水滴，一片绿地，一个地球"主题宣传活动。让孩子们了解水的作用和节约用水的重要性。组织孩子们讨论节水的好方法，用绘画的形式记录下来，张贴在主题墙上，进行宣传。

3. 园长妈妈在国旗下做"一滴水滴，一片绿地，一个地球"主题讲话，宣读《"节约用水，保护水资源"倡议书》。

4.3月22日世界水日当天,在入园时段举行面向家长的节水宣传活动。活动期间,幼儿园的"文明小卫士"邀请教师、家长及小伙伴在签名墙上签名,成为爱水、节水活动的一员,并向家长发放节水宣传资料,齐读节水口号,增强家长的节水意识。

5.大班每班各选派两个孩子当小记者,采访家长的节水好方法,同时向家长介绍自己节水及一水多用的方法。

(二)各年级主题活动目标及内容

1.小班级

(1)引导孩子们关注水、感知水,了解水与生活息息相关。

(2)培养孩子们爱水、节水、不污染水的良好习惯,并知道3月22日是世界水日。

(3)鼓励孩子们积极参与保护水资源的活动。

(4)带孩子们观看《可爱的水宝宝》宣传片,学会朗诵儿歌《我是节水好宝宝》。

(5)带孩子们学画"小水滴",制作节水头饰,布置节约用水主题墙。

2.中班级

(1)让孩子们认识国家节水标志,知道每年3月22日是世界水日。

(2)让孩子们认识到缺水给我们的生活带来的不便,知道节约用水的意义。

(3)让孩子们学习节约用水的方法,在生活中努力做到节约用水,一水多用。

(4)让孩子们学习儿歌《关好水龙头》、故事《小水滴哭了》等。

(5)开展"节水小卫士"歌唱活动,让孩子们将学习的节水童谣、歌曲在全年级展示,呼吁每个人都爱护水、珍惜水、节约用水。

3.大班级

(1)让孩子们了解我国的水资源现状,知道3月22日是世界水日,懂得节水的意义。

(2)让孩子们了解水的重要性、水与人类的关系,懂得人与自然界都离不开水。

(3)让孩子们在生活中做到爱水、节水,与家长一同学习、收集节水的小方法,做到一水多用。

(4)开展"节水小妙招"分享会,让孩子们向同伴介绍自己节水的好方法。

(5)组织孩子们制作节水标志,开展社会实践活动,能向身边的人宣传节约用水的重要性。

保护水资源、保护环境与我们的生活息息相关,我们希望通过"世界水日"主题宣传活动,让每个孩子、每位教师、每个家庭树立节水意识,并在日常生活中做到合理用水,节约水资源,为保护我们共有的家园做出自己的贡献,并起到一个班带动一个园、一个孩子带动一个家庭、一个家庭带动一个社区的推动作用。

七、活动回顾

3月22日世界水日这一天,我园开展了"一滴水滴,一片绿地,一个地球"主题宣传活动。此次活动效果明显,孩子们懂得了水是生命之源,它直接影响到人类的生存和发展。通过一系列活动,孩子们懂得了珍惜水、节约水、保护水资源的重要性,初步具有了珍惜水资源、关爱大自然的意识。

(一)活动前期准备,营造浓烈的氛围

1.活动前一周,园骨干教师召开会议,研讨本次活动的内容及流程。制定方案,以级为单位制定目标。

2.充分利用幼儿园宣传栏、宣传条幅、电子走幕等进行宣传,倡导"一滴水滴,一片绿地,一个地球"的理念。制作《"节约用水,保护水资源"倡议书》。

3.师生共同布置班级,营造浓烈的宣传气氛。

(二)全园性活动

1. 布置"一滴水滴,一片绿地,一个地球"主题宣传活动签名墙

3月22日当天上午,我们在操场布置"一滴水滴,一片绿地,一个地球"主题宣传活动签名墙,邀请来园的家长及孩子到墙上签名并领取《"节约用水,保护水资源"倡议书》。在这次签名活动中,家长们参与热情高涨。大家纷纷在签名墙上签上自己的名字。参与活动的鑫鑫妈妈说:"水是生命之源,节水护水是我们每个人的责任,作为孩子的家长更应该以身作则。"依桐爷爷说:"节水签名,这个好!签下的是一种承诺,培养的是一种习惯。"

2. 国旗下的讲话

园长妈妈在国旗下做"一滴水滴,一片绿地,一个地球"主题讲话,她向全园师生介绍世界水日的由来,讲解我国水资源的现状及保护水资源的重要性。园长妈妈还宣读了《"节约用水,保护水资源"倡议书》,呼吁大家行动起来,做爱水、节水的"环保小卫士"。

"节约用水，保护水资源"倡议书

亲学的小朋友、家长们：

　　你们好！

　　水是生命之源，是万事万物赖以生存的基础，离开了水生命将不复存在。随着人们生活水平的不断提高，干旱缺水、洪涝灾害和水污染等日益严重！节约用水势在必行。然而在日常生活中，人们浪费水资源的现象比比皆是，人们爱水、节水的意识还十分淡薄。在这具有重要意义的日子里，我们全园师生呼吁大家："注意节约用水，保护珍贵的水资源。"同时发出如下倡议：

　　1. 爱护供水管网和用水设施，减少水的流失，发现水管有漏水现象，马上向有关部门反映。

　　2. 请尽量使用脸盆洗脸、洗手；在没有脸盆、水杯情况下，洗脸、洗手、刷牙时，请控制水龙头开关大小，并及时断水。

　　3. 及时制止浪费水的现象。

　　4. 有效利用部分生活废水，如洗菜水、淘米水均可重复使用。

　　5. 宣传节约用水，做到身体力行，带动身边的人共同参与节约用水。

　　最后，我们发自内心地再次呼吁大家：让我们行动起来吧！让节约用水不仅仅是一句干枯的口号，用我们的举手之劳换来一方净土、一片蓝天。让我们大家齐心协力，为建设节约型社会贡献我们的力量！

潮州市兰英第一幼儿园

3. 我是"节水小卫士"

园长妈妈讲话结束后,大班的孩子当起"节水小卫士",他们手举自制的节水宣传牌,穿梭在幼儿园各个角落,向家长们进行宣传。有的孩子带领家长一起喊出节水口号;有的孩子像小记者一样对家长们进行采访,询问叔叔、阿姨平时在家是如何用水的,有没有做到一水多用,有没有节约用水的好方法等。家长们对孩子们的表现大加赞赏,一致表示:"幼儿园开展这样的活动意义重大,增强了孩子们的节水意识。我们这些大人都自叹不如,我们一定要向孩子们学习,一起倡导节约用水。"

(三)各年级开展形式多样的主题活动

1. 小班级

教师利用学儿歌《我是节水好宝宝》、故事《小水滴的对话》等活动内容让孩子们了解每一滴水的重要性,知道 3 月 22 日是世界水日。通过图片、视频和宣传片《可爱的水宝宝》等形式让孩子们直观地感知我们的生活离不开水,初步了解水与人类的关系。通过小组、区域、亲子等方式进行小实验"清水变变变""流不出的水""爱潜水的小章鱼""奇妙的浮力""水的颜色"等,让孩子们在实验过程中初步感知水、了解水,同时培养孩子们爱水、节约水、不污染水的良好习惯。

2. 中班级

教师利用多媒体课件让孩子们直观地感知地球水资源紧缺的现况，让孩子们目睹水资源匮乏所引发的一系列反应，让孩子们知道水是一切生物存在、发展的基本条件，如果地球没有水，世界将一片荒凉、森林将不复存在、动植物将灭亡、地球上将出现无边无尽的沙漠、生命的迹象将消失、人类也将无法生存。组织孩子们学习儿歌《关好水龙头》、观看宣传片《美丽的水》、听故事《小水滴哭了》等，让孩子们了解水的用途及水与动植物的关系，激发孩子们节水意识。

孩子们在谈话，讨论，观看视频、图片等活动中，认识到水资源的有限性和保护水资源不受污染的重要性。教师引导孩子们回忆日常生活中有哪些节水的好方法，如教师说："一水可以怎样多用呢?"很多孩子争着说："洗菜和洗手的水可以留着擦地、冲厕所、浇花、洗踏脚布。""洗手、洗澡时水不要开得太大，搓手时关紧水龙头。"教师与孩子们将节水的方法用简笔画的方式记录下来，让孩子们回家与爸爸、妈妈讨论，还有哪些节水的小窍门，继续记录下来。

开展"节水小卫士"歌唱活动，让孩子们以歌唱节水童谣、歌曲的方式呼吁每个人都爱护水、珍惜水、节约用水。

孩子们还发挥丰富的想象力，大胆设计节水标志，画出节水作品，布置《节约水滴宝宝》宣传展板，向家长及哥哥、姐姐、弟弟、妹妹宣传节约用水的重要性!

3. 大班级

大班级的教师组织孩子们收集关于节水的图片和文字资料,设立环保宣传栏,加强孩子们对环境保护的认识。为了使孩子们从小养成爱护水源、节约用水的好习惯,教师向孩子们介绍世界水日的来历,让孩子们了解淡水的珍贵,懂得节约用水从我做起,愿意向周围的人宣传节水的重要性。让孩子们收看节水公益广告,了解缺水的严重性。利用各种方式,如和孩子们一起学习儿歌《节约每一滴水》,一起讨论"我们怎样去节约每一滴水""怎样做到一水多用"。通过布置节水宣传栏、设计"节水标志"等向孩子们传递"节约用水、合理用水,关爱地球生命之源"的理念。号召家长与孩子们一同记录生活中的节水方法,在班级"节水小妙招"分享会中与小伙伴一同分享。

(四)走进社区

大班级的孩子们自制"爱水节水"宣传标语、宣传卡,在教师的带领下一同走出校园,走进奎元社区,向居民宣传爱水、节水、保护环境的意义。教师带领孩子们向身边的人发放宣传卡,鼓励孩子们大胆向身边的每一个人进行宣传。"阿姨,今天你节水了吗?""阿姨,让我们一起保护水环境,节约水资源。""奶奶,爱水、节水,从你我做起。"一句句响亮的口号,引来路人的驻足围观,大人们都竖起大拇指为孩子们点赞。孩子们的行为唤醒了社区的居民,他们深刻意识到浪费用水可耻、节约用水光荣,大家都表示一定会克制自己的行为,努力做到节约用水,珍爱我们美丽的家园。活动的开展不但激发了孩子们和社区居民的环保意识,也进一步培养了孩子们大胆表达、与人沟通的自信心。

（五）家园共育

此次宣传主题活动，家长也积极参与其中。活动前期，教师们通过平台推送信息与家长沟通世界水日活动的内容，使家长了解活动中需要配合的事项，以及活动的真正意义。

活动过程中，家长和孩子一起收集如何节水的小妙招，共同绘制"节约用水好办法"宣传画。家长积极发挥榜样的作用，在家以身作则，践行节约用水的承诺。琳琳妈妈说："我女儿不只是嘴上说说，在生活中不但真正做到节约用水，还收集了许多节水小妙招，可厉害了！""我家子涵用淘米水洗菜，再用清水清洗，不仅节约了水，还有效地清除了蔬菜上的残存农药哦！"何紫薇爸爸说："小薇周末还在小区里向邻居们介绍一水多用的妙招呢，兰英一幼的孩子就是不一样！"

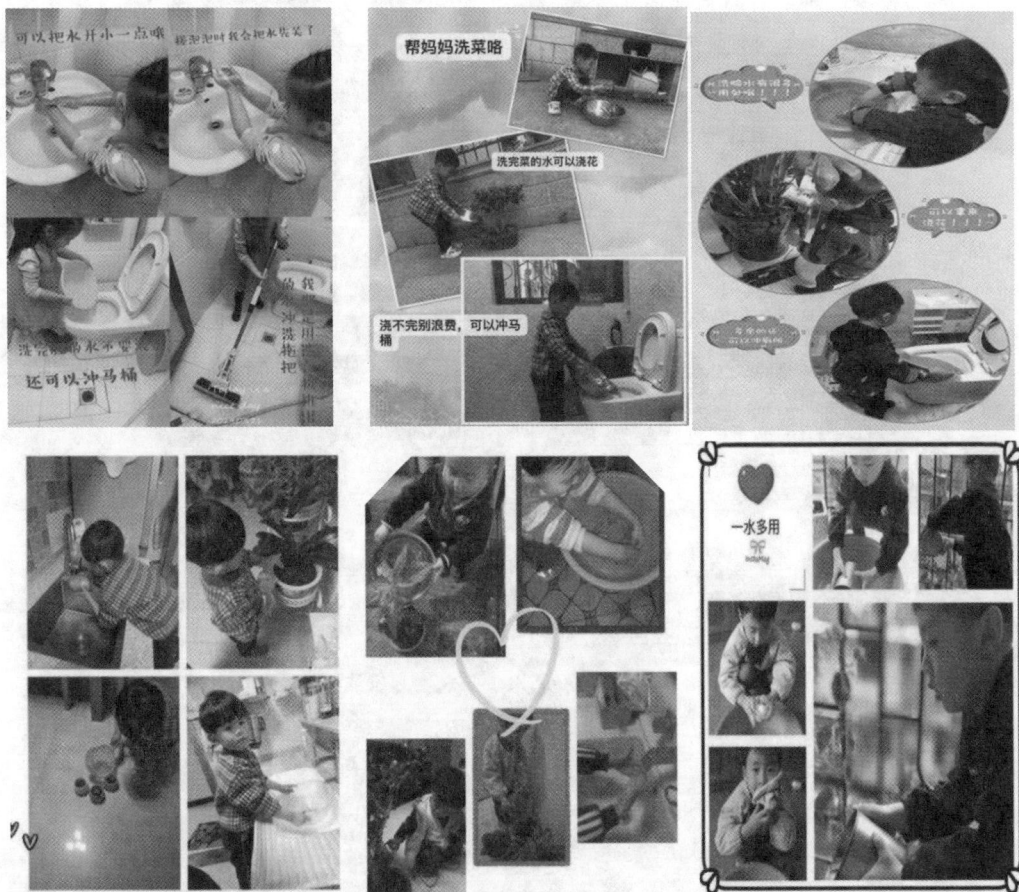

本次主题活动的开展，让孩子们初步了解了世界水日的宗旨——爱护水、珍惜水、节约用水，进一步了解了水与自然的关系，懂得了水的重要性。同时，活动采取家庭、社会、幼儿园三位一体的教育方式，让世界水日走进每一个家庭，走进孩子们的生活，让社区居民、家长和孩子们真正懂得我们生活中的每一滴水都是来之不易的，从而在日常生活中合理用水，做到一水多用，让每一个人都养成节约用水的好习惯！

惜粮爱粮　从我做起
——"世界粮食日"主题实践活动方案

潮州市兰英第一幼儿园

一、活动背景

为了帮助孩子们了解粮食的重要性,养成爱惜粮食、节约粮食的好习惯,激发孩子们对劳动人民的尊敬之情,在 10 月 16 日世界粮食日来临之际,我园决定开展主题为"惜粮爱粮,从我做起"的活动,让孩子们深刻感受粮食的来之不易,倡导师生树立"节约粮食光荣,浪费粮食可耻"的观念,自觉从我做起,从身边小事做起,养成珍惜粮食的良好品质。进一步弘扬中华民族勤俭节约的传统美德,倡导文明用餐行为,提高师生、家长的觉悟,为推动建设节约型社会尽一分力。

二、活动时间

10 月 5 日—16 日

三、活动总目标

1. 让孩子们知道每年的 10 月 16 日是世界粮食日,了解世界粮食日的宣传标语和珍惜粮食的重要性。

2. 通过一系列活动让孩子们明白每一粒粮食都是农民和工人辛勤劳动的结晶,懂得"一粥一饭来之不易",养成"惜粮爱粮"的良好习惯。

3. 让孩子们知晓"艰苦奋斗、勤俭节约"是中华民族的传统美德,抵制和反对浪费粮食的行为,营造文明用餐、安全用餐、健康用餐、节俭用餐的餐桌文化。

4. 通过"小手牵大手"的方式,将"爱惜粮食、文明用餐、光盘行动"的理念带入每个家庭,让更多的家庭参与进来,使幼儿园的教育活动产生辐射作用。

5. 让孩子们能积极主动参与到活动的组织与实施中,师生共同营造文明校园气氛,创建和谐校园。

四、活动内容及措施

（一）集体活动

1. 制作"惜粮爱粮,从我做起""拒绝舌尖上的浪费"等大型展板,开展签名活动。邀请家长、孩子、老师一起用签名形式参与活动,使大家认识到开展爱粮节粮、反对浪费宣传教育活动是非常有必要的。

2. 充分利用幼儿园宣传栏、宣传条幅、电子走幕、智慧树平台等进行宣传,倡导节约光荣、浪费可耻的观念。

3. 各年级开展"惜粮爱粮,从我做起"主题宣传教育活动。开展评选活动,如小班"文明就餐之星"、中班"文明小餐桌"、大班"文明就餐班级"等称号,以此鼓励孩子们养成文明就餐、节约粮食的良好习惯。

4. 全园以"爱惜粮食、文明用餐、光盘行动"为口号,把精神文明建设融入师生的日常生活中,落实到对餐饮节俭、安全和卫生健康的追求上,把俭以养德、俭以养性、俭以养身的理念变成广大师生的自觉行动,营造文明用餐、安全用餐、健康用餐、节俭用餐的餐桌文化。

5. 通过"小手拉大手"等形式,开展"小餐桌,大文明"实践活动,号召全园孩子从我做起,督促父母等家庭成员爱惜粮食、节约粮食,充分发挥"我是小宣传员"的作用,带动家庭加入我们节粮的行列中来,倡导文明消费新风,推动节约型社会建设。

6. 开展"寻找班级最亮的那颗星"活动,教师用镜头记录下身边"爱惜粮食、文明用餐、光盘行动"的行为。到社区举行"我是最亮的星星"演讲活动,以此号召社区的居民提高惜粮、爱粮的意识,从而形成惜粮、爱粮的行为。

(二)各年级主题活动目标及内容

1. 小班级

(1)让孩子们知道粮食是从哪里来的,理解农民劳动的辛苦并懂得珍惜粮食。

(2)让孩子们不偏食、不挑食,从小养成爱惜粮食的好品质。

(3)让孩子们响应"文明餐桌"的倡议,做到碗里、桌面、地面三净,真正做个爱惜粮食的小公民。

(4)评选班级"文明就餐之星",强化孩子们惜粮、爱粮的行为习惯。

2. 中班级

(1)让孩子们了解粮食的由来,知道农民的辛劳,懂得爱惜粮食、节约粮食。

(2)让孩子们懂得节俭用餐,不剩饭、剩菜,养成不挑食、节约粮食的好习惯。

(3)开展亲子剥玉米粒的活动,使孩子们感受参与活动的乐趣,进一步懂得要珍惜农民的劳动果实。

(4)开展"小小检查员"活动,评选"文明小餐桌",养成良好的进餐礼仪。

3. 大班级

(1)让孩子们了解世界粮食日的来历,知道粮食对人类的重要性。

(2)让孩子们知道"艰苦奋斗、勤俭节约"是中华民族的传统美德,懂得物尽其用,抵制和反对浪费粮食的行为,养成勤俭节约的好习惯。

(3)开展实践活动,请家长带领孩子到农村寻找、观察"稻穗、麦穗",并带到班级,向同伴介绍其种植过程,从中体会到粮食是农民伯伯辛勤劳动的结晶,懂得"一粥一饭来之不易"的道理。

(4)开展"小小爱粮宣传员"活动,将孩子们的作品制作成宣传海报,让孩子们学说节约粮食宣传标语,评选"文明就餐班级"活动。

(5)亲子活动。用文字或图片记录节约粮食小妙招。

(6)发放宣传画报,教授宣传爱粮、惜粮的口号,开展"光盘行动"大比拼,杜绝"舌尖上的浪费",让"节约粮食光荣、浪费粮食可耻"的观念深入人心。

整个活动旨在大力弘扬勤俭节约的传统美德,让孩子及其家庭养成健康文明、绿色低碳的生活习惯。让我们共同参与"爱惜粮食、文明用餐、光盘行动"的活动,节约每一粒粮食,抵制和反对浪费粮食的行为,从我做起,从今天做起,让爱惜粮食的种子在孩子们幼小心田里发芽、开花、结果,为推动建设节约型社会尽一分力。

五、活动回顾

为了弘扬中华民族勤俭节约的传统美德，抵制和反对浪费粮食的行为，营造文明用餐、安全用餐、健康用餐、节俭用餐的餐桌文化，我们开展了为期 2 周的"惜粮爱粮，从我做起"实践教育活动。我们通过向全园孩子、教师及家长发出"惜粮爱粮，从我做起"的倡议，倡导家长、师生树立"节约粮食光荣，浪费粮食可耻"的观念，让大家自觉从我做起，从自身做起，养成勤俭节约的好习惯。现将活动总结如下。

（一）活动前期准备，营造浓烈的氛围

1. 亲子、师生实践活动，引发孩子们对粮食问题的关注

现在的孩子物质生活都非常优越，长期的城市生活让他们对粮食种植的过程一无所知。针对这一情况，在方案活动开展的前期，我们请家长利用周末带领孩子一起走进农村，到田间观察水稻，初步了解水稻的生长过程，体验农耕的艰辛。

教师带领孩子们到田间观察，了解粮食的生长过程。回来后，把孩子们在活动中提出的问题记录下来，布置一个展板"问题大搜罗"，收集一个个充满童趣的问题：稻田里为什么有这么多的水？这一粒一粒的是什么？水稻的种植过程是什么样的？田野里除了水稻，还有些什么呢？等等。

2. 带着孩子们的这些问题，各班布置主题墙

在主题墙上张贴各种秧苗的图片，摆放一些秋收的果实，为孩子们营造一个浓厚的氛围。

3. 利用平台进行宣传

充分利用幼儿园宣传栏、宣传条幅、电子走幕、智慧树平台等进行宣传，倡导节约光荣、浪费可耻。制作宣传海报"惜粮爱粮，从我做起"。

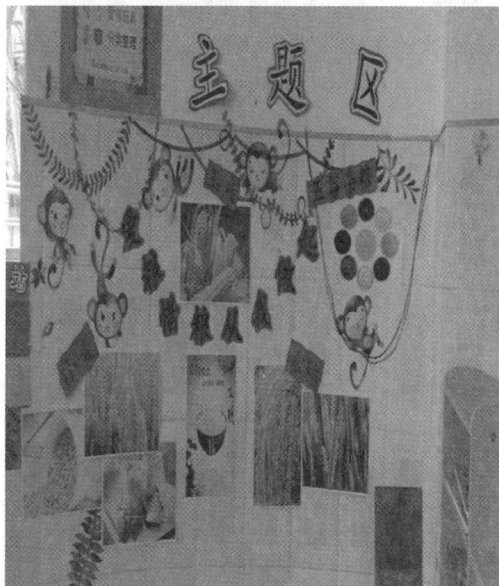

4.营造就餐文化,提倡文明用餐

为了营造就餐文化,提倡文明用餐,我们在餐厅张贴节约粮食的标语,让孩子们在身边环境的影响下,自觉养成饭前洗手、就餐自觉有序排队、用餐时按需取菜、不挑食、多吃蔬菜、多吃瓜果等良好的就餐行为。

(二)采用多种形式,开展主题活动

1.签名墙

10月6日邀请家长、孩子、教师一起在签名墙上签上自己的名字,并承诺从自身做起,节约每一粒粮食,抵制和反对浪费粮食的行为,养成勤俭节约的良好风尚。

2.各年级开展教育实践活动

(1)小班级

通过看视频、听故事等,教师向孩子们介绍粮食对人类的重要性,带领孩子们通过看一看、摸一摸、剥一剥等多种形式认识各种粮食,了解粮食的生长过程。带领孩子们参观厨房,让孩子们了解香喷喷的饭菜是如何做出来的,体验厨房阿姨和叔叔的辛苦,逐步懂得要尊重他人的劳动成果,知道要爱惜粮食,不剩饭菜。在学习儿歌《大米饭》《吃饭歌》,区域活动认识各种各样的种子中,引导孩子们明白每一粒粮食都是农民伯伯辛勤劳动的结晶,懂得"一粥一饭,来之不易"的道理,要做到碗里、桌面、地面三净,做个爱惜粮食的小公民。

（2）中班级

班级开展了以大米、玉米为代表的珍惜粮食教育活动。教师带领孩子们观察大米和玉米，了解它们的生长环境、外形特征等，并请孩子们自己动手绘画、制作手工，加深孩子们对不同粮食的了解和喜爱，让他们更加珍惜粮食，体会粮食来之不易，逐渐养成节俭用餐、不挑食、不剩饭剩菜的习惯。

在区域活动中，教师投放了大量材料，让孩子们尝试绘画水稻，并分享"节粮小故事"，收集"节粮小妙招"。最后，还开展了亲子活动"剥玉米""知识小竞赛"，这不仅培养了孩子们不挑食，养成爱惜粮食、不浪费的良好习惯，还让孩子们和家长了解了世界粮食日的意义。

（3）大班级

教师向孩子们介绍了世界粮食日的由来和意义，带领孩子们一起就我国人口增加、耕地减少、水资源短缺、粮食安全压力大等现状进行了分析和讨论，初步引发孩子们关注粮食问题，坚持节约粮食的意识。

教师通过对古诗《悯农》的朗诵，让孩子们进一步理解"粒粒皆辛苦"这句诗词的含义，知道每一粒粮食都是农民伯伯辛勤劳动的结晶，要爱惜农民伯伯的劳动成果。

在语言区域中为孩子们提供了图片、视频等以开展畅谈活动"舌尖上的浪费"，让孩子们了解浪费的严重性，让孩子们树立爱惜粮食的意识，实施"光盘行动"。社会区域中提供全球饥饿严重地方的图片、饥饿儿童图片等，让孩子们自主观察、了解、讨论，激发孩子们同情饥饿儿童的情感，进一步理解粮食的重要与宝贵。科学区域中带领孩子们认识各种蔬菜，观察黄豆、大米、红豆等五谷杂粮，尝试制作创意杂粮小点心，配制创意杂粮粥。通过活动，孩子们的环保意识与创新意识得到了有机融合，更好地激发了孩子们爱惜粮食的情感。

　　教师还邀请有丰富种植经验的林欣欣奶奶到班里给孩子们讲解粮食的种植过程,孩子们从奶奶的讲解中更加体会到粮食是农民伯伯辛勤劳动的结晶,懂得了"一粥一饭,来之不易"的道理。

　　大班级的教师和孩子们一起制作了各具特色的"节约粮食宣传画""宣传海报",张贴在布置好的宣传栏内,营造了浓烈的"惜粮、爱粮"氛围。其他班级的孩子们通过宣传栏获得了很多关于粮食的知识,更加约束自己节约粮食、珍惜粮食。

　　各班还将有关节约粮食的照片、绘画、宣传语制作成"爱惜粮食,从我做起"宣传小报。每天孩子们入园时,大班级的"小小宣传员"都会手举标语迎接家长和小朋友的到来,发放宣传画报和宣传爱粮、惜粮的口号,让大家都行动起来,真正做到"节约粮食,从我做起"。

（三）通过评比活动，激励孩子们向榜样学习

1. 小班级为培养孩子们惜粮、爱粮的好习惯，评选出"文明就餐之星"；中班级开展"小小检查员"活动，让孩子们不止学会自己节约粮食，还能自觉监督、引导其他同伴共同做到节约粮食、不挑食、不浪费，同时评选出"文明小餐桌"，进一步养成孩子们良好的进餐礼仪；大班级通过评比"文明就餐班级"，树立榜样，激励其他班级向榜样学习，以此鼓励孩子们养成文明就餐、节约粮食的好习惯。

2. 开展"寻找班级中最亮的那颗星"活动。各班教师用镜头记录下身边"爱惜粮食、文明用餐、光盘行动"的行为，制作微视频在各班群进行分享、推广，让最亮的星星起到一个榜样的力量，让更多的孩子们加入"爱惜粮食、文明用餐、光盘行动"的行列中来。同时教师带领孩子们到社区举行"我是最亮的星星"演讲活动，号召社区的居民增强惜粮、爱粮的意识，从而形成惜粮、爱粮的好习惯。

（四）家园合力，增强孩子们节约粮食的意识

为了把爱惜粮食、节约粮食的活动深入地开展下去，把节粮落到实处，我们家园合力，开展了一系列实践活动。

1. 为了检验孩子们对所学到知识的运用能力，我们号召家长用相机记录下孩子在家"惜粮、爱粮"和"用餐好习惯"等方面的日常生活瞬间，并分享到班级群，大家共同见证孩子们的点滴进步。

2. 利用智慧树平台布置亲子任务"文明用餐，光盘行动""大家一起来光盘""小餐桌，大文明"等活动，号召全园孩子从我做起，发挥"我是小小宣传员"的作用，带动家庭参与到我们的活动中来，完成亲子任务，倡导文明消费新风。

3. 请家长利用周末时间,带着孩子进农村、下农田,增进亲子之间的情感交流,同时体验农耕的艰辛、收获的快乐。同时,让家长对我们的活动有更深层次的了解,使节粮活动得到传播,真正达到家园共育的目的。

　　家长们纷纷反映,幼儿园开展这样有意义的活动特别好。这样的实践活动,使孩子将所学转化为行动,原来在家吃饭拖拉、挑食,有时还需大人喂饭的情况明显好转,除了自己做好,还会督促家人文明用餐,落实光盘行动。大班级的孩子们还会把"节粮小妙招"向小区的居民及周围的人宣传。有些家长纷纷感叹:"孩子吃饭不掉饭粒了,而且把碗里的饭粒都吃光。还当起了小小监督员,督促家人不掉饭粒,光盘行动,我们家长都归他管了,这个活动真是太有意义了。"更多的家长拍下孩子珍惜粮食的瞬间,发到朋友圈上,将世界粮食日的宗旨更广泛地传出去。

一系列丰富多彩的"惜粮爱粮"活动,受到了孩子们的喜爱和家长的好评,虽然一个"世界粮食日"教育活动的效果不会立竿见影,但我们会持之以恒,不断地在日常生活中渗透节约粮食教育,让爱惜粮食的种子在孩子们幼小心田里发芽、开花、结果。用实际行动参与到节约粮食行动中来,用实际行动争做"勤俭节约"的好孩子、好老师,让"节约光荣、浪费可耻"的观念在幼儿园一直流传下去。

注:活动方案自2009年起开始实施。每年的植树节、水日、世界粮食日,幼儿园都会按照这些方案的基本步骤,有所创新地对孩子们实施环保护绿、节水、节粮等教育。

第二节　体育课题探究与民俗体育游戏及主题特色早操的开发

"因地制宜开展幼儿体育活动实践研究"这一课题是广东省"十三五"科研课题,2017年3月立项,实施研究历时两年。课题研究既结合我国幼教界关注的热点问题,又贴近我园的实际情况及孩子们的实际生活。经过我们的努力,开发出一套比较科学、规范、符合孩子们教育实际的体育活动模式。课题取得了满意的研究成果,研究成果也具有较大的应用价值。

一、《因地制宜开展幼儿体育活动实践研究》概述

通过实践探索、研究证明,我园体育课题响应了习近平总书记"体育强国"的号召,遵循《幼儿园教育指导纲要(试行)》(以下简称《纲要》)中"幼儿园必须把保护幼儿的生命和促进幼儿的健康放在工作的首位",以及《纲要》健康领域中幼儿园要"开展多种有趣的体育活动,特别是户外的、大自然的活动,培养幼儿参加体育锻炼的积极性,并提高其对环境的适应能力"的要求。两年来,课题组成员在不断实践中开发出一套有效的体育教学模式,对孩子们进行各方面能力的培养,孩子们的身体得到锻炼,基本技能发展迅速,体质增强。现在他们动作灵敏、协调、姿势正确,对环境的适应能力及对疾病的抵抗能力明显提高。课题研究既培养了孩子们坚强、勇敢、不怕困难的意志品质和主动、乐观、合作的态度,又改变了孩子、家长和社区居民的不良习惯,让孩子、家长和社区居民选择健康的生活方式,强化体育锻炼意识,热爱运动,产生了一定的社会效应。

(一)因地制宜,优化户内外区域活动

我园户外场地宽阔,绿树成荫,为了让教师更好地开展户外体育活动,充分利用幼儿园的各个角落、每片空地,课题组对园所的户外场地进行全面规划。如在办公楼下面塑胶操场划分了大、中、小班的拍球区域;科艺楼后面设置投掷区、滚铁环、踩高跷等民间游戏区域;科艺楼前面的整体浇注塑胶道上设20 m跑道,并划分了轮胎区、平衡区、攀爬区;教学楼前的空地划分有跳绳区、踢毽子区、羊角球区、橡皮筋区等。场地的合理规划,有助于全园孩子有序地开展体育锻炼。

我们在音体楼底层和各班级走廊画上有趣的方格,让孩子们在晨间和下午的体育锻炼活动中,按照自己的喜好自主地玩"跳格子""跳房子"游戏。在楼梯拐角处一些零散的小角落里,设置了"魔毯变变变"和"球球乐",让魔毯变成小船、草地、池塘、飞碟……后阳台地面

画上脚印、几何图形供孩子们进行一些动作练习。班里设置了举重区、呼啦圈区等,供孩子们休息或课间时随时进行活动。卧室设置了"抱枕总动员"区域,供孩子们摆、叠、堆、顶、抱、推、扔等,又自主设计了炸药包、小乌龟、海绵宝宝、云儿飘等生动有趣的体育游戏。

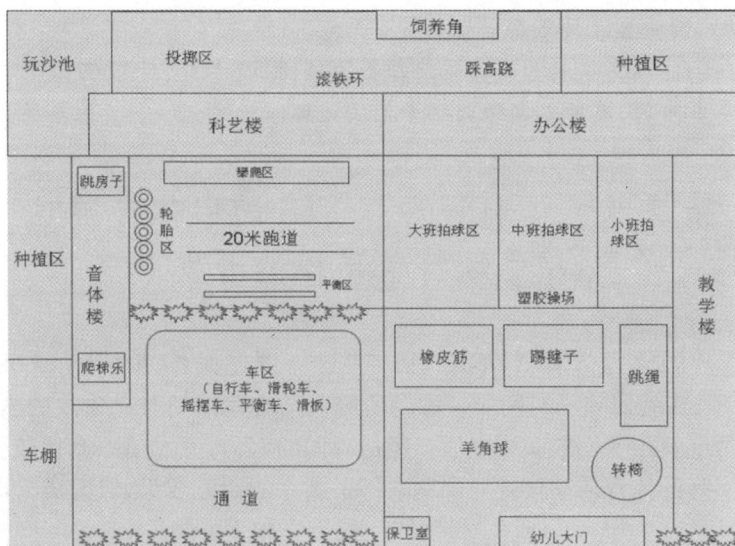

(二)因地制宜,创设混龄晨间体育游戏活动

一日之计在于晨,晨间活动是孩子们一日生活的开始。在晨间活动中,我们实施一种新型的混龄开放式晨间体育活动模式。针对孩子们体能发展的需求,在走、跑、跳、投、平衡、钻、爬等对孩子们基本能力要求的基础上设置区域,注重区域材料的提供符合孩子们的年龄特点、性别差异,并有计划地逐步提供、更换、增减材料,做到与孩子们活动需要相适应。

每个区域都有轮值教师把关,孩子们采用"挂牌入区"的形式自主进区开展活动。轮值教师既要关注孩子们的安全,又要关注混龄孩子们运动的情况,适时随机引导,调整器材。

丰富的内容及形式,吸引孩子们积极主动地参与晨间活动,达到锻炼的目的。经过这段时间的培养,孩子们的规则意识明显增强。

（三）因地制宜,玩嗨潮州民间体育游戏

在潮州,随处可见生动有趣的民间游戏。民间游戏种类繁多,形式多样,简单易学,孩子们参与的兴趣浓厚。在课题研究中,我们充分挖掘具有民间特色的材料,如竹梯、扁担、竹筐、木凳等灵活地运用到游戏中,利用原有游戏的规则进行适当地修改,加入孩子们熟悉的人物,增加游戏的趣味性。开展了超级蜘蛛侠走竹梯、蜡笔小新滚竹筐、沙僧挑担等一系列具有传统特色的游戏。在晨间户外民俗区域带领孩子们玩打弹珠、跳皮筋、夹粽子、踩高跷等游戏,在走廊、过道、班级体育区与孩子们一起玩跳格子、吹羽毛等游戏。结合民俗习惯,我们创编了"出花园""赛龙舟""煮汤圆"等具有潮州民俗文化特色的体育游戏活动,这些有趣的民俗游戏不仅促进孩子们的体能发展,增强其体质,在游戏过程中也使孩子们与同伴建立了友谊,而且让孩子们在游戏中了解家乡的风俗习惯,感受传统的民俗风情。

（四）独创"特色口令"，形成特色教学模式

在课题实践中，我们发现，体育活动能让教师消耗体力。一节课下来，教师喉咙沙哑，汗流满面，但孩子们却不能达到良好的体育活动规范。我园教师针对这个问题展开研究。通过进行体育知识培训，学习掌握常态下正确手势、口令和哨音的运用。在此基础上，结合孩子们的年龄特点，利用肢体语言，哨声的长短、快慢、强弱，吹哨的次数及手势，形成独具风格的一套"特色口令"。如在指令孩子们慢跑将四列纵队变成四个圆形时，教师长哨吹响，左手出示四根手指，两手握拳在胸前快速绕圈，两脚慢跑；立定时吹响短哨音两次，右手画圈，孩子们根据教师的哨音和手势快速变化队形，做到快、静、准。"特色口令"成为体育教师的得力助手，是体育教学中变化、传递信息的好方法，在各班孩子集合整队、队列变化等方面有很大的应用，大大提高了教师对课堂的驾驭能力，提升了教学效率，也减轻了体育教师的工作强度，同时也很好地服务于幼儿园早操、集体舞比赛等各项活动。通过不断重复实践，特有的指令已成为我园独具一格的教学模式。

（五）因地制宜，创设特色主题早操

我们在过去早操模式的基础上进行传承和创新，构建一种新型的主题早操模式。教师依据编操的要领，针对各年龄段孩子的生活经验、兴趣爱好，以与孩子们共同确定的主题内容为早操的支架，同时整合各种教育资源，围绕音乐的选取、器械的制作运用、动作的编排、游戏的形式和规则的设定等进行互动，形成特色主题早操。如浙江卫视《奔跑吧兄弟》开播以来，孩子们会在课余时间模仿节目中的游戏环节，而且玩得不亦乐乎。孩子们听到《奔跑吧兄弟》的主题曲《超级英雄》会兴奋不已，并不自觉地舞动起来，于是我们以孩子们的兴趣点编排了以"奔跑吧孩子"为主题的中班早操。实施阶段，我们还创编了大班"棒棒棒"、中班"球儿乐"、小班"快乐的一天"等主题早操系列。

（六）开展课题研究，促进教师专业成长

在课题研究过程中，课题组成员采用分层研讨，建立"集体研讨—年段研讨—结对研讨"的模式，在理论的指导下，组织教师在孩子们一日生活中开展体育教学研究。教师们都能不断学习，不断消化，不断总结经验、反思改进，营造了良好的学习与交流的氛围。发挥"本土专家"的作用，通过师徒结对，提高教师体育器械的研发、方案活动的实施、主题早操的编排、民间游戏的运用等能力。我园对近两年来教师撰写的论文、家长心得、优秀教案、方案教学、主题早操、民间游戏等整理、存档，编辑成册。教师撰写的论文分别发表在国家、省级刊物上，多篇论文、教案、方案在国家级、省级各类比赛中获奖，体育课例被挑选到省里进行展示。教师创编的幼儿健美操参加潮州市中小学生、幼儿健美操比赛多次获得特等奖。我园被潮州市教育局、潮州市体育局授予"潮州市体育传统项目学校"的称号。

（七）让我园的课题研究向家庭、社区、其他园所"辐射"

在课题研究的过程中，我们积极发动家长和社区人员挖掘和开发资源，坚持"取材多元、操作方便、耐玩实用、易于推广、促进发展"的原则，创造性地制作了一些可供孩子们进行各种动作练习的体育器械和户外玩具。这不仅为体育活动提供了良好的物质基础，还为幼儿园节约了开支。我们真正做到把幼儿园与家庭、幼儿园与社区相结合，营造出一个孩子带动一个家庭、一所幼儿园影响一个社区的氛围。家长在参与幼儿园体育课题研究的过程中，健康意识大大提高，也养成了积极参与体育锻炼的好习惯。一些家长将自己与孩子在日常生活中尝试锻炼的项目设计成表格，在幼儿园的智慧树平台、家长微信圈推广；有些家长还在自己的小区积极向其他人传播坚持体育锻炼的理念。在这种影响下，社区的居民都积极地参加体育锻炼，选择健康的生活方式。我园的课题研究产生了很好的社会效应。

我园课题研究的成果多次在潮汕地区各个园所进行推广。课题组成员先后到汕头市金平区金岐幼儿园、汕头市金平区大洋红树湾幼儿园、潮州市湘桥区兰英第三幼儿园、潮州市湘桥区恒星实验幼儿园、潮州市湘桥区沙洲中心幼儿园、潮安区东凤镇堤边心心幼儿园等园所召开专题讲座，组织专题研讨，开观摩示范课。课题组成员全力发挥"传帮带"作用，使周边地区幼儿园体育教育教学常规加强了管理，使周边地区幼儿园的教师大大提高了因地制宜开展体育教育教学的能力，优化了体育课程质量，促进了教师们的专业化成长。

经过两年半的努力，我园在体育资源的开发与利用、体育目标的把握与调整及体育教学质量的提升等方面成效明显，成绩突出，构建了小、中、大班系列课程，创编的民俗体育游戏、主题特色早操、独创"特色口令"丰富了我园的教育教学资源。这些园本课程的开发不仅符合本地区孩子们的认知水平,而且对于其他地区也有很好的借鉴作用。

二、创编的民俗体育游戏及活动详案

(一)"出花园"

1. 活动目标

(1)结合"出花园"的习俗,利用红屐桃训练孩子们控制平衡的能力以及小跑的能力。

(2)继续发展走、跑、跳、爬的基本动作,培养孩子们参与体育活动的兴趣。

(3)加深孩子们对潮汕民俗的探究乐趣,激发爱家乡的情感。

2. 活动准备

(1)经验准备

孩子们已初步了解潮汕"出花园"习俗,认识红屐桃。

(2)物质准备

①爬行垫 2 张、纸盒 4 个、肚兜 2 个、小桥 2 座、红屐桃人手 1 双、椅子 2 把。

②音乐《出花园》。

3. 场地布置

场地布置如图所示。

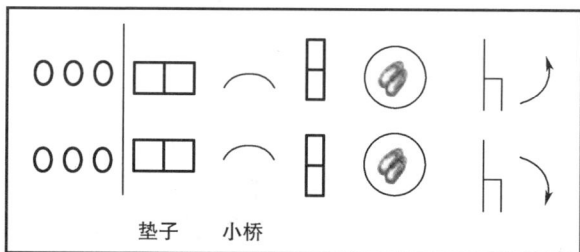

垫子　　小桥

4.活动过程

(1)开始部分

①队形变化:两列纵队—四列纵队—交换队伍—四个方向转。

②孩子们听音乐做模仿操,教师自编:上肢—下蹲—体侧—体转—腹背—跳跃—放松整理。

(2)基本部分

①出示红屐桃,引出体育活动"出花园"。

师:这是什么呀?什么时候会用到它?用它做什么?

②自由玩红屐桃。

师:今天我们用红屐桃来玩游戏,小朋友们尝试一下,可以怎么玩呢?看谁的玩法多。

孩子们自主练习,教师观察并指导。

小结:请个别孩子展示自己的玩法,师生点评。

(3)新授游戏:红屐桃

①教师示范穿红屐桃,并以较平稳、快速的状态走到指定终点。

②组织孩子们集体练习控制平衡的能力,进行小跑的技能训练。

③集体比赛:看谁走得又稳又快。

(4)游戏"出花园"

①师:潮汕地区关于"出花园"的说法有很多,各地的习俗也大同小异,相同的是都会用到红屐桃。今天,老师设计了两条与红屐桃有关的赛道,我们一起来玩一玩"出花园"的游戏吧。

②教师介绍游戏玩法:第一个孩子爬过垫子、走过小桥、跨跳、快跑到筐子前面,在筐里拿出肚兜、红屐桃穿上,站在椅子上跳下来,然后绕椅子跑一圈,再把肚兜、红屐桃脱下放回筐里,最后跑回去和第二个孩子击掌。游戏依次进行,先完成的请该组队长举手示意,直至所有队伍都完成比赛。游戏可反复进行。

③教师提醒游戏注意的事项:游戏时不能推、拉、碰撞别人;不能争先恐后,要排队,一个跟一个进行游戏。

④教师交代游戏规则。

⑤播放背景音乐《出花园》,分组进行比赛。

⑥小结游戏情况,再次进行游戏。

5.结束部分

(1)两两结伴,玩音乐游戏"红屐桃"。

(2)听音乐,列队离开操场,结束游戏。

(二)赛龙舟

1.活动目标

(1)让孩子们尝试梯子的多种玩法,训练协作、平衡和攀爬的能力。

(2)通过一物多玩,让孩子们感受创新玩法带来的快乐体验。

(3)让孩子们感受家乡民俗文化,激发孩子们参加体育活动的欲望。

2.活动准备

(1)经验准备:孩子们会唱赛龙舟的曲目。

（2）物质准备：梯子4架、轮胎6～8个、攀登架1个、粽子20个。

3.场地布置

场地布置如图所示。

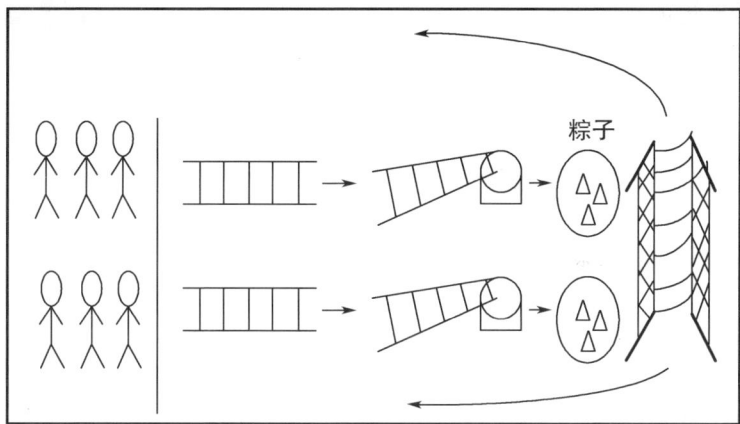

4.活动过程

（1）开始部分

①孩子们跑步入场形成四列纵队。

②准备运动：自编徒手操。

（2）基本部分

①跳格游戏引出梯子。

师：今天，老师带来了一些梯子，我们先来玩一个跳格游戏。

②教师介绍游戏玩法：孩子们成两列纵队，于梯子的一端，队长带头向前跳，从外侧跑回队伍后面排队，一轮后于原地站立。

③孩子们玩跳格游戏一轮。

（3）探索新玩法

①引导孩子们带着问题探索新玩法。

师：梯子除了可以玩刚才的跳格子游戏，还可以怎么玩呢？

②孩子们探索，教师巡视指导，及时发现问题。

③小结：请个别孩子展示自己的新玩法，感受创新玩法带来的快乐体验。

（4）结合端午节，学习新玩法

让孩子们玩游戏"赛龙舟"，训练合作、平衡等能力。

①师：端午节，我们会举行什么活动呢？（赛龙舟）

②引导孩子们观察前半部分场景道具设置，想办法用最快的速度通过障碍。

③结合以上玩法，提出要求：让孩子们分两组进行比赛，两队孩子数刚好可以每人一格站到梯格里去。通过团队合作，双手抬梯模拟划龙舟行进到轮胎边将竹梯架起，再快速有序爬过竹梯，通过后从两侧跑回，先整队回到原位的获胜。

④孩子们分组尝试。

⑤师生小结活动情况。激发孩子们竞赛热情，鼓励孩子们再次比赛。

⑥孩子们再次练习。

（5）增加粽子、攀登架障碍物，提高游戏难度

①引导孩子们观察整个场景道具设置，交代玩法。

前半部分玩法同上。过梯桥后每人各拿1个粽子，然后快速攀爬过攀登架，从两侧跑回，先整队回到原位的获胜。

②孩子们分成两队进行比赛。

③小结活动情况，再次进行比赛。

（6）教师总结

激发孩子们热爱家乡民俗文化的情感。

（7）结束部分

播放赛龙舟乐曲，孩子们边唱边把"龙舟"划回、把"车"（轮胎）开回。

（三）跳大绳

1.活动目标

（1）让孩子们探索绳子的多种玩法，体验一物多玩的乐趣。

（2）让孩子们学习跳大绳的玩法，训练跳跃能力、协调能力，培养节奏感。

（3）激发孩子们对民间传统游戏的喜爱之情和参与活动的欲望。

2.活动准备

（1）经验准备：孩子们初步掌握单独跳绳的方法。

（2）物质准备：长绳2条，短绳每人1条。

3.场地布置

场地布置如图所示。

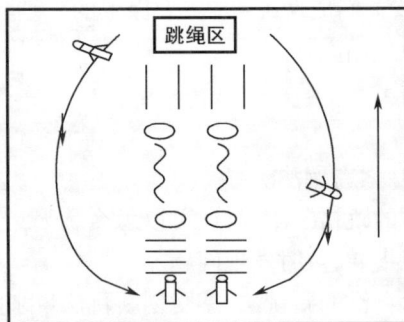

4.活动过程

（1）开始部分

①听音乐做小兔跳的动作进入操场围成圆圈。

②准备运动：自编跳跳操。

（2）基本部分

①出示短绳，朗诵儿歌，激发孩子们的兴趣。

儿歌：小绳小绳真有趣，天天和我玩游戏，单脚跳、双脚跳，正着跳、反着跳，跳呀跳，跳呀跳，你也跳，我也跳，蹦蹦跳跳身体棒！

②自由玩绳：孩子们每人1条短绳，自由跳绳和玩绳，教师观察并引导孩子探索绳子的不同玩法。

跳绳:(配合儿歌)单脚跳、双脚跳、两脚交替跳、正跳、反跳。

两个孩子拉直绳子,其他孩子站成一路纵队,跑到绳下,用头顶绳。

两个孩子拉直绳子的两端,让孩子们练习跳高。(高度 15~20 cm)

走钢丝:将绳子放在地上,让孩子们脚踩绳子走,注意脚不能离开绳子。

……

(3)教孩子们学习跳大绳

①教师出示长绳,引导孩子们比较长绳与短绳的不同:短绳比较短,适合单人或小组玩游戏;长绳比较长,适合小组或集体玩游戏。

②让孩子们知道跳大绳是一种民间传统游戏,激发孩子们对民间游戏的喜爱之情。

③跳大绳的玩法。两人各握住绳子的一端,向同一个方向适当用力、且有节奏地甩动,其余孩子顺着甩动方向跳越绳子,注意不要被绳子绊到。

④教师抡大绳,孩子们尝试顺着绳子的甩动,有节奏地跳大绳。

⑤小结活动情况,继续玩游戏。

⑥配合游戏儿歌,提高游戏难度,学习新玩法。请部分孩子随绳子的甩动跳大绳,一个孩子在旁等候,当念到"×××请下去"时,被点到名字的跳绳者要迅速向绳外跑去,尽量避免被绳子甩着或套住,在旁边等候的孩子接着跳入绳中继续跳,游戏反复进行。

儿歌:一根长绳两头摇,小朋友们中间跳,蹦一蹦,跳一跳,蹦一蹦,跳一跳,×××请下去。

⑦孩子们分组游戏,提醒孩子们注意安全。

(4)结束部分

①放松整理,利用大绳玩捕鱼游戏。

②随着音乐,利用大绳模拟捞鱼情景,带孩子们离开操场。

(四)煮汤圆

1.活动目标

(1)让孩子们学习原地自转、团身滚,发展身体平衡及协调能力。

(2)使孩子们能够积极参加活动,遵守游戏规则。

(3)激发孩子们对家乡传统节气文化的关注,培养孩子们爱家乡的情感。

2.活动准备

(1)经验准备:孩子们已初步了解汤圆的制作过程。

(2)物质准备:椅子 2 把、爬行垫 4 张、台阶格 2 座、大汤勺 1 把、录音机。

3.场地布置图

场地布置如图所示。

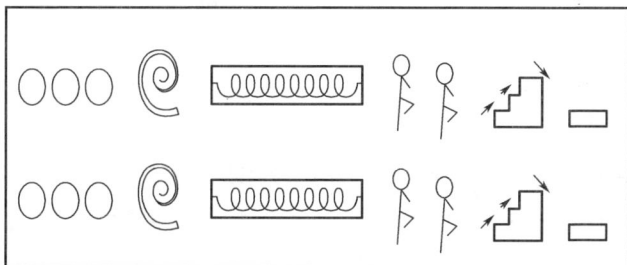

4. 活动过程

(1)开始部分

①孩子们踏步进场,成四列纵队。

②准备运动:随音乐跟教师做徒手操。

(2)基本部分

①前期探究活动,教师提问引入活动。

师:小朋友们,冬至就要到了,冬至人们会做什么事?(吃汤圆)

师:你们知道汤圆是怎样做成的吗? 和糯米粉、团圆可以用什么动作来表现?

引导孩子们用身体表现,集体评价。

②新授技能:原地自转、团身滚。

教师示范动作,引导孩子们学习新动作并掌握动作要领:原地自转3圈,再跑到爬行垫,蹲下,双手抱腿团身滚过爬行垫,然后从外测跑回队伍后面。

孩子们集体练习原地自转、团身滚。

教师小结,纠正孩子们动作,反复练习两次。

③设置游戏场景,增加障碍,玩游戏"煮汤圆"。

教师讲解玩法:模拟煮汤圆过程,首先从起跑线跑到椅子前原地自转3圈(搅拌面粉),再跑到爬行垫,蹲下,双手抱腿团身滚过爬行垫(搓汤圆),接着单脚跳到台阶旁,走上台阶向下跳进大圈(汤圆下锅),然后从外侧跑回队伍后方归队,先完成的一组胜。

孩子们分两组进行比赛,反复两次,提醒孩子们遵守游戏规则。

游戏提升玩法:同上流程至汤圆下锅后,孩子们在圈内,教师用大汤勺模拟搅拌"汤圆",并说:"煮汤圆、煮汤圆(孩子们蹲下自转),水开了(孩子们站起来自转),加点儿冷水(孩子们蹲下),水开了(孩子们站起来自转),汤圆熟了,5个盛一碗(5个孩子抱成一团)。"

总结,激发孩子们对家乡传统节气文化的关注,培养孩子们爱家乡的情感。

(3)结束部分

听音乐《卖汤圆》,搭"火车"离开场地。

三、特色早操集锦

(一)小班级主题早操

1. 快乐的一天

(1)主题目标

①使孩子们能开心地参与"快乐的一天"早操活动,体验做早操的乐趣。

②让孩子们学习按音乐节奏跑步,掌握模仿操动作,动作要到位、有力。

③让孩子们学会听指令向指定方向集合与分散,锻炼孩子们的反应能力和自我控制能力。

④让孩子们在早操活动中体验游戏的快乐。

(2)基本环节

入场《快乐的一天开始了》→模仿操(小班上学期第一套模仿操)→歌曲表演《身体妙妙妙》→音乐游戏《小兔跳》《狮王进行曲》→放松运动《去郊游》。

环节一　入场

时长	1 分 13 秒	音乐	名称:《快乐的一天开始了》 特点:节奏明快、活泼、愉快
动作 内容	踏步、转手花;踏步、拍肩膀		
场地安排与队形变化			
活动过程	1. 孩子们成一列纵队站立,准备做操。 2. 随音乐踏步,同时按节奏做拍手—转手花—拍手—拍肩膀动作,自然走成一个大圆圈。 3. 两臂张开,手拉手调整圆圈队形		

环节二　模仿操

时长	2 分 12 秒	音乐	名称:(小班上学期)第一套模仿操 特点:节奏明快、适中
动作 内容	扩胸运动、伸伸臂、弯弯腰、踢踢腿、蹦蹦跳等动作		
场地安排与队形变化			
活动过程	1. "早上空气真正好"——两手上举,五指张开,随身体左右摆动。 2. "我们大家来做操"——两手屈肘叠放于胸前,往后平拉,做扩胸运动两次。 3. "伸伸臂,弯弯腰,踢踢腿,蹦蹦跳"——两手前平举;两手叉腰,向前弯腰;两手叉腰,先踢左脚,再踢右脚;两手叉腰,原地弹跳两次。 4. "天天做操身体好"——两手前后摆动,原地踏步两次,右脚跟点地,同时往右侧伸出双手,竖起大拇指		

环节三：歌曲表演

时长	1分57秒	音乐	名称：《身体妙妙妙》 特点：旋律轻快、活泼
动作内容	准备运动、上肢运动、头部运动、腹背运动		
场地安排与队形变化			
活动过程	1. 准备运动：听前奏，双手叉腰，左右扭胯。 2. 随歌曲的歌词内容做相应模仿动作：上肢运动、头部运动、腹背运动。 3. 重复1,2一遍		

环节四 游戏

时长	1分40秒	音乐	名称：《小兔跳》《狮王进行曲》节选 特点：节奏紧张、愉快、有趣
动作内容	1. 轻松自如地模仿小兔跳。 2. 听音乐练习跑、躲藏的动作		
活动器械	纸球		
场地安排与队形变化			
活动过程	1. 孩子们听音乐跟随教师模仿小兔跳。 2. 当《狮王进行曲》的音乐响起，孩子们分为男孩、女孩两组，扮演"小兔"的听教师的指令，在指定的地方蹲下来，表示躲藏。让其中两个孩子戴上头饰扮演"大灰狼"，听音乐模仿大灰狼绕场地行走。当听到音乐节奏紧张时，两只"大灰狼"扑过去捉"小兔"，"小兔"们立即四散逃走；当紧张的音乐节奏再次响起时，所有的"小兔"都拿起"石头"（纸球）纷纷扔向"大灰狼"，"大灰狼"狼狈地逃跑了，"小兔"们都欢呼起来，然后去救被"大灰狼"捉住的"小兔"		

环节五　放松运动

时长	1 分 20 秒	音乐	名称:《去郊游》 特点:轻松、愉快
动作 内容	1. 孩子们一个接一个地跟着教师走。 2. 踏步,模仿开汽车的动作		
场地安 排与队 形变化			
活动过程	1. 听音乐的前奏,所有孩子排成一列纵队。 2. 孩子们一个跟着一个模仿开汽车的动作,跟随教师踮脚尖、小碎步向前走,逐渐退场		

2. 我爱小动物

（1）主题目标

①孩子们能开心地参与"我爱小动物"的主题早操活动,模仿小动物的特点,培养爱护小动物的情感。

②学习按音乐节奏踏步走,较完整地做好简单的操节和歌曲表演等动作。

③初步学习与同伴合作玩游戏,体验共同游戏的快乐。

（2）基本环节

入场律动《身体音阶歌》→徒手操（下学期第一套模仿操）→歌曲表演《何家公鸡何家猜》→游戏《鲨鱼》→放松运动《我爱你》。

环节一　入场

时长	1 分 52 秒	音乐	名称:《身体音阶歌》 特点:天真、可爱、适宜踏步
动作 内容	1. 踏步:自然挺胸,目视前方,膝盖抬起,双手半握拳,双臂摆动。 2. 走圆圈:一个接着一个走,不推挤,注意保持好间隔距离		
场地安 排与队 形变化			
活动过程	孩子们一个接着一个在圆圈上顺时针走,在教师的提示下边走边调整好前后的间隔距离		

环节二 徒手操

时长	2 分 10 秒	音乐	名称:(下学期)第一套模仿操 特点:朗朗上口,节奏适中
动作 内容	伸展运动、下蹲运动、体侧运动、跳跃运动		
场地安 排与队 形变化			
活动过程	1. 伸展运动:"太阳眯眯笑,看我长得好,举起小榔头,叮当叮当敲"——双手上举,左右摆动;从体侧收回到胸前握拳,做敲打动作。 2. 下蹲运动:"太阳眯眯笑,看我身体好,拿起小篮子,地里去拔草" 双手上举,左右摆动;一手叉腰,一手做抱篮子状,蹲下,双手一前一后做拔草动作 4 次。 3. 体侧运动:"太阳眯眯笑,看我长得高,开起小飞机,飞呀飞得高"——双手上举,左右摆动;后侧平举、碎步,做开飞机状;身体向左右倾斜各一次。 4. 跳跃运动:"太阳眯眯笑,看我做早操,蹦蹦又跳跳,锻炼身体好"——双手上举,左右摆动;后由下向上前平举,同时上举时踮脚;双手叉腰,向上跳 4 次;最后踏步 2 次,向前伸出右脚,脚跟点地,双手向前伸出大拇指		

环节三 歌曲表演

时长	1 分 16 秒	音乐	名称:《何家公鸡何家猜》 特点:幽默诙谐,富有广东特色
动作 内容	1. 公鸡、小鸡的形象动作。 2. 绕圈,剪刀、石头、布的动作		
场地安 排与队 形变化			
活动过程	1. 听音乐前奏,孩子们两两牵手,跟着音乐双手一上一下摆动,2/4 拍;做公鸡状,身体左右摇摆,2/4 拍。 2. 绕圈,双手打开,做小鸡尖嘴巴状,2/4 拍;两孩子双手对拍 6 次,剪刀、石头、布动作,看谁赢		

环节四 游戏

时长	2分30秒	音乐	名称:《鲨鱼》 特点:节奏急促欢快、富有活力
动作 内容	抓住彩虹伞的一角,向上跳,手甩动,轻松自如地绕场地奔跑。听信号练习跑、蹲、钻的动作		
活动器械	直径3.5 m的圆形彩虹伞一面		
场地安 排与队 形变化	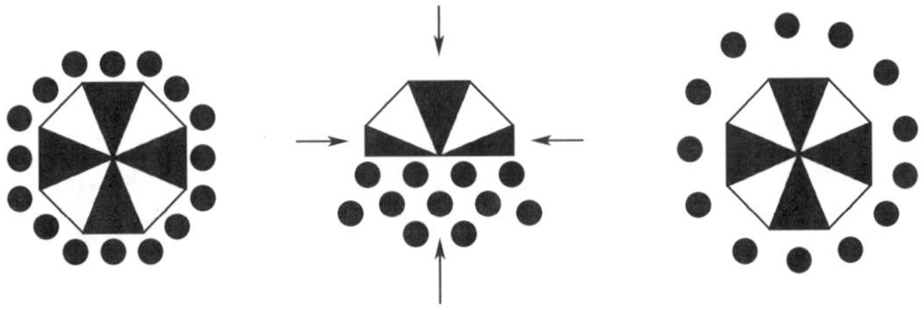		
活动过程	1. 音乐响起,所有孩子向中间的彩虹伞靠拢,并双手抓起,向上跳。 2. 第2段歌曲响起,教师向上撑彩虹伞,孩子做鱼游状在彩虹伞中穿梭,注意不要碰到同伴。 3. 第3段音乐听教师口令,"鲨鱼"游进来 全体"鲨鱼"于伞下游戏,教师用伞包住孩子,孩子们蹲下,当教师再次撑开伞,孩子们走出,游戏3次。 4. 第4段音乐,把彩虹伞铺在地上,师生绕彩虹伞跑步		

环节五 放松运动

时长	59秒	音乐	名称:《我爱你》 特点:抒情、亲切
动作 内容	双手抱胸亲吻,身体轻摇,模仿爸爸、妈妈、小鸟、大象、大树等形象动作		
场地安 排与队 形变化	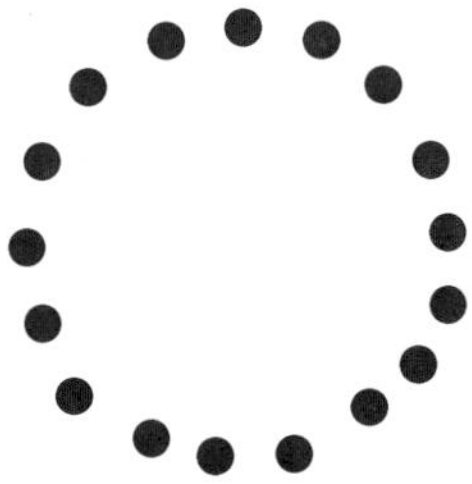		
活动过程	1. 所有孩子手拉手成大圆圈,在圈里做亲吻、抱胸、爱妈妈状。 2. 逐次做爱爸爸、爱小鸟、爱大象、爱大树状,身体左右轻摇,活动结束		

（二）中班级主题早操

1. 球儿乐

（1）主题目标

①让孩子们学习借助器械运动。积极主动参与早操活动,体验早操活动的乐趣。

②让孩子们学习按音乐节奏较协调地完成各个环节中的走、跑、跳、钻、平衡等基本动作和操节动作。

③使孩子们会根据信号进行集合、分散、变换队形。

④使孩子们能愉快地与同伴共同游戏,体验集体活动的乐趣。

（2）基本环节

入场《霸王别姬》→器械操《球操》→歌曲表演《动感地带》→游戏《热力四射》→放松运动《奶牛歌》。

环节一:入场

时长	50 秒	音乐	名称:《霸王别姬》(节选前奏) 特点:动感、活力,节奏明快
动作 内容	双手胸前抱球,小跑进场		
场地安排 与队形变化			
活动过程	1. 孩子们形成男、女队相间的四列。 2. 跟随音乐双手胸前抱球,小跑步调整好前后左右的间隔距离		

环节二　器械操

时长	3 分 50 秒	音乐	名称:《球操》 特点:节奏动感、活泼
动作 内容	上肢运动、下蹲运动、体转运动、腹背运动、全身运动、跳跃运动		
场地安 排与队 形变化	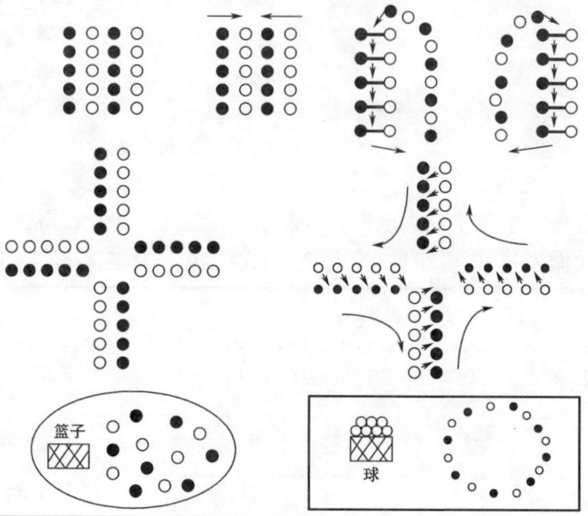		

环节二(续)

活动过程	1. 早操每节动作是8/8拍。孩子们按照上肢、下蹲、体转、腹背、全身、跳跃的顺序随教师做器械操动作。 2. 预备姿势:双手抱球于胸前,同时按音乐节奏左右摆胯。 3. 上肢运动:双脚分立,与肩同宽,双手抱球于胸前,做前平举、上举、前平举、还原预备姿势。每个动作2拍。 4. 下蹲运动:1~2拍,双脚直立,双手抱球向前平举;3~4拍,右手叉腰,左手抱球于腰间,同时身体屈膝;5~6拍,双手抱球向前平举;7~8拍还原预备姿势。第2个8拍和第4个8拍反方向做动作。 5. 体转运动:1~2拍,双脚分立与肩同宽,双手抱球前平举;3~4拍,身体向左转,眼看左方;5~6拍,身体还原成前平举;7~8拍,还原预备姿势。第2个8拍和第4个8拍反方向做动作。 6. 腹背运动:1~2拍,双脚分立与肩同宽,同时两臂前平举;3~4拍,弯腰至球接触地面;5~6拍,身体还原成前平举;7~8拍,还原预备姿势。 7. 全身运动:1~2拍,左脚向左上方迈开一步,形成弓箭步,同时双手抱球向左上方平举;3~4拍,单手拍球2次;5~6拍,接球,向左上方平举;7~8拍,还原预备姿势。第2个8拍和第4个8拍反方向做动作。 8. 跳跃运动:1~2拍,双手抱球于胸前,左脚跟点地,还原;3~4拍,向右侧做动作;5~6拍,双手抱球上举,同时原地蹬跳4次。 9. 间奏:第1,2列纵队向右转身,第3,4列纵队向左转身。左右2列纵队同时交换位置后,整理队列,成4列纵队。 10. 第1,2列纵队面对面,单膝跪下,双手抱球与对面的小朋友球碰球,第3,4列纵队合并成1列纵队,进行越球(障碍)跳,一轮过后换第1队和第2队越球跳。 11. 队列整理:孩子们双手抱球,教师带队,全级走成十字队形。听音乐做摆胯、向上举球的动作,同时跳跃4次。 12. 以班为单位,各班合并1队,进行跑圈带球、自主探索玩球(一物多玩)。 13. 听音乐有序地收球后,孩子们以男、女相间的队列跑成一个大圆圈

环节三 歌曲表演

时长	2分40秒	音乐	名称:《动感地带》 特点:节奏强劲,充满活力
动作内容	1. 原地拍球,原地自转拍球。要求单手拍球,球的位置接近膝盖的高度。 2. 单脚跪下侧身拍球。 3. 双腿打开坐下拍球。 4. 抱球侧身跑		
场地安排与队形变化	— — — — — —　　 — — —｜— — —		

环节三（续）

活动过程	1. 孩子们形成大圆圈队形，进行花样拍球。孩子们原地拍球、自转拍球，要求是控制好球的高度，至少在膝盖以上，胸部以下。 2. 孩子们跟着教师带球前进、后退。 3. 跟随音乐带球走，变换队形，成男、女相间的两列纵队，边拍球边调整好左右、前后距离。 花样拍球： · 单脚跪下侧身拍球，中间换一次方向。 · 坐下，双腿打开，于两腿间进行双手交换拍球。 · 男孩盘脚，双手交换拍球，女孩跟随音乐单手带球绕男孩一圈，回到位置上成四列纵队，全体起立，原地单手拍球

环节四　游戏

时长	1分40秒	音乐	名称：《热力四射》 特点：节奏明快
动作内容	抛接球。要求孩子们两人距离不少于1 m		
活动器械	篮球		
场地安排与队形变化			
活动过程	1. 男、女两队相间成四列纵队，两两面对面，做抛接球的动作。 2. 两两面对面双脚打开，做相互滚接球的动作。 3. 跟随音乐全体起立，男孩原地不动，女孩依次插入男孩队列中，变成男女混合的两列纵队。 4. 两列纵队由队首带领，放好篮球后，两队孩子分别往两侧后方跑，手拉手形成圆圈，踏步，调整圆圈后蹲下		

环节五　放松运动

时长	1分20秒	音乐	名称：《奶牛歌》 特点：诙谐幽默，可爱，充满童趣
动作内容	踏步、手拉手围成圆圈、扭臀，模仿奶牛的动作		

环节五（续）

场地安排与队形变化	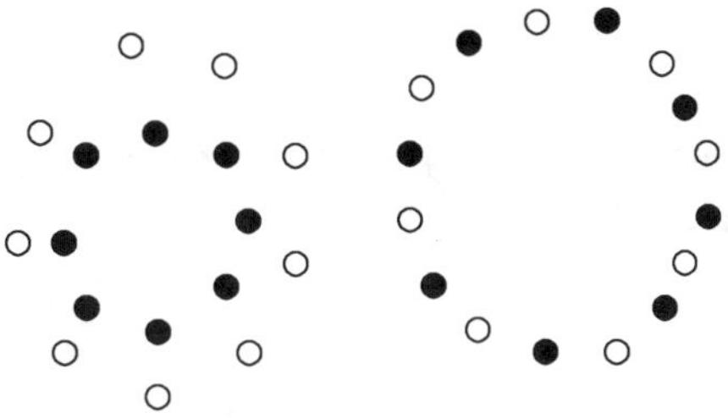 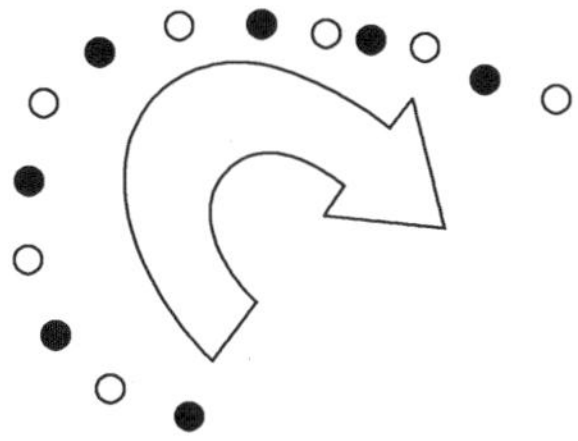
活动过程	1. 前奏部分:孩子们单膝下跪,双手做牛角状,听到音乐"牛叫声"之后"拱角"站立。 2. 听音乐 2×8 拍,女孩出列与男孩面对面,调整好距离位置。 3. 1～2 拍,双手做牛角状,向前点脚跟;3～4 拍左脚收回;5～8 拍反方向做动作。一共做 3×8 拍,最后 1 个 8 拍做扭臀动作。 4. 间奏:孩子们"牛角"两两互顶。 5. 跟随音乐,1 个 8 拍往圆心前进,1 个 8 拍退回圆上,前进、后退动作各做 2 个,一共 4×8 拍。 6. 自间奏处起重复做动作一遍。 7. 跟随音乐,孩子们排成一队,踏步退场

2. 奔跑吧孩子

（1）主题目标

①使孩子们以积极向上的精神状态参与活动,感受体育运动带来的快乐。

②孩子们能够按音乐的节奏熟练地、协调地完成早操中的各个动作。

③让孩子们随音乐进行简单地踏步,四个方位转向,变换队形,训练孩子们的方位感。

④让孩子们大胆参与表演、游戏,体验集体游戏的快乐。

⑤让孩子们做好器械的摆放和整理工作,具有班集体意识。

（2）基本环节

入场《奔跑吧》→沙锤操《我们必胜》→歌曲表演《超级英雄》→游戏《你我是一家》→放松运动《兄弟之歌》。

环节一　入场

时长	1 分 02 秒	音乐	名称:《奔跑吧》 特点:欢快、奔放
动作 内容	手握拉力器上举、跑步拉开距离—握拉力器于胸前、踏步—踏步、前平举—踏步、上举— 踏步、握拉力器于胸前		
场地安 排与队 形变化	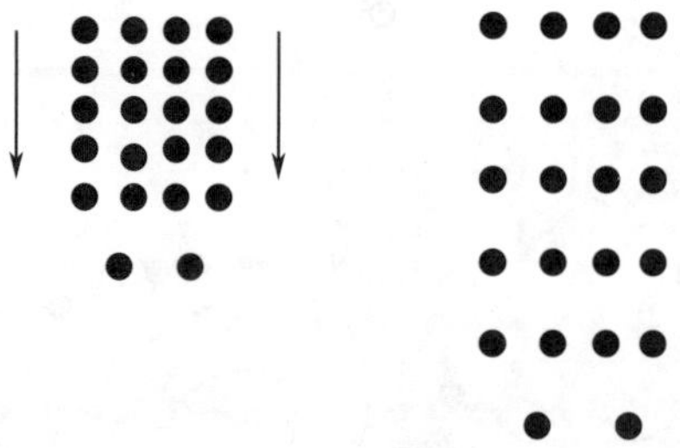		
活动过程	1.孩子们手持自制拉力器成四列纵队站立,跟随音乐手握拉力器上举、跑步拉开距离。 2.整理队列后,做上举拉力器,原地跳两下—向前抖两下—上举,原地跳两下—握拉力器 于胸前(反复两次)		

环节二　沙锤操

时长	3 分 38 秒	音乐	名称:《我们必胜》 特点:节奏鲜明,阳光向上
动作 内容	上肢运动、伸展运动、下蹲运动、体侧运动、跳跃运动		
活动器械	孩子们自制拉力器		
场地安 排与队 形变化	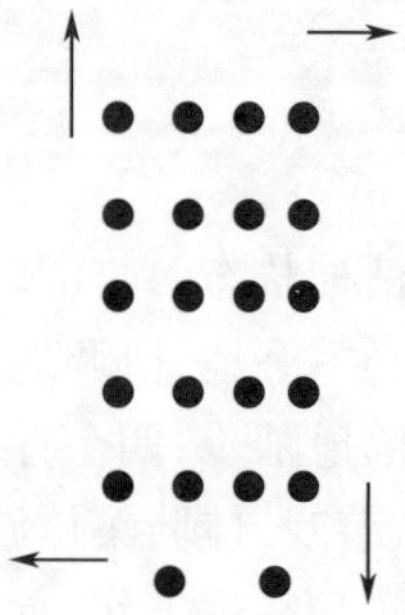		
活动过程	1.操节每节 4 个 8 拍(4×8 拍音乐),孩子们按照上肢、伸展、下蹲、体侧、跳跃的次序随教 师做拉力器操动作。 2.间奏部分,孩子们进行四个方向转动。 3.重复拉力器操一遍		

环节三　歌曲表演

时长	1 分 45 秒	音乐	名称:《超级英雄》 特点:动感、强劲有力
动作 内容	进退步交替,拍手打节奏,两两对跳、手牵手互换位置		
场地安排与队形变化			
活动过程	1.孩子们成四列纵队,随音乐进行表演,上肢做举手、拍手动作,下肢做进退步 2 次,甩手跨步 3 次。(8 个 8 拍) 2.间奏部分,孩子们随教师跑成圆圈,女生出列,与男生相对,成双圆队形。 3.随音乐进行集体舞表演(动作重复四列纵队的动作)。间奏部分,两两手牵手互换位置,重复前面的动作一遍		

环节四　游戏

时长	2 分 40 秒	音乐	名称:《你我是一家》 特点:动感,充满活力
动作 内容	带球跑、带球走、坐下拍球、抱球跑		
活动器械	皮球		
场地安排与队形变化			
活动过程	1.孩子们随音乐抱球跑成一列纵队,拉开前后距离,定位后原地拍球。 2.随音乐变化,双腿分开、坐下拍球。 3.带球跑直线。 4.抱球跑成圆圈,孩子们自由玩球(探索一物多玩)		

环节五　放松运动

时长	1分5秒	音乐	名称:《兄弟之歌》 特点:轻松
动作 内容	轻松地左右摆动身体,手牵手踏步向前走		
场地安 排与队 形变化	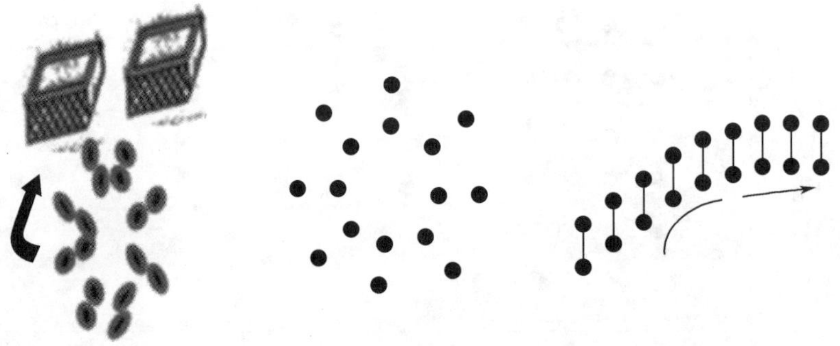		
活动过程	1.音乐开始,孩子们各自将球放回球框里,然后两两自由组合牵手,跟着教师走成一个同心圆,然后原地轻轻摆动自己的身体。 2.间奏部分,孩子们两两牵手,听指挥排队并走向操场各个区域。 3.音乐结束,孩子们自由活动		

（三）大班级主题早操

1. 棒棒棒

（1）主题目标

①引导孩子们学习棒操,做到跟上节奏,动作有力。

②培养孩子们动作的敏捷性和协调能力。

③让孩子们自觉做好器械的摆放和整理工作,培养孩子们的团队意识。

④使孩子们乐于参加早操活动,从中获得体验。

（2）基本环节

入场《英歌舞》→器械操《霸王别姬》→球操《棒棒糖》→游戏《赛龙舟》→放松运动《快乐的一刻》。

环节一　入场

时长	1分20秒	音乐	名称:《英歌舞》 特点:天真、可爱、富有童趣
动作 内容	举棒、敲棒、挥棒动作		

环节一(续)

场地安排与队形变化	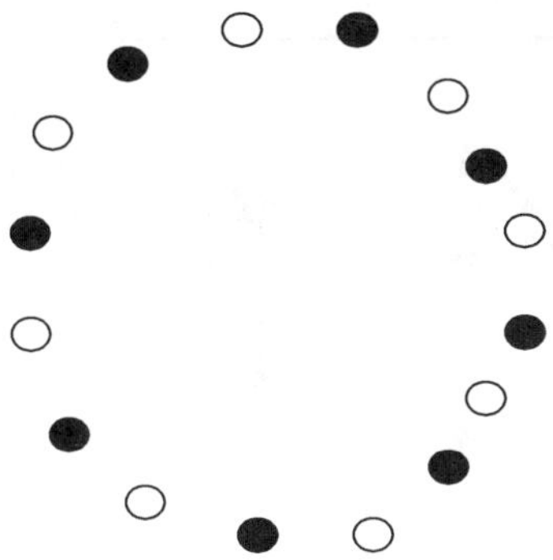
活动过程	孩子们成圆圈站立,双手握棍棒于胸前,随音乐做举棒、敲棒、挥棒动作

环节二　器械操

时长	4 分 55 秒	音乐	名称:《霸王别姬》节选 特点:音乐节奏感强
动作内容	上肢运动、体侧运动、腹背运动、跳跃运动		
活动器械	棍棒		
场地安排与队形变化	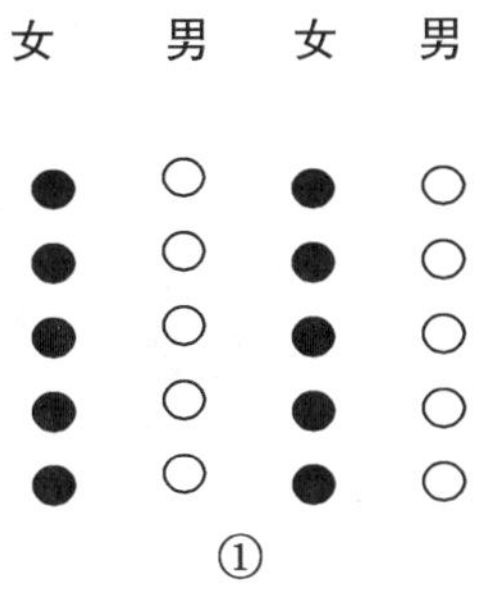原位做棍棒操 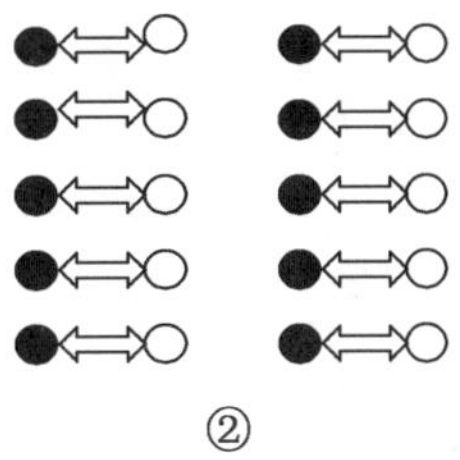男孩女孩交换位置		

环节二（续1）

场地安排与队形变化	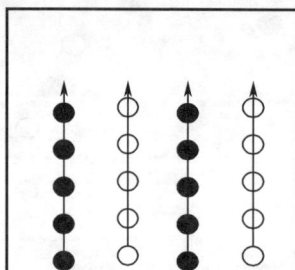 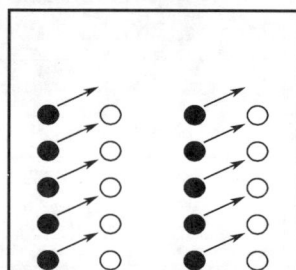 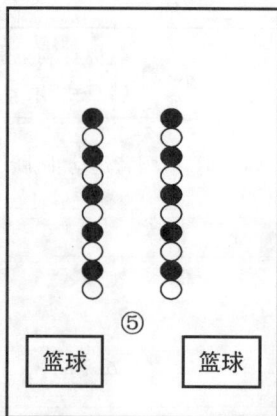 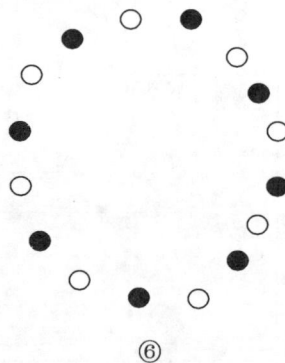

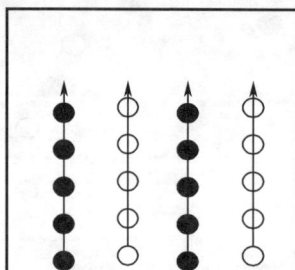

③

跳过障碍物，还原一纵队

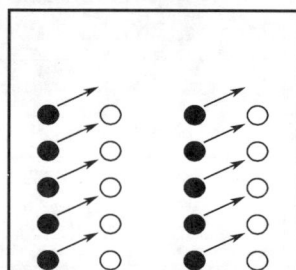

④

女孩穿插进男孩的队列中，四队变两队

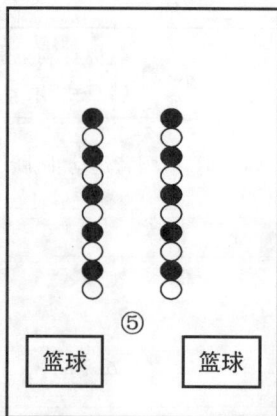

⑤

篮球　　篮球

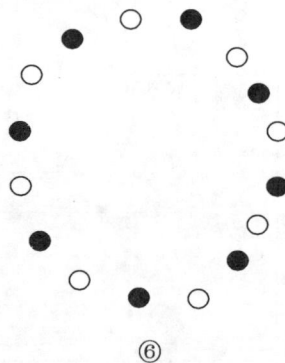

⑥

活动过程

1. 间奏部分，孩子们按男、女队列相间成四列纵队。

2. 上肢运动：孩子们手握棍棒于胸前站立，1~2拍扎马步，手握棍棒向前平举；3~4拍向上举；5~6拍向前平举；7~8拍还原成站立姿势。连续4个8拍。

3. 体侧运动：1~2拍左脚向左迈开一步，与肩同宽，手握棍棒向前平举；3~4拍体转90°；5~6拍向前平举；7~8拍还原成站立姿势。第2、第4个8拍方向相反，连续4个8拍。

4. 腹背运动：1~2拍踮脚跳，打开双脚，双手握棍棒上举；3~4拍体前屈，要求双腿直立，棍棒接触地面；5~6拍前平举；7~8拍还原成站立姿势，连续2个8拍。

5. 跳跃运动：1~2拍跳跃打开双脚，同时手握棍棒上举；3~4拍跳跃双脚并拢，同时手握棍棒于胸前；5~8拍同上。连续做2个8拍。

6. 间奏部分：手握棍棒向前平举，男女队交叉变换位置。反复一次回原位。

7. 再次跟着音乐做棍棒操。

8. 棍棒放下于体前方，成四列梯格状。孩子们双腿并拢，依次向前逐格跳过棍棒。反复两轮

环节二（续2）

活动过程	9. 孩子们手握棍棒于胸前,男孩原地踏步,女孩依次插入男孩队列中,成两列男女混合纵队,准备换器材。 10. 两列纵队有序地放棍棒、拿球。孩子们双手抱球,往两侧跑跳成圆圈,调整好间距,集体拍球、玩球

环节三　歌曲表演

时长	2 分 30 秒	音乐	名称:《棒棒糖》 特点:和谐、轻快
动作内容	与同伴共舞、对跳		
场地安排与队形变化	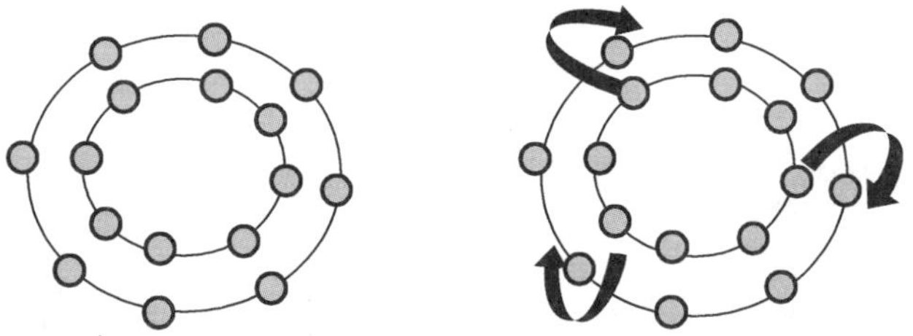		
活动过程	1. 前奏:女孩出列,与男孩相对,同时拍手踏步。 2. 随第一乐段进行舞蹈。 3. 间奏:拍手踏步,同时男孩、女孩互换位置。 4. 随第二乐段进行舞蹈		

环节四　游戏

时长	1 分 30 秒	音乐	名称:《赛龙舟》 特点:热闹、活跃
动作内容	模仿划龙舟、赛龙舟、跳格子		
活动器械	梯子		
场地安排与队形变化	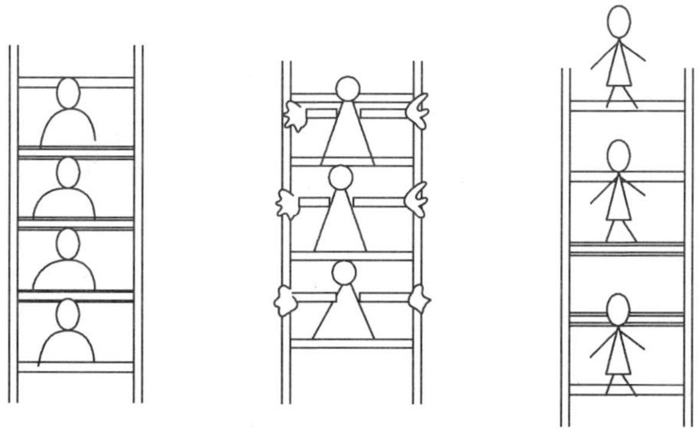		

环节四（续）

活动过程	1. 前奏:孩子们列队坐进梯格中模仿划龙舟。（要求动作整齐） 2. 第一乐段,孩子们站在各梯格中,双手扶起梯子,整队同时向前跑,比赛哪组跑得快。 3. 第二乐段,孩子们将梯子放下,集体按梯格往前跳。一轮后成四列纵队站于梯子两侧

环节五　放松运动

时长	1 分 30 秒	音乐	名称:《快乐的一刻》 特点:轻松
动作 内容	拍手、转手腕		
场地安 排与队 形变化			
活动过程	1. 随音乐踏步变换队形,成圆圈,双手于胸前拍手两次,双手上举转手腕两次。 2. 反复进行数次,并随音乐边做动作边退场		

2. 动感呼啦圈

（1）主题目标

①使孩子们能按音乐节奏完成操节动作及集体舞动作,动作到位、有力。

②使孩子们能整齐有序、快速地进行队列变换。

③让孩子们能快速整理好器械,具有协作意识。

④使孩子们能愉快地参与早操活动,能与同伴愉快地进行集体舞表演。

（2）基本环节

入场（四列纵队踏步）→器械操（动感呼啦圈）→游戏"呼啦圈的一物多玩"→歌曲表演《爱我你就抱抱我》→放松运动"小小司机"。

环节一　入场

时长	40 秒	音乐	名称:《当哈利遇上 Honey》 特点:节奏感强,乐段分段明显
动作 内容	四列纵队按节奏踏步,屈膝,向前压呼啦圈		

环节一（续）

场地安排与队形变化	
活动过程	手握呼啦圈于胸前,四列纵队边踏步边向前拉开间距,1~4拍踏步,5~8拍屈膝,呼啦圈向前压两次,反复4个8拍

环节二　器械操

时长	4分45秒	音乐	名称:《当哈利遇上Honey》 特点:节奏感强,乐段分段明显
动作内容	上肢运动、体侧运动、腹背运动、跳跃运动、全身运动		
活动器械	呼啦圈		
场地安排与队形变化	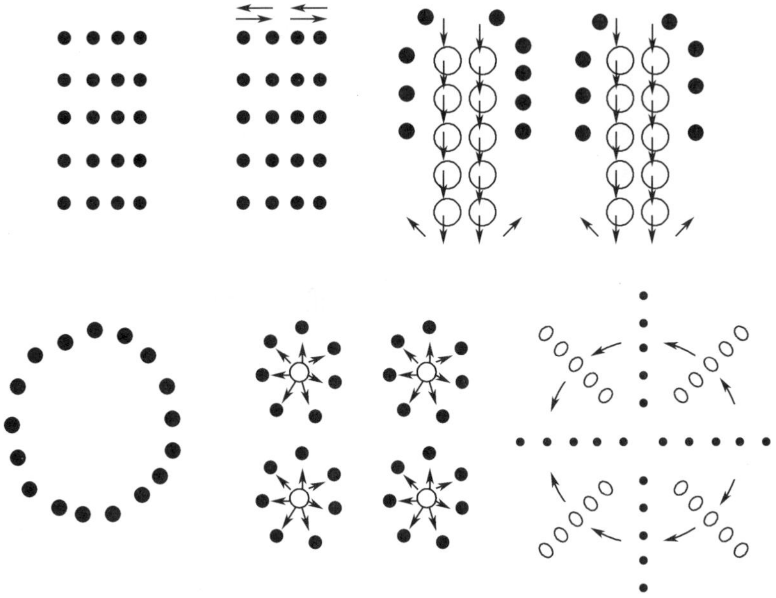		
活动过程	1. 前3分15秒做呼啦圈操,后1分30秒进行队形变换。 2. 上肢运动:1~4拍双手握呼啦圈向前平伸;5~8拍上举,并随节奏扭腰。第2个8拍同上		

环节二（续）

活动过程	3. 体侧运动：1~2拍左脚跟往左边点地，身体往左边倾斜，呼啦圈往左边拉至手平伸；3~4拍收回；5~8拍反方向同1~4拍。 4. 腹背运动：双手上举呼啦圈，按顺时针和逆时针方向各转一个大圈，每圈1个8拍完成。 5. 跳跃运动：左右脚轮流踏跳，抬高的一边大腿碰到呼啦圈，1个8拍完成。 6. 全身运动：呼啦圈从头上套入，并按节奏扭动整个身体，1个8拍随呼啦圈往下扭，1个8拍随呼啦圈往上扭。 7. 放松运动：1个8拍踏步，第1排和第2排交换位置，第3排和第4排交换位置。重复做操一遍。 8. 间奏处每两列纵队面对面让呼啦圈拼成两列，集体按队列跳圈一轮。1个8拍回原位整理，再完整重复呼啦圈操一遍。 9. 队列变换：4个8拍变成大圆圈；2个8拍变成4个小圆圈，并做2个8拍的合拢、散开动作；2个8拍变成十字交叉队形，并做4个8拍的米字队列和十字队列的转换；最后恢复大圆圈

环节三　游戏

时长	2分50秒	音乐	名称：《当哈利遇上Honey》 特点：节奏感强，乐段分段明显
动作内容	腰部转呼啦圈、自主玩呼啦圈		
活动器械	呼啦圈		
场地安排与队形变化			
活动过程	1. 随音乐乐段，前1分钟孩子们自主散开做腰部转圈动作。 2. 中间1分钟为自主探索一物多玩游戏时间。 3. 后50秒为整理队列时间		

环节四 歌曲表演

时长	1 分 42 秒	音乐	名称:《爱我你就抱抱我》 特点:富有童趣,朗朗上口,节奏鲜明
动作 内容	"陪陪我、亲亲我、夸夸我、抱抱我"的模仿动作,"爱、不要、思考"等的模仿动作		
场地安 排与队 形变化	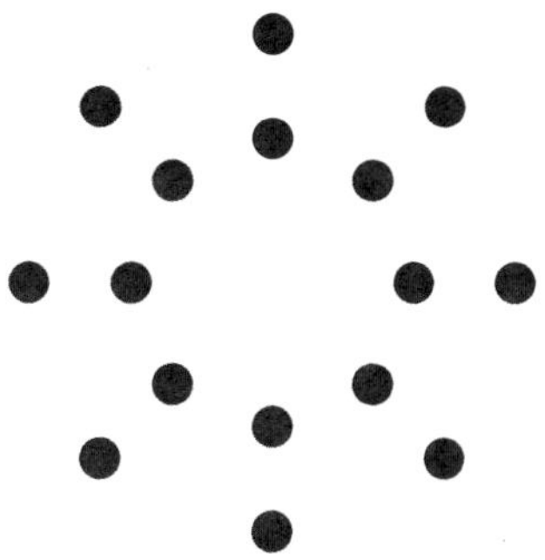		
活动过程	孩子们成两个同心圆,两两面对面舞蹈。根据歌词,前半部分音乐做相应的舞蹈动作,反复一次;后半部分音乐,里圈孩子按顺时针方向,每 4 拍换一个舞伴,做相应的动作,最后结束各做出一个可爱造型		

环节五 放松运动

时长	1 分 40 秒	音乐	名称:《当哈利遇上 Honey》 特点:节奏感强,乐段分段明显
动作 内容	厚地踏步,跟随教师做手臂动作		
场地安 排与队 形变化	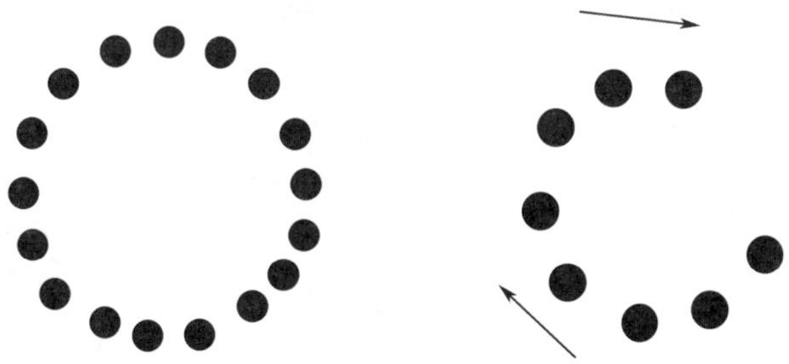		
活动过程	原地踏步,跟随教师做手臂动作 4 个 8 拍,然后全体按顺时针方向转向教师,按队列踏步退场		

第三节　信息技术课题研究提升家园共建课程能力

教师对于课程的驾驭能力直接影响到课程活动的效果和质量。潮州市"十三五"科研课题"智能手机在幼儿园现代化教育教学中的应用"的研究成果应用于当下幼儿园的课程活动中,能有效促进教师课程驾驭能力的提升。将研究成果应用于家园共育活动中,能激发家长参与幼儿园课程的积极性,快速提高教师的工作效率,有效地为教师减负。

一、课题研究成果提升教师驾驭课程能力

(一)课题研究概况

在幼儿园现代化教育教学中,由于孩子具有形象思维的特点,多媒体一体机的应用已远远不能满足幼儿园多元课程的需要。而智能时代的到来,手机移动端的应用显得更为方便快捷,其移动性、获取资源的广泛性、快速生成的即时性等更能满足幼儿园教师驾驭课程的需要。因此,我园对智能手机在幼儿园现代化教育教学中的应用进行研究。研究过程中,教师们巧妙利用智能手机强大的功能,与幼儿园已有的现代化设备连接,将自己变成了"万能手",研究出一系列智能手机在幼儿园五大领域的教育教学、班级管理、一日活动各环节、保育工作中的应用方法成果。同时,课程的研究及成果的应用也促进了教师专业化成长,转变了教师教育教学理念和思路,激发了教师创新活力,提升了教师多方面的能力,建设了新时代现代化创新型教师队伍。

课题主要人员分工

洪　娜——负责组织课题主要成员学习、研究、申报,讨论制定研究的方案并开题,梳理研究资料,撰写结题报告。

刘少玲——行政支持,把握课题的研究方向和目标,指导教师的课题研究及实践工作。

杨晓虹——负责组织全园实验班教师开展课题实践研究,指导教师反思总结,推广优质现代化教育教学方法。

王丽贤——负责在实践中引领新的现代化教育教学理念和方法,示范优质课。

林佩钿——负责搜集有关学习和研究的资料,并整理归档。

洪桂娜——负责在一线教学中实践并及时反馈研究情况。

智能手机应用推广

推广手机妙用方法

交流完善
细心指导
总结经验
用手机生成各种教育教学资源
积极应用于教育教学中
组群分享

"

教师集中研讨
手机中智慧树的有效运用

Nice

"

(二)课题成果内容

　　课题利用智能手机移动性、获取资源的广泛性、活动生成的即时性等几大优势所研究的应用方法成果,能让小小智能手机在幼儿园教师的手中发挥巨大的作用,辅助教师轻松组织孩子们开展更有趣、开放、高效、多元、立体、高质的课程探索活动,迅速提高工作质量和效率,有效提升教师驾驭课程的能力。

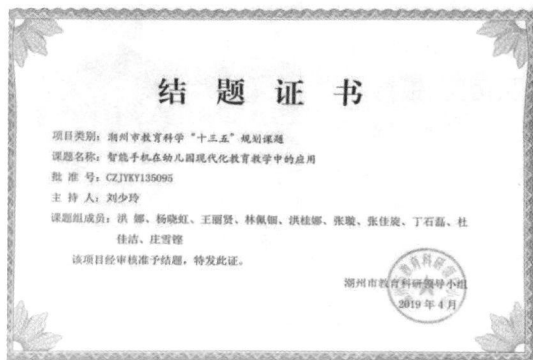

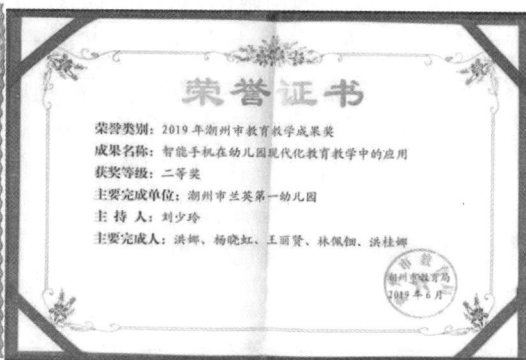

1.网络搜索法

网络搜索法是通过百度、小程序、学习网站等端口输入文字、语音、图片、照片、链接等方式进行资料搜索,可以快速、及时获取海量信息资料加以参考利用,特别是搜索到的图片和视频直观、丰富、生动,更符合孩子们的年龄特点,是师生课程探索活动中最常用的方法。

2. 直播互动法

直播互动法是利用微信、腾讯会议、QQ 的视频通话功能进行直播互动，开展活动。教师可以帮助孩子们将探索环境无限拓展到各个现场，如家长工作单位、邮局、消防局、医院、银行等，让孩子们身临其境，与家长、志愿者直观、形象、亲密地沟通互动；也可以直播家长分享在各个网络平台上的相关资源，如野外郊游、公益活动、亲友聚餐、社区活动等。其教学质量和效果极佳，远胜传统图片及课件教学模式。

3. App 辅助法

App 辅助法进入幼儿园、服务于教学必将成为一种趋势。每一个 App 都是宝藏，其内容丰富、使用方便、功能强大、充满趣味，能辅助教师开辟创新教育教学模式。如今，幼儿园五大领域里都有非常优质的 App 应用，如语言的"儿歌多多""宝宝识字"；数学的"小天才""西游数学"；艺术的"乐器""涂鸦"；科学的"魔力百科""实验达人"等，都是多元的教学软件，在突破学科重点、难点、吸引孩子们的兴趣和注意力等方面具有独特的优势，是幼儿园教师必不可少的信息技术应用工具。

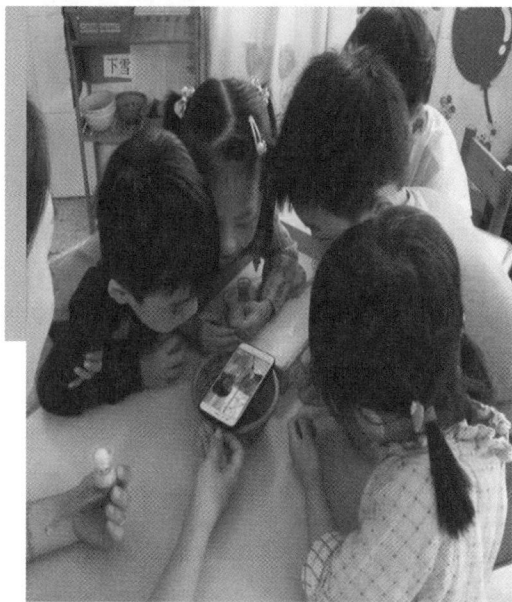

4. 随机生成资源法

随机生成资源法是采用拍照、录视频、录音、下载等方式随时随地获取素材,通过各种剪辑软件生成原创教学微课、PPT、推文、美编等。这种方法的应用不仅高效,极具园本、班本性,更适用于当前各幼儿园课程改革的需要,而且所生成的教育教学资源可以共享,大大提高学前教育教学资源的质量。

5. 扫码法

扫码法的应用是将幼儿园里比较大的信息内容,如特色课程、孩子们的作品以及其他教学资源等信息生成二维码,通过直接扫码或二维码转发,读取图文、音频、视频、链接等立体信息的方法。此方法广泛应用于幼儿园作品展示、成果推广、信息共享、家园共育等,高效解决了幼儿园教师海量信息储存、分享的问题。

（三）课题研究成果提升教师驾驭课程能力

教师驾驭课程的能力包括生成课程的能力、创设活动情景的能力、组织实施课程的能力等。而能力需要现代化技术以及方法的支撑，所以"智能手机在幼儿园现代化教育教学中的应用"的课题研究成果能快速提升教师驾驭课程的能力。

1. 应用手机 App 辅助法和随机生成资源法提升教师生成课程的能力

幼儿园的生成课程是指教师根据孩子们的兴趣和需要，围绕一定的教育目标，通过师生互动不断计划、调整、学习的动态的课程。生成课程具有互动性、真实性、过程性的特点。那么，应如何提升教师生成课程的能力呢？

（1）应用手机 App 辅助法提升教师生成课程的能力

手机 App 已成为我们随处可见、随时会用到的信息技术。在信息化社会大环境下，幼儿园的孩子们也和手机 App 的距离越来越近。手机 App 中蕴含的教育教学资源贴近孩子们的生活实际，其内容丰富、直观、形象，能够激发孩子们探索的兴趣。只要教师巧妙应用，便能够开辟幼儿园教育教学模式的新天地，轻松、快速、高效地提升教师生成课程的能力。例如，具有潮州地方特色的"红桃粿"手机 App，它包括直播、点播、搜索、搜食、图文等板块，其中《潮州新闻》《民生直播室》《老震说吧》《天天好生活》《牌坊街的故事》《广电生活营》等栏目整合了孩子们探索主题活动"家乡潮州"所需要的各种资源。只要将"红桃粿"App安装在手机、IPad或多媒体上，孩子们便能围绕主题自主地进行个体或小组的探索。点开"红桃粿"App里的"搜食"，潮州牛肉果条、凤凰浮豆腐、尖米丸、咸水粿……各种各样的潮州小吃琳琅满目，品种、特点、制作方法样样齐全；点开"直播"就能看到很多精彩节目的回放，如2018年潮州元宵音乐会、一江两岸的璀璨夜景等，这些都是孩子们喜闻乐见、非常感兴趣的话题。这一个接一个的话题便是宝贵的课程探究内容，只要教师巧妙运用手机App辅助法，便可以根据孩子们探索的需求，省时、省力、高效地寻找到有关本土文化的生成课程内容，满足孩子们关于潮州主题课程的探索活动。

我们还能利用"科学达人""小博士""百科全书""十万个为什么"等手机 App 与孩子们一起探索种子发芽、光和影子、空气在哪里、垃圾分类等科学活动;利用"宝宝唐诗""每天小故事""快乐阅读"等手机 App 与孩子们一起开启语言活动之旅;利用"快乐童声""KTV""画一画""百变乐器"等手机 App 与孩子们一起走进艺术的世界……孩子们在丰富的手机 App 自主探索中所激发的讨论点、矛盾点和突发事件,都是我们生成课程的宝贵资源。手机 App 辅助法打破了传统的课程资源观,整合好的资源就在我们身边,就在我们手上满屏的 App 里,只要我们教师巧妙利用好手机 App 辅助法,深度挖掘,便能提升生成课程的能力。

(2)应用随机生成资源法提升教师生成课程的能力

孩子的思维是形象的,他们对于抽象的知识或是抽象的概念往往不易理解,而利用随机生成资源法能摆脱这种困扰。随机生成资源法能巧妙地解决教学难点,把抽象变为形象,化虚为实,把原本较为生疏、难以理解,或突发的教学内容随机快速生成图文并茂、生动形象、具体可观的教学资源。

随机生成资源法常用的剪辑软件和短视频平台有剪映、小影、VUE、美篇、抖音、美拍等。只要巧妙应用,便能随机快速生成海量教育教学资源,满足教师与孩子们实施生成课程的需要。

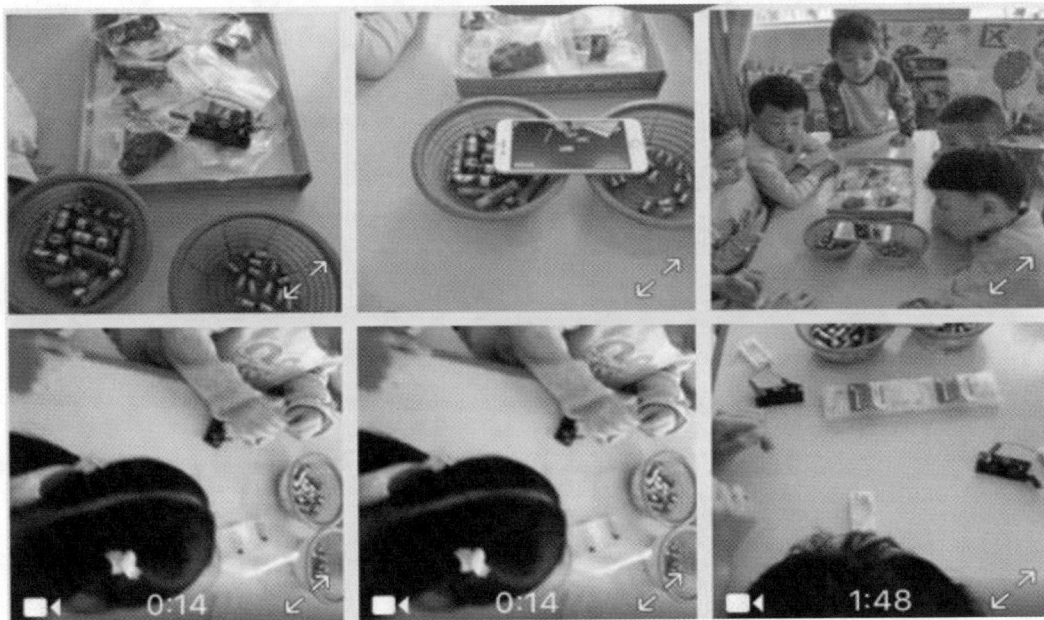

如中班科学活动——探索蚕的生长过程,教师利用智能手机,与孩子们一起拍摄、记录蚕宝宝生长的过程,从卵、蚕蚁、变白、蜕皮,到成为幼虫,吐丝、结茧、茧中蜕皮、蛹、蚕蛾,最后破茧而出……通过"小影记"App 里的剪辑和特效功能,便能快速生成直观、形象的课程内容,帮助孩子们梳理蚕宝宝的生长过程。又如在生成课程中孩子们原本是探索太阳光的,突然兴趣转移,话题变成了"各种各样的云"。孩子们兴奋地嚷嚷:"我看过红色的云彩。""我见过棉花糖云朵。""我老家的云朵有好多颜色。"等等。于是教师动员孩子们收集自己见过的云朵,将随机生成资源法分享给家长,让家长和孩子将一起收集来的照片和视频资料生成教学资源。家长们非常厉害,直接分享了精美的短视频,直观地记录了家长与孩子一起观察云朵的过程,而且不同的观察视角具有不同的呈现,特别新颖,孩子们兴奋不已。将随机生成资源法迁移到亲子活动,教师省时省力,又达到特别好的探索效果。解放教师的同时,又提升了教师生成课程的能力。

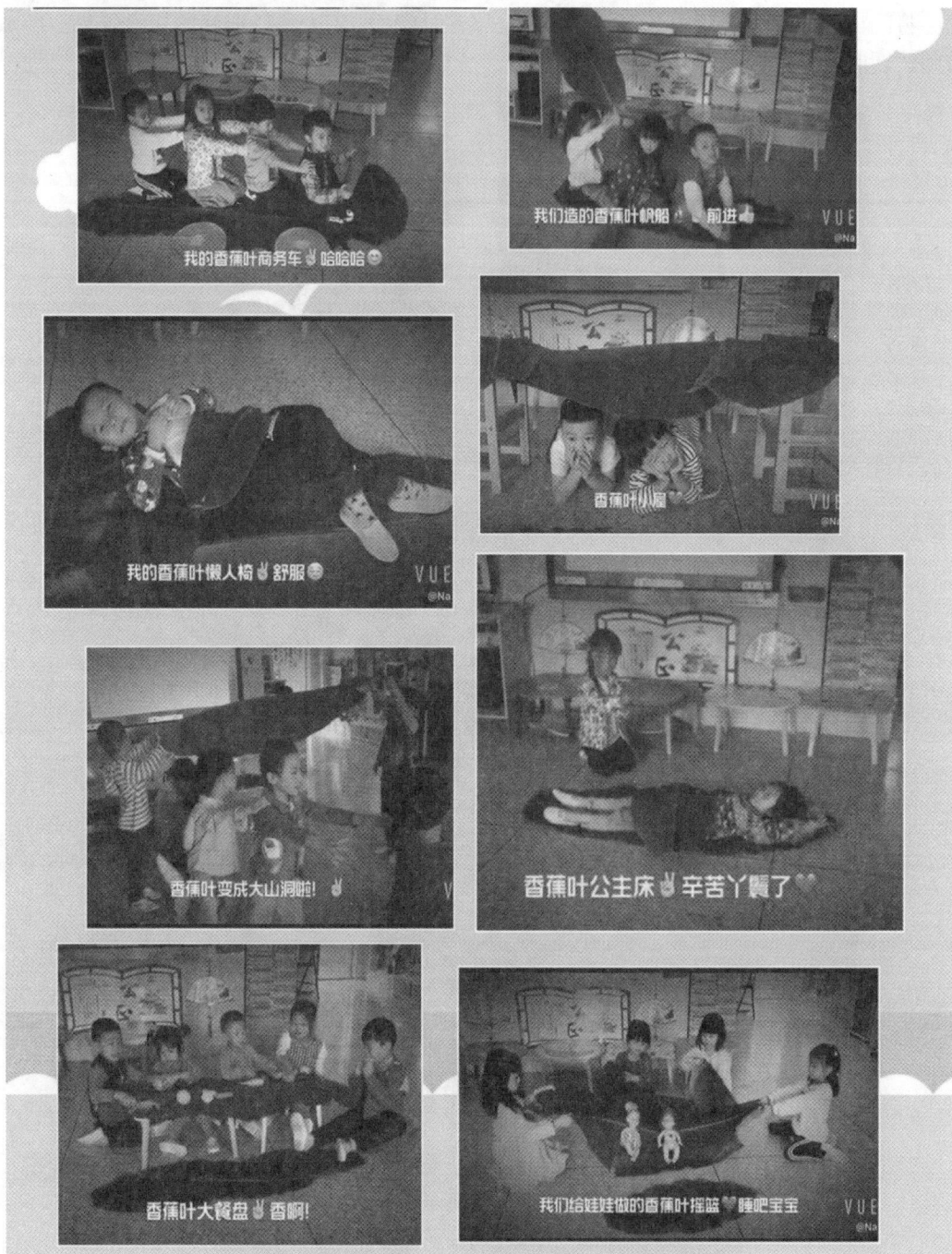

我的香蕉叶商务车✌哈哈哈😄

我们造的香蕉叶帆船✌前进

我的香蕉叶懒人椅✌舒服😄

香蕉叶小屋

香蕉叶变成大山洞啦！✌

香蕉叶公主床✌辛苦丫鬟了💗

香蕉叶大餐盘✌香啊！

我们给娃娃做的香蕉叶摇篮💗睡吧宝宝

2. 应用直播互动法和 App 辅助法提升教师创设活动情景的能力

（1）巧妙应用直播互动法提升教师创设活动情景的能力

直播互动法不仅能使教育教学过程充满童心、童趣，营造动态情境，培养孩子们的兴趣，而且能渲染课堂气氛、活跃孩子们的思维、激发孩子们的表现欲望。例如，在"忙碌的大人"的生成课程中，孩子们对身边大人所从事的工作进行探索，但发现孩子们收集来的信息很单调，而且受各个家庭成员工作范围的限制，孩子们的认知很局限。于是教师巧妙应用"直播互动法"连线各行各业的家长们进行直播。第一个连线的是轩亿的妈妈，因为他说妈妈出差了,但不知道妈妈在忙什么。我们将手机投屏到多媒体,让每一个孩子都能清晰看到画面,然后激动地点开了亿轩妈妈的电话视频。接通的一瞬间,孩子们欢呼雀跃,大喊:"阿姨! 阿姨!"原来亿轩妈妈正在中国进出口商品交易会(简称"广交会")现场,于是她摇身一变成了网络主播,为孩子们直播广交会现场。之后又连线了在菜市场卖海鲜的齐齐爸爸、在公司上班的丽丽妈妈、在银行工作的比比爸爸、在家里照顾弟弟的妈妈、在准备晚餐的奶奶、在修剪盆栽的爷爷……每一次连线都充满惊喜,孩子们激动不已,探索的热情一路升温。通过连线视频直播让每一位大人忙碌的情景生动地展现在孩子们面前,十分真实,达到了极好的教育教学效果。所以巧妙应用直播互动法能大大提升教师创设活动情景的能力。

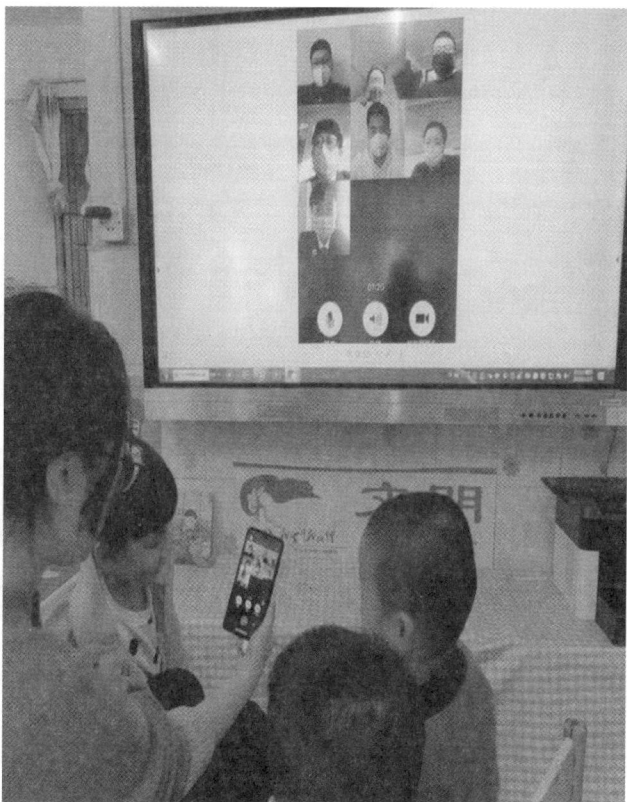

(2)巧妙应用 App 辅助法提升教师创设活动情景的能力

有很多故事和儿歌 App,例如,童话故事、睡前故事、宝宝故事会、凯叔讲故事等。这些不断更新的 App,运用信息技术,可以把文字、动画、声音、意境有机结合起来,通过艳丽的色彩、流动的画面、优美动听的音乐、生动形象的配音以及逼真的音响效果吸引孩子们的注意力,为孩子们创设出主题情景。如大海、草原、宇宙、森林、童画王国等,孩子们犹如身临其境,轻松、自然地参与活动,得到了良好的效果。幸福的孩子们还可以在课间户外的大树下观看故事、在操场上进行餐前准备时欣赏诗歌、在自己的小床上听睡前故事……孩子们不受时间和场地的限制,随时随地利用碎片时间进行活动。利用 App 辅助法创设活动情景,大大提升了教师创设活动情景的能力。

3.综合应用提升组织实施课程的能力

孩子们的知识与经验有限,但思维却很活跃,想象也会让人匪夷所思,因此各种方法的综合应用可以拓展孩子们的想象空间。开展"无墙课堂",可以在更多元的环境中充分激发孩子们的创造力和想象力。例如,大班主题活动"大树朋友"。孩子们对大树充满好奇,于是我们将活动拓展到户外,让孩子们在自主探索中与大树成为朋友,对大树有更进一步的认识。我们围坐在大树下,应用网络搜索法搜索 QQ 音乐 App 播放欢快的音乐,和大树一起唱歌、跳舞、做游戏。应用 App 辅助法,用小程序里的"拍照识物"搜索有关大树的资料,解答孩子们的疑问;用"宝宝故事"App 听《大树的妈妈》故事;用"录音大师"录下孩子们朗读的儿歌,孩子们听到自己甜甜的声音兴奋不已,而且也听出自己发音不够准确,这时,我们再与孩子们一起矫正、练习,语言表达能力得到了提高。应用直播互动法,用微信的视频通话功能连线家长,孩子们在视频直播中身临其境,连线在林业局工作的家长,探索大山里的大树,了解如何保护大树。应用扫码法给幼儿园、社区里的每一棵大树制作二维码身份证。应用随机生成资源法,制作活动小视频、微电影、美篇、抖音、美拍等,生成丰富的课程资源。综合应用各种应用方法不仅活动质量高,而且也提升了教师组织实施课程的能力。

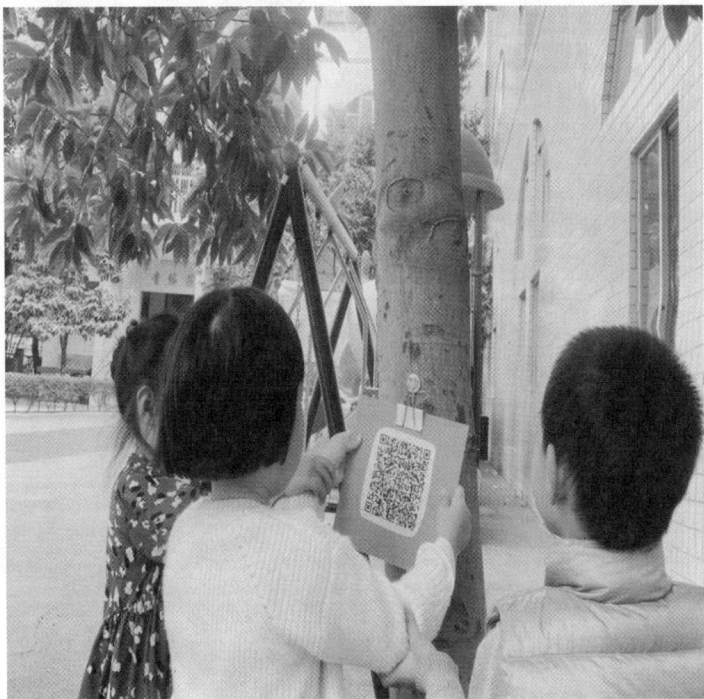

总之,通过不断学习、不断实践、不断研究总结,在幼儿园巧妙、创新应用智能手机辅助功能,能有效提高教育教学质量和效率,提升教师驾驭课程的能力。

二、论智能手机在家园共育中的重要作用

科研课题"智能手机在幼儿园现代化教育教学中的应用"的研究成果应用于幼儿园的课程活动,有效促进了教师驾驭课程能力的提升;广泛应用于家园共育工作,能有效地激发家长参与幼儿园课程建设、配合教师开展教育工作的积极性,快速提高教师的工作效率,有效地为教师减负。

随着科技的发展和 5G 网络时代的到来,作为移动终端之一的智能手机具备强大的功能,也因其便捷性、移动性和智能化而被人们普及使用。以下论述如何运用智能手机系统

工具以及 App 软件密切家园联系、加强家园互动、展示班级和园所风采,有效促进家园共育。

幼儿教育是国家教育体系的重要组成部分。幼儿园教育不仅是让孩子们在幼儿园接受教育,而且需要家园共同教育。由此,在幼儿园教育中,家园共育是一项非常重要的工作,它越来越受到人们的关注和重视。[①] 运用智能手机系统工具、网络社交平台、App 软件可以迅速优化家长工作,有效促进家园共育。

(一)运用智能手机密切家园联系

未使用智能手机之前,家园沟通渠道相对狭窄。家长工作繁忙,与教师接触的机会较少,接送孩子时的短暂面谈是家园沟通当中最常见的方式,而每天接送孩子的老人居多,对一些不能经常来园接送孩子的家长,则要通过电话进行联系沟通,家长没有办法全面地了解孩子在园的一切情况。

使用智能手机之后,教师与家长的沟通不再受时间、空间的限制。教师利用手机的软件功能创建班级互动圈,建立家长微信群,随时随地都可以与家长取得联系。教师还可以利用智能手机快速、清晰地建立家园联系档案、孩子成长档案。如家庭联系表、孩子一日活动记录表,以前需要先整理相关的纸质材料,再到电脑中进行填写、制作,给教师造成较大的工作负担。而借助手机办公软件(WPS Office、Office 办公助手、微信识图传字等)进行扫图、编辑,就能制作、填写各类表格,快捷且不受时间和空间的限制。如制作班级联系表,只需要将家长填好信息的纸质材料,利用手机微信识图传字功能,就能将所有的文字信息扫描,根据需要在 WPS Office 中进行制作。[②]。这样不仅节省了时间,而且有效地防止信息录入时出错。将家长联系表上传至“智慧树”平台,当孩子在园发生紧急情况或出现问题时,通过“智慧树”平台上的“通讯录”就能迅速找到家长的联系方式,与家长取得联系,方便快捷。对于那些工作繁忙的家长,教师可以随时利用电话、微信等与家长取得联系,及时将孩子的情况告知家长,进而取得家长的配合。而家长也能将孩子在家里的情况通过图片、视频等及时反馈给教师,这样家园合作共同教育孩子,能够取得显著的教育效果。

(二)运用智能手机加强家园互动

1.运用智能手机向家长宣传科学育儿知识

智能手机具有强大的功能和大量的信息,利用智能手机可以及时地向家长宣传科学保育、教育孩子的知识,如“顺应自然,科学养育”“幼儿园小学化的危害”“如何让孩子过一个平安、有意义的假期”等。在节假日以及周末,利用平台向家长发送安全事故案例、假期安全提示等,提醒家长做好孩子假期安全教育工作。家长有任何疑惑或者问题,也可以及时向教师咨询,及时得到解答。

利用“智慧树”中的班级群,教师在下班后、休息日或节假日时组织群讨论,适时给家长提供科学、正确的教育理念和方式。家长只需打开手机就能轻松获得教育资源,这样可以

---

① 何磊,骆丹旦:《利用信息技术促进家园共育的实践研究——以义乌市宾王幼儿园为例》,《中国教育信息化·基础教育》2010 年第 2 期,第 41-43 页。

② 史海莺:《家园共育促进幼儿发展的模式实践和探索》,《读与写:教育教学刊》2015 年第 12 卷第 2 期,第 237 页。

使教育孩子的工作变得简单且科学,为孩子的良好发展开辟新途径。

通过"安全教育平台"手机移动端,将安全通知、安全作业等发送到家长手机上,让家长陪同孩子在家同步完成安全平台上的亲子练习,完成安全调查问卷,迅速丰富家长的安全常识,提高家长对孩子安全的警惕性。

2. 运用智能手机分享时事政治

利用智能手机上的教育公众号,及时地把国家的教育方针、政策分享给家长,如贯彻落实《中共中央国务院关于学前教育深化改革规范发展的若干意见》等。把习近平新时代中国特色社会主义思想和如何为社会主义培养德才兼备的接班人等思想、理念和观点及时地向家长宣传,家长也能及时地评论、点赞,家长与教师之间、家长与家长之间愉快交流,积极互动,使家长群成为传播新思想、传播正能量的阵地。这种功能非常适合现在工作繁忙的孩子家长。很多家长虽然想了解时事政治,但是因为工作繁忙没有时间关注,而利用智能手机公众号之后家长就可以很便捷地了解到时政新闻,深受广大家长的欢迎。

3. 运用智能手机搜集教育资源

幼儿园开展主题教育活动或开展生成课程教学活动时,教师把主要内容、活动准备、活动环节等分享给家长,要求家长参与到主题活动中来。有些家长能够根据课程教学的需要协助教师收集材料,如开展富有潮汕特色的民间体育活动,很多家长能够帮教师找来儿时的体育游戏;有的还主动分享民间亲子游戏;有的还会为主题活动添置新的玩教具,大大丰富了幼儿园教育资源,有力地促进了家园共育工作的开展。

4. 运用智能手机开展课程延伸活动

借助手机的拍照和录像功能,将孩子们一日活动的各个环节以及教师怎样引导孩子们学习、游戏的过程等拍摄下来,分享到"班级圈"或班级群中,让家长及时了解孩子们的学习、生活情况。孩子们的很多活动都需要延伸到家庭中,通过家长的配合,让孩子们在幼儿园里学到的知识、游戏得以巩固。例如,小班孩子的学习活动"快乐整理"。教师要求孩子们把零乱的物品按"图书""电器""针织品""日用品"等进行分类,把零乱的物品整理得整齐有序。通过家长群,教师要求家长和孩子一起整理房间,并把过程拍照或录成视频上传到"班级圈"。家长和孩子把本来懒得整理的房间整理得整整齐齐并纷纷拍照上传,实现了"快乐整理"。各种活动延伸,在家长群引起大家的关注和点赞。一些家长在教师指导下,把孩子的家务劳动、亲子阅读、外出游玩等用"小年糕""小影"做成美篇分享到家长圈,有效地带动其他家长。很多家长养成了每天到"班级圈"打卡的习惯,形成了家长们用心完成教师布置的"作业"的良好氛围,不仅创新了家园共育模式,而且收到了前所未有的良好效果。

(三)运用智能手机展示班级和园所风采

幼儿园每个学期都有很多活动,每个班级都根据自己的实际开展富有个性的班级活动。利用智能手机,及时把孩子们的活动分享给家长,如"我们的集体舞""我班的礼仪小天使""我们种的菜""快乐的自助餐"等。家长们通过教师的分享,了解幼儿园的教育情况和富有童趣、多姿多彩的各项活动,及时掌握孩子们的动态及孩子们的所思所想,丰富了亲子话题。

开学的第一天,孩子们兴高采烈地回到了幼儿园。从晨检、晨间活动、升旗、国旗下的讲话、开学第一课到各班各具特色的活动,我们制成美篇——《开学第一天——快乐出发》分享到幼儿园的家长圈,美篇图文并茂,配上悠扬甜美的童乐,让家长轻松了解我园开学第一天的工作及教师、孩子们良好的精神风貌;"三八"妇女节,我园设计了一系列丰富多彩的活动。小班开展"我爱妈妈"亲子同乐会,邀请妈妈、奶奶参加。在活动中,孩子们给妈妈、奶奶按按摩、唱唱歌、一个暖暖的拥抱,送上自制的小礼品;中班开展"我心中的妈妈"主题活动,邀请妈妈们到园讲述孕育的艰辛与陪伴孩子成长的快乐,教育孩子要懂得感恩;大班开展了"四个一"活动,跟妈妈说一句感恩的话,帮妈妈倒一杯贴心的茶,为妈妈做一件力所能及的事,给妈妈建一个档案。"浓浓的三八情"链接分享,看哭了很多家长。而《添一点绿色,多一分美好》《学做小雷锋》等美篇,展示了孩子们种绿、护绿、宣传环保,到社区做好事,向周围居民发环保节约倡议书等良好的精神风貌。

(四)小结

随着新的教育理念的不断深入与科学技术的不断发展,在家园共育中合理利用智能手机,能加强家园互动,既能有效地激发家长参与幼儿园课程建设和各项活动的积极性,又能展现园所风采,有力地促进家园共育。只要我们不断努力,具有创新精神,深入挖掘和巧妙运用智能手机的各项功能,就一定能高效地做好家园共育工作,不断提升教育质量。

三、课题成果的实践应用

经过科研课题的实践研究,我园在现代化教育教学中,充分发挥智能手机的移动性、获取资源的广泛性、活动生成的即时性等几大优势,让小小的智能手机在幼儿园教师的手中发挥更大的作用,提高了教师工作效率和课程质量,优化了教育教学过程,丰富了孩子们的学习形式,促进了教师的专业成长。

(一)功能室"身份证"

我园应用扫码法、App 辅助法为各个功能室制作了"身份证"二维码。二维码信息量大,连接的是各个网络平台,如美篇、小年糕、VUE、抖音、美拍、快手、哔哩哔哩(bilibili)等App,参观者只要轻轻一扫,视频、图片、音乐、文字等立体信息便呈现眼前。比起传统的标识牌,能够更生动、全面获取信息,有助于"智慧校园"建设。

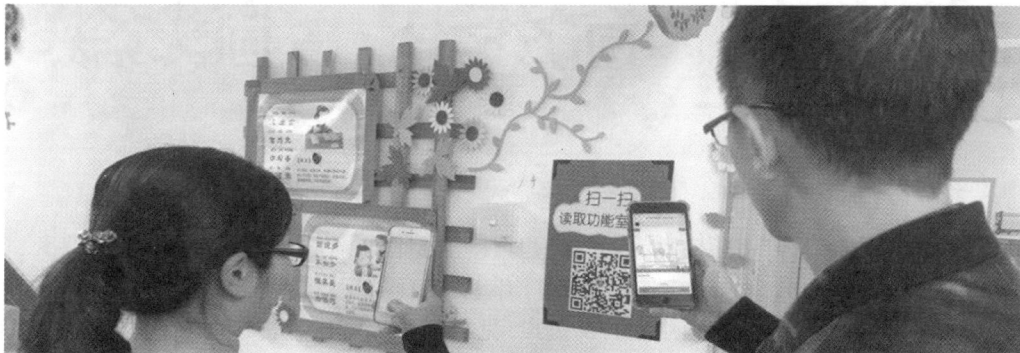

智慧校园

科学实验室

美工室

图书阅览室

多功能厅

建构室

角色游戏区

幼儿餐厅

（二）多元"创意贺卡"

教师、孩子和家长应用随机生成资源法和扫码法制作了各种创意贺卡，如新年贺卡、教师节贺卡、母亲节贺卡、毕业贺卡等。只要打开卡片扫码，不仅能看到制作精美的图案，还能看到爱意满满的短视频，听到甜甜的祝福声，见卡如见人。比起传统的贺卡，更能够传递祝福，表达情感。

(三)动态"活动报道"

教师们巧妙应用 App 辅助法和随机生成资源法快速生成动态的"活动报道"。常用的剪辑软件和短视频平台有剪映、小影、VUE、美篇、抖音、美拍等。

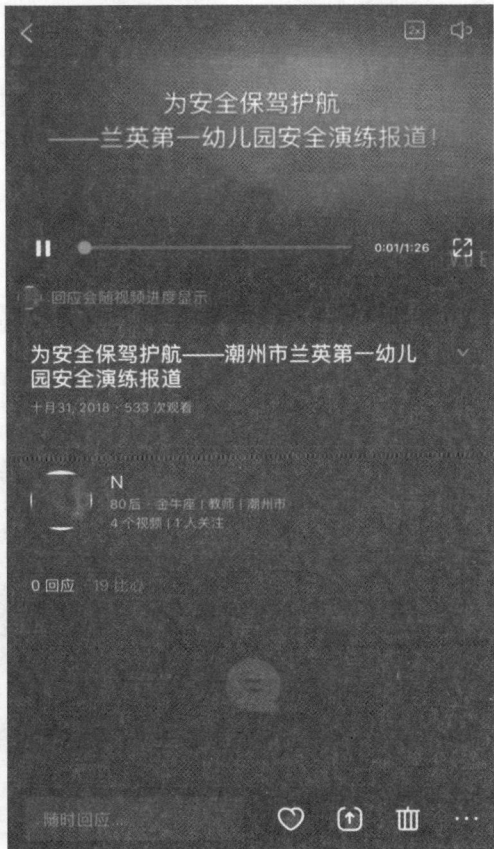

(四)速成"精彩推文"

推文有制作简便、推广范围广、快速传播信息的优点。在开展幼儿园教育教学的过程中,我们常利用推文的形式,快捷、有效地把我们的教育教学资源进行推广和分享,实现教育资源的共享,达到家园共育的效果。

《植树节》

《开学第一课》

《同讲普通话》

《开开心心过双节》

（五）高质"原创 PPT"

PPT 这里指用 Microsoft Office Power Point 制作的幻灯片文件。在网络搜索法、直播互动法、App 辅助法、随机生成资料法、扫码法这 5 种方法中，教师们最常使用的是 PPT 与网络搜索的组合搭配。教师可通过搜索引擎快速获取海量信息与素材，便捷地编辑进 PPT 里，将丰富、生动的课程内容呈现给孩子们。除了网络搜索法，我们在 PPT 制作中还可使用 App 辅助法。现今的幼教市场开发了大量幼教 App，教师可从 App 中挑选出与活动主题相关的资源，直接投放到教学 PPT 上，成为活动中的一个环节，这既能将知识有趣、多元地呈现给孩子们，又让教师省时省力。疫情期间，"线上直播教学"这一特殊模式，也发展成为我们幼儿园疫情之后的一种日常教学形式——直播互动法，即在班里使用一体机，通过腾讯会议、微信等视频通话功能，让孩子与家长、志愿者进行实时沟通互动。直播互动法可根据直播时间的长短灵活安排在 PPT 的引入部分、中间部分或者结尾部分，该形式直观、形象，具有动态性与时效性，是一种较新颖的教学形式。此外，在 PPT 中还可采用随机生成资料法，这与我们倡导的生成课程的理念相契合。教师随时随地用手机记录获取素材，简单编辑后呈现在 PPT 里，与孩子们分享，这一方法将使 PPT 的内容极具灵活性、原创性、班本性，符合幼儿课程改革的大趋势。如果活动内容十分丰富，无法在 PPT 里一一呈现，我们将采用扫码法，将较大的信息内容生成二维码，作为活动延伸呈现在 PPT 的最后，让家长扫码同孩子一起观看。也可将这些二维码分享给其他教师，成为其他教师制作 PPT 的素材，实现资源共享。

大班美术《管道上的想象》　中班美术《粘贴画秋天的树叶》　大班健康《预防新冠肺炎》

小班科学《猜猜我是谁》　中班数学《小动物搬家》　小班社会《幼儿园里的秘密》

小班语言《挨啊挨》　小班科学《秋天的菊花》　大班美术《青花瓷》

（六）实用"原创微课"

微课是信息时代的新产物，它有明确的教学目标、教学策略和教学评价，具有易搜索、易传播的特点，可以实现交互化的传达效果。在信息技术不断推进和发展的过程中，微课自身的优点和特点也会进一步发展和突破。微课从选题、撰写内容到准备素材、制作视频，再到后期编辑和整合的设计制作，都需要用到不同的方法。网络搜索法、App 辅助法和随机生成资源法相结合，使得微课制作不再成为难事。通过手机移动 App 录制微课，可随时随地录制，随时随地进行网络学习，具有省流量、速度快、传播广的特点。

（七）制作案例

1. 中班美术活动"粘贴画——秋天的树叶"

此 PPT 的开头部分采用了随机生成资源法，插入了一个"我们的秋叶雨"视频。该视频是这个班级的孩子们进行"秋叶"主题的体育活动时，教师录下的一个活动视频，成了相同主题的美术活动的引入环节。采用这一方法，可引导孩子们回忆起"秋叶雨"体育活动的愉悦感，增强了孩子们的兴趣，有利于孩子们积累关于秋叶的知识，为此次美术活动的开展做准备。PPT 的中间部分是一个简短的有声绘本《落叶跳舞》。此部分采用了 App 辅助法，教师利用有大量绘本图片且具备配音功能的"飞象绘本"App。搜索绘本《落叶跳舞》，并给绘本的台词配音，加上背景音乐，然后从 App 导出呈现在 PPT 里。该过程简单易操作，呈现给孩子们的效果却是丰富立体的。孩子们一边看着绘本中一个个形态各异、富有生命力的落叶精灵在舞动，一边听着欢快的音乐及台词（教师的配音）的讲解，效果非常好。这种方式给予孩子们无数创作的灵感，激发了孩子们的创作欲望。最后，教师将从百度搜索来的素材进行抠除背景、动画设置等处理，将丰富有趣的秋叶粘贴画内容生动、形象地呈现给孩子们。

2. 中班微课"垃圾分类我知道"

首先，确定好微课的选题后撰写内容。在撰写题材内容的过程中，利用网络搜索法，通过百度、搜狗等搜索引擎对相关内容展开检索，同时还利用微信小程序和相关学习网站等端口，对所要制作的内容进行学习，深化对相关知识的了解，搜索丰富的素材以做好内容的撰写。其次，确定了选题和内容，再利用 App 辅助法制作视频。App 的种类、功能更是丰富多彩，深入生活学习的方方面面。"万彩动画大师"和"万彩手影大师"是两款简单易学的免费动画视频制作软件，操作简单，功能全面，非常适合用来制作微课。打开"万彩动画大师"，新建空白工程，当然，也可以根据需要使用软件提供的模板，直接点击就可以下载使用了。微课中免不了使用文字、图片、人物角色、视频等场景元素，背景对于微课的展现效果也是比较重要的。这些元素的添加很简单，在窗口右侧点击相应类别，选择相应元素插入就可以了。若是找不到满意的模板，可以利用网络搜索法。网络可以提供大量信息资料借以参考，这也是制作视频最常用到的方法。其中还用到随机生成资源法，采用下载等方式获取素材，在新建好的课程中，添加场景元素、动画效果、解说声音和角色，最后生成微课。

3.《家园合力抗疫情》

在制作幼儿园推文《家园合力抗疫情》时，我们综合利用了各种方法。首先，利用了网络搜索法，通过百度、小程序、学习网站等端口，快速、及时地进行搜索、获取与疫情相关的教学资料；同时，结合了随机生成资源法，通过录视频、

下载等方式获取所需教育素材。其次,运用各种剪辑软件(如剪映)对视频进行剪辑,生成所需教学资源。最后,通过美篇 App 对教学资源进行编辑,并在线上进行推广,这样就能更快、更及时报道我们的活动情况。这种方式适用于当前课程改革,大大提升了教育教学质量。

(八)精彩瞬间

1.好玩的"镜像直播"——《我们的教师》《我和我的小伙伴》

2.趣味活动——"和大树做朋友""好玩的香蕉叶"

3.园本培训——《巧用智能手机》《自然物用法》《教师快速折纸训练》

4. 教研活动——"创意纸盘分享会""如何评价儿童画"

第四章 本土特色文化与园本课程构建

第一节 潮汕特色文化简述

潮州是一座有着悠久历史的文化名城,有丰厚的文化积淀,有独特的个性和地方特色。习近平总书记视察潮州时说:"潮汕文化是岭南文化的重要组成部分,是中华文化的重要支脉。潮绣、潮雕、潮塑、潮剧以及工夫茶、潮州菜等都是中华文化的瑰宝,弥足珍贵,实属难得。"

广东潮汕地区包含潮州、汕头、揭阳、汕尾四个地级市以及梅州市的丰顺县,属潮汕文化区和潮汕方言区,是以潮汕民系为主体民系的地区,是潮汕民系的祖籍地与集中地,是潮汕文化的发源地、兴盛地。潮汕地区地处我国东南沿海,东邻漳州,西接惠州,南濒南海,北接梅州、龙岩。生活在这个地区的潮汕人,是汉民族中具有独特文化面貌的一个支系。潮汕人创造的文化被称为"潮汕文化"。

潮汕文化有中外文化兼容的特点,特征是以海洋文化为主。潮州文化既具有鲜明的地域特色,又带有中原文化的某些特点,贯穿于潮州人整个社会生活之中。以潮州工夫茶、潮汕饮食、潮汕商帮文化、潮汕善堂、潮汕祠堂、潮州方言、潮绣、潮剧、潮州音乐、潮州工艺、潮州木雕、潮州大锣鼓、潮汕民居等为代表的潮州文化影响深远,誉播海内外。香港潮人盂兰胜会、潮汕英歌舞、潮汕侨批文化等多项被列为国家非物质文化遗产。

潮汕文化源远流长,内涵丰富,主要有以下特色。

一、潮语讲古与潮州歌册

潮语讲古,是以潮汕方言讲故事,形式与北方评书基本相同,是一种群众性的文娱活动,既有群众自发聚集在一起讲的,也有专门请讲古为业的民间艺人讲。潮汕以前没有像北方一样的专门说书场,故讲古艺人便利用宫庙、公园、广场等人多的公共场所开讲。中华人民共和国成立前,汕头的福合埕、潮州的开元寺、揭阳的城隍庙等地都设有讲古摊,日夜开讲。说书的传统书目多为长篇章回小说,可分为以下四种类型。

1. 长枪袍带书,如《三国演义》《精忠说岳》等。

2. 短打公案书,如《水浒传》《包公案》等。

3. 神怪书,如《西游记》《济公传》等。

4. 谈狐说鬼书,如《聊斋》等。

20世纪30年代的潮州讲古还掺入一些武侠小说,听起来别有一番韵味。而在潮汕农村,群众自发地多聚集在田间、桥上、树下等地,喜欢听"讲古"的大多是男性。潮汕女性则喜欢听"潮汕歌册"。

潮汕歌册是潮汕俗文学中最流行的说唱文学,它是从弹词演变而来的。潮汕歌册由潮汕方言编写,有曲有白,一般曲文多为七字句,四句为一组,押韵以组为单位。比如歌册"狄青会姑":"叫声狄青我的奴,早知也勿来认姑,去作农夫田舍客,也无忧虑也免愁……"潮汕歌册以往非常受潮汕女性喜欢,但现在唱歌册的人越来越少了。

二、潮汕工艺

潮州木雕是工艺美术的佼佼者,说来有趣,在卷帙浩瀚的《辞海》中,要查出"木雕"一词,必须贯以"潮"字方可查到。"潮州木雕"成为专有名词,可见其艺术性、专业性之强,影响面之广。潮州木雕在唐宋时已初具规模,至明清而日臻完美,如今仍保持旺盛的生命力。潮州木雕形成了鲜明的风格,其形式有圆雕、沉雕、浮雕、多层次的镂空雕;而外形色彩上,可分为黑漆装金、五彩装金、本色素雕三类;在应用上则大致分为建筑装饰、家具装饰、神器装饰和案头陈设等四类。在潮汕地区,人们随处都可以见到木雕艺术的存在。

潮绣是我国四大名绣之一——粤绣的一大支系,早在唐代已出现,明、清两代更趋成熟。《潮州府志》云:"潮州妇女多勤纺织。""织任刺绣之功,虽富家不废也。"清末,潮汕地区还出现过二十四名"绣花状元",并赴南京参加全国刺绣比赛。

潮绣讲究构图匀称,色彩浓烈,富丽堂皇,其品种大致可分为日用品、欣赏品和剧服三种;形式有绒绣、纱绣、金银线绣、珠绣四大类。针法千变万化,主要有"过桥""銮乾""历艮""二针锁""三针锁""三山起""打只""化针""乱针""点绣"等60多种。潮绣因其瑰丽多彩、技法精巧而著称,产品行销世界各地,深受青睐。

此外,还有巧夺天工的潮汕抽纱、多姿多彩的潮汕花灯、潮汕剪纸、潮汕银饰、枫溪陶瓷、潮汕嵌瓷、潮汕石雕等。

三、潮汕民居

潮汕民居素有"潮州厝,皇宫起"的美称。古民居讲究装饰,无论是屋顶、屋檐、门扇,还是墙壁都精雕细刻,十分讲究。以传统的三合院、四合院为基本布局,最基本形式称"下山虎"和"四点金"。规模较小的城镇平民居屋有布局狭长的"竹竿厝"。大型民居以"四点金"为基础横向或纵向扩大规模,称"三厅串""八厅相向""四马拖车""百凤朝阳",其外部轮廓则保留十分规整的正方形或长方形。

潮汕祠堂的基本结构,有两厅夹一庭的两进式和三厅两庭的三进式两种,其建筑系统地运用木雕、石雕、嵌瓷这三大潮州建筑工艺,装饰豪华,富丽堂皇,雄伟壮观,具有一定的欣赏价值和历史文化价值。

四、潮汕人文

潮汕善堂是最具潮汕人文色彩的代表,它是一种带有民间信仰性质的慈善机构。据说在旧社会,不少穷人就是因为善堂定期施粥才得以存活。在这种善堂文化的熏陶下,潮汕人多乐于做慈善事业。

五、潮汕民俗

潮汕民俗繁多,且保留了很多中原传统文化,这也是潮汕人一直引以为荣的地方。除了传统的节日外,他们还保留着盂兰节、中秋烧塔(瓦窑)、新年烧龙等中原已消失的习俗。另外较有特色的还有正月初七"人节"食七样羹、澄海赛大猪、陇尾抢石榴和盐灶拖神等。

六、潮汕饮食

(一)潮菜

潮菜已有数千年的历史。据史料记载,潮菜可追溯到汉。盛唐之后,受中原烹饪技艺的影响,发展很快。至明末清初,潮菜进入鼎盛时期,潮州城内名店林立,名师辈出,名菜纷呈。近代,由于潮籍海外华侨的往来,潮汕菜博采海内外名食之精华,菜式更加丰富多彩,质量精益求精。时至今日,潮菜已经发展成为独具文化特色、驰名海内外的我国名菜之一。

(二)潮汕小食

潮汕小食品种繁多,香甜可口,让人品尝以后赞不绝口。如潮州春卷(潮州人叫春饼)、牛肉丸汤、牛肉果条汤、潮州老字号"雨记"腐乳饼、潮州意溪朥饼、汕头蚝烙、贡咕鹅肉、老姐猪脚饭、汕头老妈宫粽球、潮州肠粉,以及各类粿品(菜头粿、红桃粿等)、芋泥、鸭母捻等甜品。潮汕打冷,主要是各类卤水、腌制河鲜等具有潮汕饮食特色的冷菜。

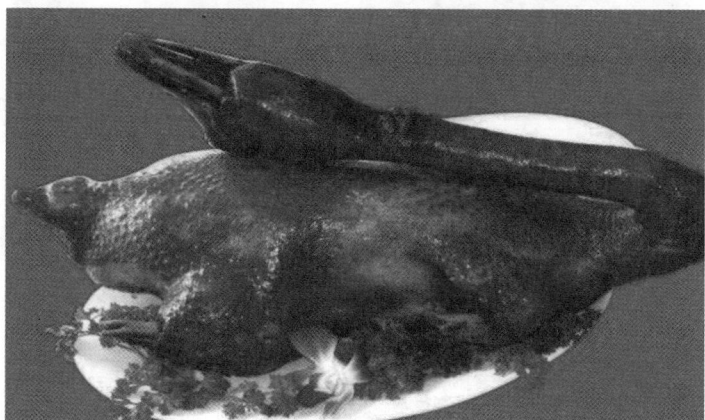

（三）潮州工夫茶

潮州工夫茶是中国古老茶文化中最具代表性的茶道,至今已有千年历史。潮州凤凰山是著名的凤凰单枞茶产地,潮州艺人擅长的手拉朱泥壶、潮州瓷都枫溪生产的陶瓷茶具,使潮州成为一个既产茶叶又产茶具的地区,逐渐形成了自成体系的独特的工夫茶文化。单枞茶非常适合泡工夫茶,手拉朱泥壶与单枞茶相得益彰,更显个性和优势。潮州工夫茶艺和潮州手拉朱泥壶均是国家级非物质文化遗产。

七、潮汕音乐

（一）潮剧

潮剧主要流行于潮汕方言区,是用潮汕方言演唱的、已有400多年历史的古老的地方戏曲剧种。它是宋元南戏的一个分支,由宋元时期的南戏逐渐演化,吸收了弋阳、昆曲、皮黄、梆子戏的特长,结合本地民间艺术,如潮汕音乐等,最终形成自己独特的艺术形式和风格,享誉海内外。

（二）潮汕音乐

潮汕音乐具有高古典雅的曲调、婉约多姿的旋律,具有独特的艺术风格和浓郁的地方色彩,以及特有的民间喜乐气息和鲜明的大众娱乐特征,是有深厚群众基础和高度艺术价值的古老乐种。其内容包括锣鼓乐、弦诗乐、细乐、大锣鼓乐、潮阳笛套音乐、庙堂音乐等。广泛流传于粤东、闽南、港澳和东南亚。

八、潮汕童谣

潮汕童谣是潮汕文化的重要组成部分。潮汕方言童谣有着悠久的历史,它从孩子的视角看问题,用孩子的语言说事物,具有随意性、顺音不顺义等特点,因此朗朗上口,趣味性强,深受孩子们的喜爱。潮汕童谣保留着大量古汉语词汇和音韵,记住了童谣,就记住了乡音,记住了潮汕方言。潮汕童谣反映出潮汕的民俗风情,彰显着潮汕独特的文化色彩。例如,童谣《月娘月痕痕》:"月娘月痕痕,共君去搭船。船头二只鸳鸯鸟,头又乌,尾又红,劝君勿笑人。人无千日好,花无百日红。"这首童谣教育孩子们不能随意嘲笑别人,因为"人无千日好,花无百日红",人人都有不顺心的时候。它具有顺音不顺义的特点,也给人一种信手拈来、随意的感觉。

九、潮汕商业文化

潮汕商人很会做生意,素有"东方犹太人"的美称。在当今世界,潮商的实力很强劲。潮商的主要特点是在商言商、商业资本与产业资本相结合进行经营,经营地域遍及全世界。潮汕人精于商业之道,但也不排斥读书人。唐代大文豪韩愈被贬到潮州担任刺史开始兴办学校之后,历任地方官也都注重教育,成就了潮汕人儒雅的秉性。精致的生活态度在潮汕人身上根深蒂固,即便是贩夫走卒,也不例外。

潮汕一带的华侨很多,俗称"海内一个潮汕,海外一个潮汕"。潮汕文化是海内外潮汕人的根,它把世界各地潮汕人的情缘紧密地联结在一起。

值得一提的是我们的家乡潮州还有很多名胜古迹,有被桥梁专家茅以升誉为"世界上最早的启闭式桥梁"的中国四大古桥之一的广济桥,唐朝开元年间兴建的开元寺,在中国现存最早纪念唐代文学家韩愈的祠庙——韩文公祠,还有著名的西湖、牌坊街等,这些都是令人神往的旅游胜地。

第二节　围绕潮汕文化构建的主题活动方案[①]

一、课程建构背景

"家是最小国,国是千万家。"在中国传统文化中,家和国是一个共同体。"不知爱家,何以爱乡?不知爱乡,何以爱国?"这句话充分体现出爱国爱乡、家国一体的情怀。由此可见,乡土教育与民族的前途、国家的命运连接在一起。

《幼儿园工作规程》指出:幼儿园要将"萌发幼儿爱家乡、爱祖国、爱集体、爱劳动的情感"作为保育和教育的主要目标之一。《广东省学前教育"新课程"资源体系建设科学保教示范项目方案》提出:"新课程"资源体系建设以"生活·生长、自主·自由、发现·探索、自然·生态、幸福·共生"为导向。在幼儿园开展乡土文化教育,充分符合这些要求。我园一直以坚定"文化自信"为根本,大力结合潮汕在几千年文明发展中孕育的优秀传统文化,将孩子们培养成为继承传统、弘扬传统、创新发展传统的接班人为主要目标,扎根本土教育,

---

① 本节部分图片和文字来自网络,网址为 https://www.360kuai.com/pc/96a7e42da98f7ce99? cota = 4&tj_url = so_rec&sign = 360_57c3bbd1&refer_scene = so_1"潮汕妈祖"。

努力探索乡土文化课程,将本土的历史、风土人情、民俗、特产等文化融入幼儿园教育中,使孩子们提高对家乡文化的关注度,进一步了解并认同自己家乡的文化,萌发传承本土文化的欲望,激发孩子们对家乡的热爱和保护家乡的责任感。

二、各班级课程构建方案

结合《3—6岁儿童学习与发展指南》和《潮汕童谣绘本》,我园做了乡土文化课程构建方案,具体如下。

(一)小班级——"我爱我家"主题活动

1. 小班级课程目标

(1)认知目标

学习家乡方言童谣、了解家乡的名小食和趣味的小游戏。

(2)能力目标

能流利诵读童谣,愿意用游戏、歌唱、美术等方式表达对家乡名小食和方言童谣的喜爱。

(3)情感目标

感受温暖的家庭氛围,体验方言童谣的趣味性,初步萌发爱家、爱家乡的情感。

2. 主题活动网络图

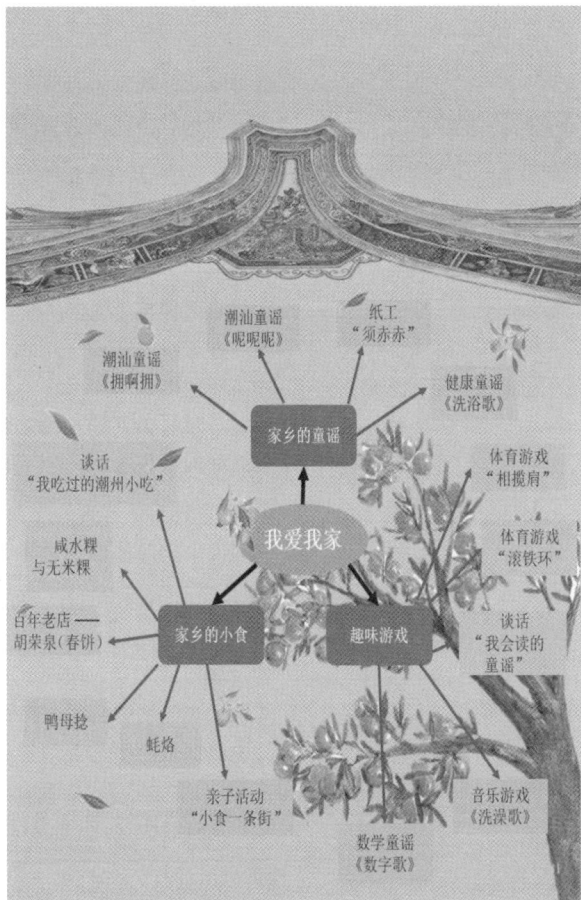

3.小班级——"我爱我家"主题活动内容与目标

"我爱我家"主题活动内容与目标表

活动类型		活动内容	活动目标
学习活动	语言领域	童谣《拥啊拥》	1.理解童谣内容,知道"金公""老爹""担靴""莘莘圆"等方言词的意思。 2.能大胆接龙诵读童谣,用动作增强童谣的韵律感。 3.感受童谣朗朗上口的韵味,喜欢诵读童谣
		童谣《呢呢呢》	1.理解童谣内容,学习"头路……头路……"的句式。 2.能诵读童谣,并运用"头路……头路……"的句式玩猜一猜的游戏。 3.感受童谣的趣味性,体验猜想游戏带来的愉悦
		谈话"我吃过的潮州小食"	1.基本能安静地倾听他人讲述,并愿意尝试回答问题。 2.能围绕话题简单说出自己的经验。 3.在谈话中了解到更多家乡小食的信息,萌发爱家乡的情感
	社会领域	百年老店——胡荣泉(春饼)	1.通过课前参观实体店并品尝春饼,结合PPT,知道春饼是潮州名小食,认识春饼的制作材料、制作过程和味道等。 2.能简单说出春饼的特征,并能用手工表现出来。 3.知道潮州小食品种多样,萌发探究的欲望
		咸水粿与无米粿	1.了解咸水粿与无米粿的制作材料和制作过程。 2.能通过观察、品尝进行对比,从外观、用料、味道等方面简单说出其不同点。 3.激发对潮州小食的喜爱之情,萌发继续了解其他小食品种的欲望
		鸭母捻	1.品尝鸭母捻,了解其外观和口感。 2.能够说出鸭母捻的名称和口感,并尝试用超轻泥制作。 3.喜欢家乡的小食,激发孩子们尝试制作小食的情感
		蚝烙	1.简单了解蚝烙的两种不同做法。 2.会说出蚝烙的名称和口感,并表达自己喜欢的食用方法。 3.喜欢家乡的小食,萌发爱家乡的情感

"我爱我家"主题活动内容与目标表(续1)

活动类型	活动内容		活动目标
学习活动	科学领域	《数字谣》	1.理解歌谣内容。 2.能进行10以内的数数,并能简单进行仿编。 3.体验数字与韵律的关系
	健康领域	童谣《洗浴歌》	1.理解童谣内容,知道《洗浴歌》是父母希望孩子身体健健康康。 2.掌握洗澡的正确方法和步骤,尝试自己模拟洗澡。 3.懂得讲究卫生,勤洗澡身体长得棒
	艺术领域	手工"须赤赤"	1.了解"支槌插尻脊""有事冲冲斐"的意思,感知扫帚的造型及构成特征。 2.能猜出谜底,并在教师的帮助下学习用"绕""粘"的方法制作扫帚。 3.体验猜对谜语的成就感和完成手工作品的乐趣
		音乐游戏《洗澡歌》	1.感受乐曲的旋律,理解歌词内容。 2.基本会唱出歌曲,并根据歌词,结合生活经验,尝试进行游戏。 3.在游戏中感受洗澡的乐趣,并爱上洗澡
自主游戏活动(区域活动)	表演区《洗澡歌》		1.投放浴巾、浴帽、纸板浴缸等道具。 2.帮助孩子们协商分配角色,鼓励孩子们大胆表演音乐游戏。 3.引导孩子们注意遵守区域规则
	美工区"制作潮州小食"		1.投放黏土、棉球、纸屑、盘子等工具。 2.引导孩子们充分利用各种材料,结合已有经验进行创作。 3.学习整理区域材料,懂得"从哪里拿的放回哪里去"
	建构区"我的家"		1.投放邦宝积木、大块泡沫积木等。 2.引导孩子们观察平房和楼房,选择合适的材料进行建构。 3.培养空间结构意识、动手能力和想象力
	阅读区"开心童谣"		1.投放童谣绘本若干、童谣仿编图片。 2.指导孩子们看图尝试阅读绘本,尝试简单仿编童谣。 3.培养良好的阅读习惯

"我爱我家"主题活动内容与目标表(续2)

活动类型	活动内容	活动目标
自主游戏活动(区域活动)	生活区"潮汕小食店"	1. 投放各种小食的道具,设置摊档若干。 2. 指导孩子们模仿"吆喝、包装"等形态动作,进行游戏。 3. 培养孩子们的交际能力和规则意识
	生活区"娃娃家"	1. 设置娃娃家场景,投放浴缸、小床、布娃娃等道具。 2. 运用童谣《拥啊拥》《洗浴歌》等,复习童谣。 3. 感受家庭生活的乐趣,激发幸福感
体育集体游戏	民间游戏"相揽肩"	1. 学习童谣,了解游戏的玩法和规则。 2. 提升身体的协调能力和跳跃能力。 3. 体验游戏的乐趣,初步萌发与同伴合作的意识
	民间游戏"滚铁环"	1. 学会用铁枝控制好铁环滚动。 2. 培养手、眼协调能力,训练匀速跑的能力。 3. 激发参与传统民间游戏的欲望
亲子活动	比赛"踩高跷"	1. 以班为单位,分组进行比赛。 2. 每组孩子及家长各站一边,家长将高跷踩到孩子一边,孩子接过高跷走到家长的一边,传给下一位家长,接龙直至最后一位完成,结束游戏。 3. 增进家园的合作意识,增进亲子的感情
	亲子活动"小食一条街"	1. 设置小食摊档若干,统计小食制作的家长名单。 2. 家长与孩子自制小食(可现场制作,也可带成品),模拟小食街摆摊设点,其余家长带孩子共同参与游玩、品尝
生活活动	播放音频、视频;即兴阅读;师生谈话;学习分享;环境创设;自选游戏等	1. 在耳濡目染与亲身体验中了解潮汕小食文化。 2. 在日常生活、游戏中乐于了解潮汕的乡土文化,愿意用不同的方式表现自己对家乡的热爱。 3. 感受潮汕童谣的美,对方言和潮汕小食有初步的了解,产生爱乡之情

4. 孩子发展评价

(1)教师对本班孩子的发展情况进行评价

"我爱我家"主题活动孩子发展评价表（教师）

孩子姓名		孩子性别		孩子年龄		填表日期			
领域	孩子发展目标						良好	一般	较弱
语言	1. 能专心倾听别人讲话,并做出回应								
	2. 愿意表达自己的需要和想法								
	3. 能在大人提醒下使用恰当的礼貌用语								
	4. 喜欢参加潮汕童谣活动,能初步理解童谣内容								
	5. 喜欢跟读韵律感强的儿歌、童谣,能口齿清楚地读童谣、唱童谣								
	6. 基本能看懂画面,并说出图中有什么? 发生了什么事								
	7. 喜欢用涂涂画画表达童谣里的事物								
科学	8. 对周围很多事物和现象感兴趣,能主动观察,发现明显特征								
	9. 能以触摸、观看、品尝等方式,主动了解潮州小食等								
	10. 能手口一致地进行10以内的数数								
	11. 能比较物体的大小、长短								
	12. 能以自身为中心,区分上下、前后								
	13. 认识圆形,知道白天、黑夜								
艺术	14. 能专心倾听或观看童谣歌曲、情景的表演								
	15. 能有节奏地跟教师做简单基本的舞蹈动作								
	16. 愿意在亲近的人面前唱唱、跳跳,表现自己								
	17. 对色彩鲜明的事物感兴趣								
	18. 会大胆地涂鸦、玩泥,会随意撕纸、粘贴来表现童谣里的事物								
	19. 有初步的想象,能均匀涂色,并能尝试进行简单添画								
社会	20. 初步适应集体生活,喜欢老师和小朋友								
	21. 知道自己所在的幼儿园,知道自己的家乡是潮州								
	22. 对潮州小食感兴趣,能主动了解小食的品种								
	23. 能够在大人帮助下收集跟潮汕童谣、潮州小食相关的图片								
健康	24. 在提醒下能做到不挑食,多吃瓜果蔬菜								
	25. 乐意品尝潮州小食,知道进食要适量								
	26. 对潮汕传统民间游戏有初步的认识,喜欢玩民间游戏								
	27. 能协调地进行走、跑、跳,在提醒下有初步的安全意识和行为								

（2）家长对孩子发展情况的评价

"我爱我家"主题活动孩子发展评价表（家长）

孩子姓名		所在班级		填表日期			
序号	评价项目			非常符合	基本符合	不太符合	不符合
1	知道自己的家乡是潮州						
2	喜欢与家人一起游潮州，认识潮州						
3	能主动要求听故事或潮汕童谣						
4	能与家人一起吟诵童谣						
5	喜欢跟唱和模仿童谣情景进行表演						
6	喜欢品尝潮州小食，并能简单说出其味道						
7	能说出几种潮州小食的名称，并愿意继续了解						
8	能在家人帮助下收集主题活动图片资料等						
9	能比较物体的大小、长短，有初步的上下、前后空间概念						
10	能手口一致地进行10以内数数						
11	对感兴趣的事物能认真观察，发现其明显特征						
12	能运用触摸、看、闻、尝等感官感知事物						
13	喜欢涂涂画画，能均匀涂色，有初步的想象力						
14	喜欢参加集体游戏活动，有初步的规则意识						
15	不挑食，愿意吃瓜果蔬菜、肉类和鱼类						

附一　小班级——"我爱我家"
主题活动环境创设建议

一、小班级主题墙

小班孩子的动手操作能力、自主学习能力相对较弱，规则意识尚未很好形成，主题墙饰的创设应简单易懂，对孩子们的学习起到复习、引导的作用，所以，小班主题墙饰主要以图片及照片记录的方式为主。

（一）方案1：潮州小食咀你知

主题墙中间为主题名称，两端设计两个小孩头像，下方设计若干个小展示袋。教师可先准备若干小食彩图,让孩子们将自己吃过的小食或认识的小食自主插进袋子里,并向其他小朋友介绍它的名称。鼓励孩子们将自己认识的或吃过的其他小食的彩图带来插袋,并向大家介绍。这能促使孩子们细心观察,不断探索发现,初步学习交流发现的结果,体验发现的乐趣。

（二）方案2：开心童谣

主题墙上设置若干亚克力透明文件盒,用线绳拉三角挂于墙面上。教师先准备一些图文并茂的童谣绘本放入盒子里,供孩子们取阅。鼓励孩子与家长一起收集其他有趣的童谣绘本,放置盒子里,与大家共同分享、共同学习。

(三)方案3:我分享,我快乐

主题墙可分为两个板块:第一个板块是展出童谣《相揽肩》的绘本内容,供孩子们观看,起到复习的效果;第二个板块是"我分享,我快乐",设计三个框,供孩子们分享不同的内容,如分享食物、分享玩具、分享心情等,让孩子们将自己分享的情况拍照记录下来,并在框里展出,在活动时引导孩子们向其他小朋友说出自己的分享。可视情况调整三个分享框的展出内容。

(四)方案4:妈妈哄我快快睡

主题墙饰设计为若干童谣图片,以箭头所示,按内容的先后顺序,围绕在童谣绘本主题名称图片周围,指导孩子们学会根据箭头所指,按顺序吟诵童谣。

二、小班级公共区域

（一）走廊区域

用图片、手工作品或实物配合摊档招牌，布置潮州小食摊档。每天可选择一个课间时间，让孩子们进行走廊区域混班游戏。

（二）楼梯

在楼梯区域张贴童谣绘本图片，营造浓烈的主题环境氛围。

（三）活动展板

设置并展出"亲子自制小食""品尝小食""开心童谣诵读"的活动照片。

附二 小班级区域活动设计建议

区域活动是孩子们最喜欢的活动，是指教师根据教育的目标和孩子们发展的水平，有目的地创设活动环境，投放活动材料，让孩子们按照自己的意愿和能力，在特定的环境中，以操作、摆弄为主的方式进行个别化的自主学习的活动，孩子们通过与教师、同伴、操作材料相互作用得以自然、快乐、健康地成长。

一、阅读区《开心童谣》

皮亚杰认为："幼儿的发展是在主客体交互过程中获得的。"换言之，良好的环境能激发孩子们阅读的兴趣，并养成良好的阅读习惯。小班孩子阅读习惯未养成，想要更好地开展阅读区活动，必须有一个能激起孩子们阅读兴趣的区角环境，所以，我们在阅读区布置了有趣的童谣背景，然后再配上画面生动的潮汕童谣绘本，为孩子们创设舒适的环境，激发孩子们阅读绘本的兴趣，在教师的引导下和同伴轻声阅读。另外，还可以提供一些相关的、有启发性的图片，指导孩子们在游戏时可以进行简单的续编、仿编活动。

阅读材料：潮汕童谣绘本、相关图卡。

区域准备：平板、录音机、背景图、故事卡片等。

二、美工区

《3—6岁儿童学习与发展指南》艺术篇指出："幼儿艺术领域学习的关键在于充分创造条件和机会，在大自然和社会文化生活中萌发幼儿对美的感受和体验，丰富其想象力和创造力，引导幼儿学会用心灵去感受和发现美，用自己的方式去表现和创造美。"所以，应在美工区创造丰富的艺术环境，提供适宜多样的美工材料，帮助孩子们更好地进行创作。

制作潮州小食活动。在美工区张贴各种各样的潮州小食彩色图片，摆放一些潮州小食的玩具模型，营造浓浓的环境氛围。进区前先给孩子们制定区域任务，更好地激发孩子们创作的激情和挑战的欲望。进区后引导孩子们先看一看、聊一聊，然后再开始制作。区域活动结束后进行展示、鼓励。

准备材料：轻黏土、黏土配件、棉球、纸屑、盘子以及其他美工材料等。

区域准备:潮州小食彩色图片、潮州小食的玩具模型。

三、表演区

《幼儿园教育指导纲要(试行)》中提出:"为幼儿的活动创造宽松的环境,激发情趣,体验审美愉悦和创造的快乐,体现自我表现和创造的成就感。"表演区正符合这一要求,它是幼儿园中集节奏乐表演、音乐表演、舞蹈表演、故事表演、时装表演于一体的表演空间,是孩子们十分喜爱的活动形式。

《洗澡歌》表演。区域活动前先让孩子们熟悉歌谣内容和旋律,指导孩子们进区前先感受乐曲,想一想可以用什么方式和动作进行表演,需要进行怎样的装扮;看一看别人是怎样演的;试一试跟小朋友们一起表演等。

准备材料:投放纸板浴缸、浴巾、浴帽、搓澡器等道具。

区域准备:布置浴室场景,播放歌谣音乐。

四、建构区

建构区是孩子们通过操作各种材料进行结构造型游戏的场所。建构游戏是融思维、操作、艺术、创造为一体的活动,是孩子阶段不可缺少的一种体验。建构区应为孩子们提供丰富系统的材料,材料的配备突出孩子们的年龄特点,并兼顾到孩子们个体的差异性。

建构"我的家"。进区前与孩子一起搜索平房和楼房资料,引导孩子们发现它们各自的建筑特点;进区后指导孩子们学习简单的拼搭技巧,让孩子们自主创作,巡视过程中指导孩子们进行合作建构。

准备材料:平板电脑,邦宝积木、木质几何形体积木、塑料片状可弯曲积塑等建构材料,具有特色的潮汕"姿娘""阿公""奴仔"等人物形象。

区域准备:张贴潮汕农家平房建筑、城市楼房建筑的照片,建构技巧示范图等。

五、生活区

生活区是一个可以让孩子们学习一些简单的基本的生活技能,发展他们动手能力的区域。在活动中,孩子们的生活技能得到提高,与人交往的意识初步形成,会使用一些常见的礼貌用语、常见词汇、简单句式等来表达自己的需求和介绍自己的活动过程。

(一)"潮汕小食店"

每天开放2~3种小食摊档,指导孩子们进区后先协商分配角色,然后吆喝吸引客人,有礼貌地招呼好进店品尝小食的"客人",并会简单打包外卖。模拟小食摊档的方式进行游戏。

准备材料:餐厨具若干、2~3种小食道具、小食制作材料或潮州小食(实物)。

区域准备:设置小食街场景,布置3个可更换摊档名称的摊档。

(二)"娃娃家"

引导孩子们协商分角色模拟熟悉的家庭生活开展区域游戏。教师适时介入,指导"妈妈"在帮宝宝洗澡时边洗边念童谣,在哄宝宝睡觉时也可以念童谣,增加活动的趣味性,让孩子们感受童谣与生活的密切联系。

准备材料:小床、浴盆、客厅所需要的道具等。

区域准备:布置娃娃家背景,将区域合理布置成至少3个场景。

(二)中班级——"我爱家乡"主题活动

1.中班级课程目标

(1)认知目标

结合童谣的学习,让孩子们了解家乡的气候、物产、名胜等。

(2)能力目标

使孩子们能在大人的帮助下探索家乡的文化,用语言、动作、表演、绘画、手工等不同形式来表达自己对家乡的热爱,发展观察力、想象力、创新能力和交往能力。

(3)情感目标

让孩子们感受家乡的历史文化和风土人情,对家乡文化具有初步认同感,进一步增强爱家乡的情感。

2.主题活动网络图

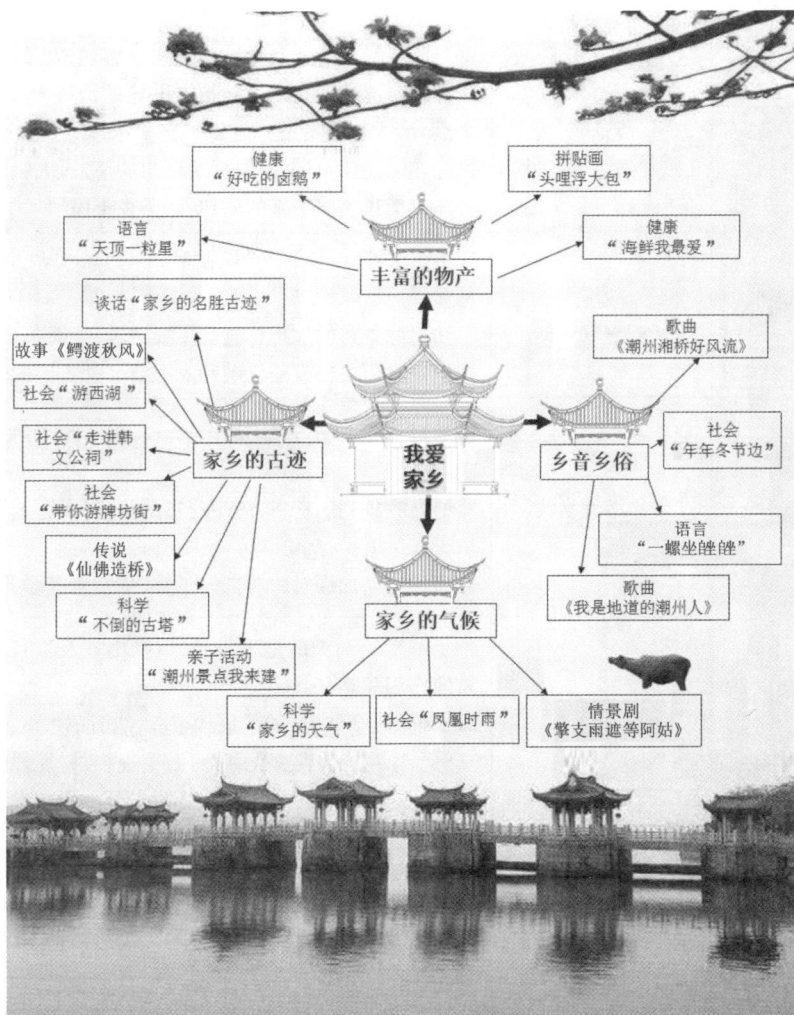

3. 中班级——"我爱家乡"主题活动内容与目标

"我爱家乡"主题活动内容与目标表

活动类型	活动内容		活动目标
学习活动	语言领域	谈话"家乡的名胜古迹"	1. 能安静地倾听他人的交谈,并有意愿参与到集体交谈中。 2. 能围绕中心话题完整、连贯地讲述自己了解到的关于家乡名胜古迹的信息。 3. 在谈话活动中了解到更多家乡著名景点的信息,增进爱家乡的情感
		童谣《天顶一粒星》	1. 理解童谣内容,知道"书斋""粟未挨""酒未鞠"等词的意思。 2. 能大胆诵唱童谣。 3. 感受童谣的节奏美和韵律美,体验学习童谣的乐趣
		传说《仙佛造桥》	1. 感受神话传说的趣味性,进一步了解家乡有名的广济桥。 2. 能简单、完整地复述故事内容。 3. 萌发了解家乡历史古迹的兴趣,激发爱家乡的情感
		情景剧《擎支雨遮等阿姑》	1. 理解童谣内容,知道童谣中讲述的故事情节,感受待客之道。 2. 能熟练诵读童谣,并根据童谣中的情景,大胆表现童谣。 3. 体验情景表演带来的乐趣,感受乡土民情
		故事《鳄渡秋风》	1. 了解关于著名景点"鳄渡秋风"的历史故事,初步认识韩愈。 2. 知道此景点的地理位置和主要建筑,能简单讲述故事。 3. 萌发对历史伟人的崇敬和对家乡名胜古迹的爱护之情
	社会领域	"带你游牌坊街"	1. 通过收集和分享牌坊街的资料,进一步了解牌坊街的历史故事、景观、土特产。 2. 结合收集到的资料,能用连贯的语言大胆、自信地介绍牌坊街。 3. 通过活动加深对牌坊街的了解,激发爱家乡的情感
		"游西湖"	1. 了解潮州西湖的地理位置,以及由外及里各部分主要建筑的作用和意义。 2. 了解"西湖渔筏"的景象和意境,能简单进行讲解介绍。 3. 感受家乡的旅游文化,学习游览规则,树立规则意识
		"年年冬节边"	1. 知道潮汕地区冬至有"祭祖""拜神""过纸""吃圆"的习俗。 2. 能够熟练诵唱童谣,并自己动手制作冬节圆。 3. 乐于参与传统文化活动,体验冬至浓浓的节日气氛,感受潮汕节庆文化

"我爱家乡"主题活动内容与目标表(续1)

活动类型	活动内容		活动目标
学习活动	社会领域	"凤凰时雨"	1.简单了解凤凰洲公园的地理位置,以及由外及里各部分主要建筑。 2.重点认识"凤凰时雨"的建筑和相关意义,学会进行简单介绍。 3.感受家乡的旅游文化,学习游览规则,树立规则意识
		"潮州牛肉丸"	1.了解手锤牛肉丸的制作过程,知道牛肉丸是潮汕的特产。 2.能够用超轻泥制作出牛肉丸。 3.通过了解家乡的美食,为自己是一名潮汕人而感到自豪,产生爱家乡的情感
		"走进韩文公祠"	1.简单了解韩文公祠的地理位置及主要建筑。 2.认识韩愈和"韩祠橡木",学会进行简单介绍。 3.萌发对历史伟人的崇敬和对家乡名胜古迹的爱护之情
	科学领域	《一螺坐自自坐》	1.通过诵读童谣,了解手指上的螺旋状指纹以及它们在传说中表达的相应意思。 2.数数自己手指上有几个"螺",并懂得一一对应。 3.感受童谣内容的趣味性,学习数数,理解对应关系
		"有趣的序数"	1.通过操作感知物体在序列中的位置。 2.能用序数词表述物体在序列中的位置。 3.了解10以内序数在生活中的意义,能用序数表示牌坊街的牌坊或湘子桥的"洲"和"台"
		"不倒的古塔"	1.初步了解古塔的建造结构,感知构建的基本原理。 2.能尝试用积木等不同的建构材料,根据原理建构塔。 3.萌发对科学现象的探究兴趣,激发探究潮州历史文化的兴趣
		"家乡的天气"	1.了解潮州地区一些特殊的天气,如回南天、台风。认识一些常见的气象符号。 2.能将气象符号和天气实景图进行配对。 3.了解天气与人类活动、环境的相互影响,有初步的环保意识
	健康领域	"海鲜我最爱"	1.知道潮州是临海城市,有丰富的海鲜产品,了解海鲜的营养价值。 2.掌握吃海鲜的正确方法。 3.知道海鲜好吃、营养多,但不能过量,培养良好的饮食习惯

"我爱家乡"主题活动内容与目标表（续2）

活动类型	活动内容		活动目标
学习活动	健康领域	"好吃的卤鹅"	1. 初步了解卤味的制作工艺,知道卤味是潮州有名的美食。 2. 知道澄海卤鹅最为出名,懂得卤味的正确食用方法,品尝卤鹅肉。 3. 懂得按需准备食材,做到不浪费食物
	艺术领域	创意画 《头哩浮大包》	1. 通过阅读绘本了解"鹅"的外形、体态和叫声。 2. 能够理解和有节奏地朗读童谣,并猜出童谣的谜底"鹅";完成美术作品《可爱的鹅》。 3. 乐于想象,体验猜谜和美术创作活动的乐趣
		歌曲 《潮州湘桥好风流》	1. 熟悉歌曲旋律和节奏,理解童谣内容。 2. 能有感情地吟唱童谣。 3. 感受童谣的趣味性,并在吟唱过程中加深对湘子桥的认识
		音乐欣赏 《我是地道的潮州人》	1. 通过广济桥灯光秀,欣赏耳熟能详的歌曲,理解歌曲内容。 2. 在欣赏过程中进一步了解潮州的旅游文化、乡土文化,并乐意学唱歌曲。 3. 萌发作为潮州人的自豪感,激发孩子们热爱自己的家乡
自主游戏活动（区域活动）	表演区 《撒网捕鱼》		1. 提供纸板船、网绳等道具。 2. 了解海边人家的捕捞生活,知道简单的捕捞方法。 3. 感受音乐旋律,运用已有经验创编动作,并进行表演。 4. 能协商分配角色,根据区域规则进行游戏。 5. 了解潮州临海的地理特点,为家乡的富饶感到自豪
	表演区 《擎支雨遮等阿姑》		1. 提供童谣里相关的服饰、道具。 2. 根据童谣内容,发挥想象,进行合理续编。 3. 协商分配角色,充分利用各种材料进行情景表演。 4. 体会以礼待客的快乐
	美工区 "创意指纹画"		1. 提供水彩印画工具、纸张、画笔等。 2. 发挥想象力,用指纹配合简单的线条进行绘画创作。 3. 喜欢指纹作画,体验创作的乐趣
	建构区 "牌坊街""龙湫宝塔" "湘子桥"		1. 提供多种建构材料和几何形体。 2. 尝试组合建构出牌坊街、龙湫宝塔、湘子桥。 3. 发挥想象,用任意方式添加相关人物场景。 4. 乐于创作,感受建构活动的乐趣

"我爱家乡"主题活动内容与目标表(续3)

活动类型	活动内容	活动目标
自主游戏活动（区域活动）	阅读区"美丽童谣、美丽潮州"	1.提供童谣绘本和景点图册,丰富阅读区。 2.能自主翻阅童谣图册,在翻阅过程中进一步熟悉童谣,增进对家乡潮州的了解。 3.培养自主阅读的良好习惯
	生活区"海鲜大排档"	1.提供各种海鲜玩具道具,布置餐厅场景。 2.结合已有经验,模拟开展"海鲜大排档"游戏。 3.能协商分配好角色,游戏过程中懂得向客人介绍丰富的海产品。 4.培养规则意识和爱家乡的情感
	生活区"粿条汤店"	1.提供牛肉丸、牛肉、粿条等玩具道具,布置餐厅场景。 2.结合已有经验,模拟开展"粿条汤店"游戏。 3.能协商分配好角色,游戏过程中讲究卫生,注重以礼待客。 4.培养规则意识和爱家乡的情感
体育集体游戏	民间游戏"跳房子"	1.能较灵活地进行双脚跳、单脚跳,提升身体平衡能力。 2.能完整、连贯地对数字进行判断并做出相应的反应,发展身体协调能力。 3.对民间游戏感兴趣,乐意和同伴一起进行游戏
	民间游戏"丢手绢"	1.了解游戏规则,游戏中能快速奔跑。 2.增强观察能力,能较快地做出反应。 3.能大胆地尝试游戏中的不同角色,并与同伴分享自己的心得感受
亲子活动	比赛"过桥"	1.提供长布条若干。 2.分组进行。 3.家长分前后两部分拉好布条当湘子桥的"廿四洲",供孩子们爬过,中间家长两两对面蹲下牵手搭格子,当湘子桥的"十八梭船",供孩子们跳过。 4.全组率先全部通过获胜
	亲子手工	1.以家庭为单位,各自定好一处著名景点,材料自选。 2.合作完成一件景点手工作品。 3.幼儿园布置展区,展出作品
生活活动	播放音频、视频;即兴阅读;师生谈话;学习分享;环境创设;自选游戏等	1.在耳濡目染与亲身体验中认识潮汕文化。 2.在日常生活、游戏中乐于运用具有潮汕特色的材料或工艺进行自主创作。 3.感受潮汕童谣的美,对潮汕文化有初步的认同感,产生爱乡之情

4. 孩子发展评价

（1）教师对本班孩子的发展情况进行评价

"我爱家乡"主题活动孩子发展评价表（教师）

孩子姓名		孩子性别		孩子年龄		填表日期			
领域		孩子发展目标					良好	一般	较弱
语言	1. 愿意与同伴交流，能用清楚、连贯的语言大胆表达自己的意思								
	2. 在教师指导下能围绕一定的话题进行讨论								
	3. 愿意看绘本，能主动向他人讲述绘本内容								
	4. 在大人的帮助下能收集到一些活动所需的潮汕物产、景点的信息，并能向同伴进行介绍								
	5. 喜欢参加潮汕传统文化活动								
	6. 愿意参加集体诵唱童谣活动，诵唱较连贯，吐字较清楚								
	7. 在情景表演中，能够合理使用情景需要的材料与资源								
科学	8. 在大人的引导下了解自己所居住的社会环境和自然环境的明显特征，并提出简单的问题								
	9. 有兴趣观察周围动植物的特征和变化，能做些简单的观察记录								
	10. 能观察到周围环境的变化，知道自然环境与人类的依存关系，有初步的环保意识								
	11. 能手口一致地数出10以内的物品，会正确判断10以内的相邻数								
	12. 能在生活中用10以内的序数来表达物体的位置								
	13. 能够正确操作相关材料进行感知活动								
	14. 在操作过程中相互之间能够进行交流合作								
艺术	15. 喜欢借助打击乐器进行音乐伴奏								
	16. 能有节奏地根据童谣内容设计或模仿教师做简单的基本动作								
	17. 愿意尝试对童谣或歌词进行改编，使其符合自己的生活经验且具有基本的逻辑性和意义								
	18. 能通过观察，对艺术作品有初步的了解与认识								
	19. 能够积极参与美术活动，在教师的鼓励和帮助下，会使用美术工具和材料进行创作活动								
	20. 进行艺术创作时不怕失败，勇于尝试								

"我爱家乡"主题活动孩子发展评价表(教师)(续)

领域	孩子发展目标	良好	一般	较弱
社会	21.能礼貌地接待客人			
	22.初步萌发了解潮汕地区节庆文化的欲望			
	23.对潮汕地区的著名景点有自豪感与热爱之情,树立遵守景区游玩规则的意识			
	24.能够主动收集相关资料,并对相应材料进行操作			
	25.愿意在制作的过程中与教师或同伴进行交流			
健康	26.喜欢参加潮汕民间游戏,动作灵活、协调			
	27.知道潮汕本地海鲜的品种繁多、营养丰富			
	28.学会正确进食海鲜食品的方法,做到不挑食、不暴饮暴食,初步养成良好的饮食习惯			

(2)家长对孩子发展情况的评价

"我爱家乡"主题活动孩子发展评价表(家长)

孩子姓名		所在班级		填表日期	
序号	评价项目	非常符合	基本符合	不太符合	不符合
1	乐于诵读或与家人一起诵读潮汕童谣				
2	清楚、连贯地诵读童谣				
3	向家人介绍童谣的内容				
4	向家人介绍潮州著名景点、美食等				
5	与家人一起收集幼儿园集体活动所需的物品与资料				
6	能礼貌接待客人				
7	在外出游玩时能主动留意景点的特色				
8	愿意了解和遵守景区的游览规则				
9	主动向家人说出天气变化				
10	喜欢参观、游览牌坊街、湘子桥等,能通过各种问题了解牌坊街和湘子桥等著名景点				
11	有环保意识,能做出保护环境的行为				
12	乐于用绘画或手工进行艺术创作				

"我爱家乡"主题活动孩子发展评价表(家长)(续)

序号	评价项目	非常符合	基本符合	不太符合	不符合
13	游览过后能回忆游览经历,并用语言、绘画或建构等方式表达出来				
14	能用 10 以内的数来表达物体的位置关系				
15	学会正确进食海鲜食品的方法,做到不挑食、不暴饮暴食,初步养成良好的饮食习惯				

附三　中班级——"我爱家乡"主题活动环境创设建议

一、中班级主题墙

中班级孩子的各方面能力相对于小班来说有明显的提升。他们开始有了自己的思想,具备一定的动手操作能力,能自主尝试用各种形式进行表达。因此,中班级的主题墙创设应采用动静相结合的形式,既能在静态墙饰上得到学习,又能在动态操作中巩固知识,同时要让孩子们参与到主题墙创作中来,使被动学习转变为主动学习。

(一)方案 1:富饶的海产品

可先设计一个简单的出海捕鱼背景图,然后将主题墙分为三个板块进行设计。第一个板块展出捕鱼工具;第二个板块展出各种潮汕地区常见的海鲜;第三个板块展出海鲜的烹饪方法(菜单菜名)。这三个板块的内容都可以随着孩子们的认知逐渐收集、增加,让孩子们参与到环境创设中来,在环境创设中学会分享、互相学习、增长见识。

（二）方案 2：童谣《一螺坐豳豳》

可先在主题墙下方画出一只带有两种手指纹理的手掌，帮助孩子们认识手指纹——螺。在上面画 10 个圈，圈外分别有 1~10 螺及对应的童谣，然后将 1~10 螺代表的人物形象做成卡板，让孩子们一边念童谣《一螺坐豳豳》，一边把螺与代表人物形象对号入座，贴到圈圈里。这样既复习了童谣，又进行了 1~10 的排序练习。

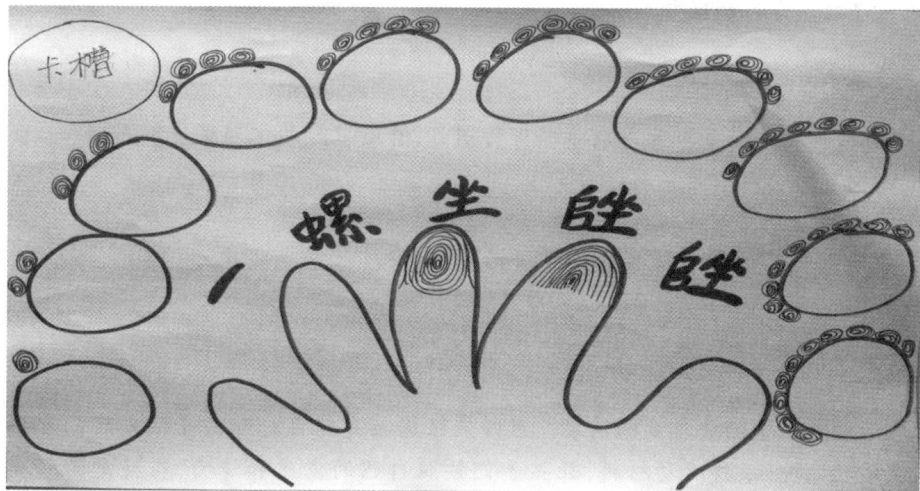

（三）方案 3：游潮州古城

在主题墙上布置一个湘子桥的背景，然后在墙上放置若干个 A4 纸大小的展示袋，教师、家长与孩子一起寻找潮州著名景点资料、图片，然后将资料进行归类放进展示袋中。同时，与班里小朋友分享自己的发现。让孩子们通过收集和分享，加深对家乡著名景点的认识，萌发热爱家乡的情感。

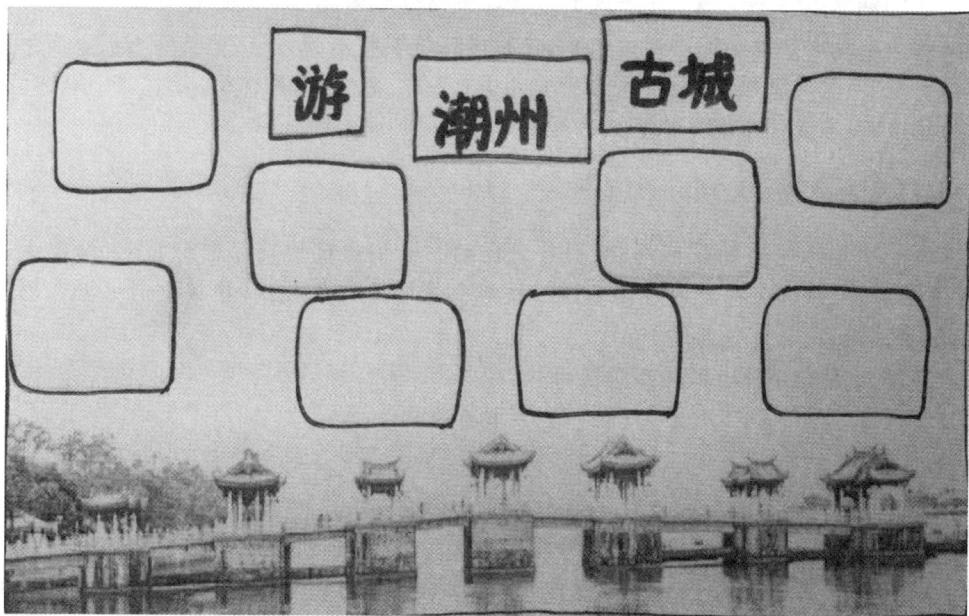

二、中班级公共区域

(一)走廊区域

在走廊墙面张贴童谣绘本内容图片,丰富孩子们的课间活动。如张贴《天顶一粒星》绘本图片,让孩子们在课间走过走廊时能随时随地诵读童谣,这既加深了孩子们对童谣的熟悉,又萌发了自主学习的欲望。

(二)楼梯

可以在楼梯区域布置潮州名胜古迹宣传图片,营造浓烈的主题环境氛围。

(三)活动展板

展示"游潮州""潮州古迹我来拼""开心童谣展演"等活动照片。

附四 中班级区域活动设计建议

区域活动是孩子们最喜欢的活动。教师应根据教育的目标和孩子们发展的水平,有目的地创设活动环境,投放活动材料,让孩子们按照自己的意愿和能力,在特定的环境中,以操作、摆弄为主的方式进行自主学习的活动,通过与材料、同伴、教师相互作用得以全面发展。

一、表演区

(一)情景表演《擎支雨遮等阿姑》

布置潮汕农家区域背景,引导孩子们通过协商分配好角色,表演童谣里阿姑来家里做客的情景。也可以让孩子们学当小主人,体验以礼待客的乐趣。

准备道具:表演服饰(阿姑和小孩子)、道具(茶具、桌椅、玩具柿子)等。

情境准备:布置一个潮汕农家的区域背景。

(二)角色表演《天顶一粒星》

布置一个潮汕早市的区域场景,引导进区的孩子们通过协商分配好角色,结合童谣内容,按先后顺序进行表演,复习巩固童谣。教师中途可再次介入,引导孩子们根据自己的意愿,仿编童谣内容,并进行表演。

准备道具:8~10种小摊档和所需材料。

场景准备:设置一个"书斋门"和一个早市场景。

(三)音乐表演《撒网捕鱼》

活动前引导孩子们观察视频中的海边人家是如何捕捞的,指导孩子们模仿一些简单的动作。进入区域后,让孩子们先熟悉歌曲旋律,鼓励孩子们协商分配角色,运用已有经验创编动作并进行表演,适时提醒孩子们遵守区域规则进行游戏。

准备道具:音乐播放器、纸板船、网绳等道具。

场景准备:海边背景图。

二、美工区

教师可为孩子们提供各种各样的材料,提供的材料无须全是成品,也可以有半成品和废旧材料。

(一)创意画——鹅(童谣《头哩浮大包》)

为孩子们提供相应的拼贴材料以及工具。让孩子们在熟悉、理解童谣后根据鹅的外形特征,尝试绘画出可爱的鹅,或进行可爱的鹅创意拼贴画等,培养孩子们的观察力、想象力、思维能力。设置"头哩浮大包"美术作品展。

准备材料:拼贴物(碎布料、碎卡纸、粘贴珠片、果壳等)、胶纸胶水、剪刀等。

区域准备:设置"头哩浮大包"美术作品展区。

(二)手工"潮州牛肉丸"

教师在区域中张贴相关图片,让孩子们通过观察了解牛肉丸的制作过程,尝试用手锤、捏、挤等技巧制作牛肉丸,进一步感受潮州手锤牛肉丸的制作方法。做好的"牛肉丸"还可以投放到生活区开展活动。

准备材料:各色黏土、盘子等。

区域准备:在区域的墙面张贴潮州手锤牛肉丸的制作过程图片、基本技巧,制作注意事项提示牌等。

(三)绘画《年年冬节边》

在区域中布置童谣场景,引导孩子们回忆童谣内容,学习粿篢、大门的画法,自主学习构图。创作背景图,利用黏土制作汤圆,粘贴在背景图上,感受画童谣的乐趣,加深对冬至节气文化的了解。

准备材料:画笔、画纸、油画棒、黏土等。

区域准备:墙饰中心设置大汤圆盘,周围张贴童谣里相关的物品图片。

三、阅读区

在阅读区投置多套童谣绘本和有关潮州景点的图册。结合视频引导孩子们回忆童谣的内容,和同伴轻声诵读,熟悉童谣后教师可鼓励孩子们大胆、有感情地朗读童谣,并进行简单的续编。

阅读材料:多套童谣绘本、潮州景点图册。

区域准备:录音机、平板(可拍照、录像、播放相关视频)、潮州景点背景、竹椅、蒲扇、阅读区注意事项提示牌等。

四、生活区

(一)海鲜大排档

教师提前布置好餐厅场景。进区前先向孩子们介绍各种海鲜,并与孩子们观看大排档营业视频,丰富孩子们的游戏经验。进区后可让孩子们观察区域场景,协商分配好角色,引导孩子们结合已有经验,模拟开展"海鲜大排档"游戏。鼓励孩子们大胆向"客人"介绍丰富的海产品。

材料准备:各种海鲜道具、桌椅等。

场景准备:布置餐厅场景。

(二)粿条汤店

引导孩子们分配好角色,模拟"粿条汤店"的场景进行游戏。孩子们在游戏过程中出现问题时教师适当介入,游戏过程中注重引导孩子们学会以礼待客。

材料准备:粿条(可以是孩子们手工撕的纸条或是黏土制作的手工道具)、蔬菜和肉等食材的道具、汤锅、汤勺、各式餐具。

场景准备:布置餐厅场景。

五、建构区

(一)建构"牌坊街"

为孩子们提供长短不一的细木条、小木棍、插件或是扑克纸牌,让孩子们将自己在游览中记录(画)的造型或收集的图片拿出来看一看,让其通过回忆游览的牌坊街的牌坊造型进行建构。

材料准备:细木条、小木棍、插件、扑克纸牌等。

区域准备:张贴牌坊街的照片、各种技巧示范作品、建构注意事项提示牌等。

(二)建构"湘子桥"

进区布置场景。家长利用周末时间带孩子们参观湘子桥,返园后让孩子们回忆湘子桥的外形特征,激发孩子们建构湘子桥的兴趣。进区时教师组织孩子们讨论如何建构湘子桥,可以选择哪些操作材料,需要时教师给予指导,引导孩子们适量加入一些街景、人物的元素等。

材料准备:邦宝玩具、木棍、瓦楞纸、胶棒等。

区域准备:活动前利用蓝色布条布置韩江水面的场景;张贴湘子桥的照片、建构注意事项提示牌等。

(三)建构"龙湫宝塔"

在区域中粘贴龙湫宝塔的图片和塔的建构技巧的图片,让孩子们利用已有经验探索发现后进行建构。建构过程中进一步体验下面大、上面小的承重原理,尝试建高塔。

材料准备:邦宝玩具、一次性杯子、纸牌、茶叶罐等。

区域准备:张贴龙湫宝塔的照片、建构技巧图片、建构注意事项提示牌等。

(三)大班级——"我爱潮汕文化"主题活动

1. 大班级课程目标

(1)认知目标

结合童谣,让孩子们了解家乡的习俗、风土人情、民间游戏和传统手工艺等。

(2)能力目标

让孩子们主动尝试通过多种渠道了解家乡文化,并用语言、动作、表演、绘画、手工、记录等方式表现对家乡的热爱,发展孩子们的观察力、想象力、创造力和交往能力。

(3)情感目标

让孩子们了解家乡的乡土文化,激发孩子们热爱家乡的情感,初步萌发孩子们学习家乡传统文化的欲望。

2. 主题活动网络图

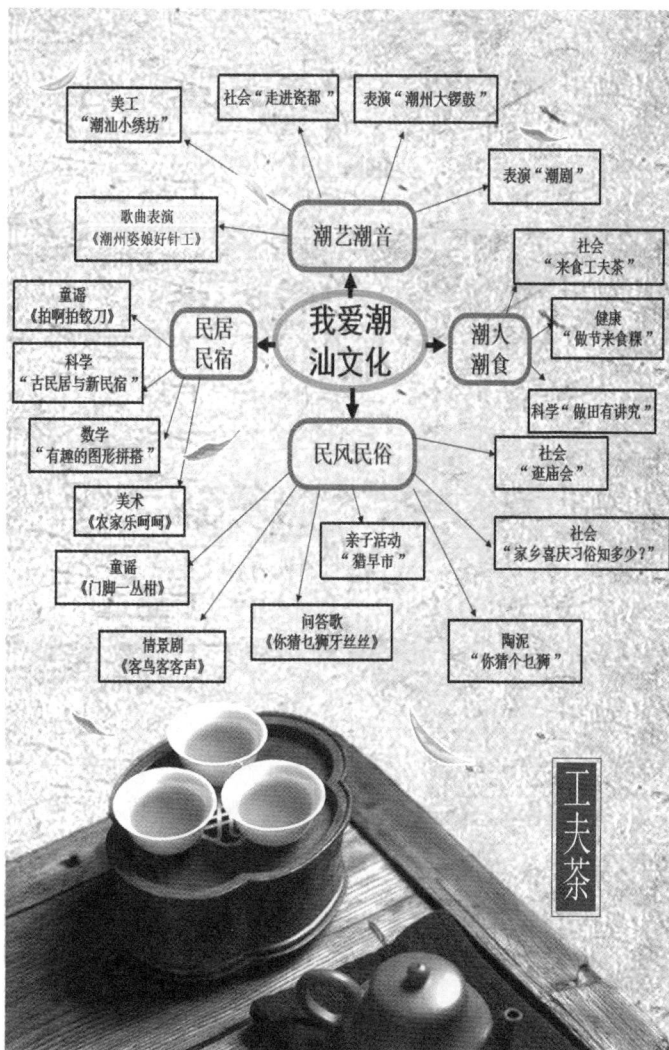

3. 大班级——"我爱潮汕文化"主题活动内容与目标

"我爱潮汕文化"主题活动内容与目标表

活动类型		活动内容	活动目标
学习活动	语言领域	童谣《拍啊拍铰刀》	1. 能结合绘本,理解"拍铰刀""收大冬""簟""锥"等词的意思,知道童谣的大致意思。 2. 感受童谣的节奏美和韵律美,能大胆诵唱或结伴拍手吟唱。 3. 感受潮汕农家的人、事、物,体验学习潮汕童谣的乐趣
		问答歌《你猜乜狮牙丝丝》	1. 了解童谣中壁狮、石狮、糖狮、虎狮的特点和用途,感知潮汕传统民俗活动的不同形式和意义。 2. 结合绘本图片诵读童谣,通过问答游戏,感受童谣的趣味性。 3. 激发孩子们对潮汕民俗活动的探究兴趣,萌发热爱家乡文化的情感
		情景剧《客鸟客客声》	1. 通过图片呈现和诵读的形式,知道童谣中讲述的故事情节,基本理解童谣内容,初步感受潮汕地区婚嫁的习俗。 2. 能流利诵读童谣,并根据童谣中的内容进行角色表演。 3. 体验情境表演带来的乐趣,感受家乡的乡土文化
		童谣《门脚一丛柑》	1. 知道"择孃"的意思,感知童谣的基本结构,理解童谣的意思。 2. 能自主诵读整首童谣,能用适当的肢体语言表达其对内容的理解,在掌握基本结构的基础上初步学会仿编童谣。 3. 感受童谣的诙谐有趣,在韵律活动和对歌游戏中体验仿编潮汕童谣的乐趣
	社会领域	走进瓷都	1. 课前参观陶瓷作坊,通过视频回放进一步了解陶瓷的制作过程。 2. 收集各种陶瓷制品,结合自己的经验,大胆、自信地向同伴进行介绍。 3. 加深对陶瓷工艺的认识,激发对手工艺人的敬仰之情和热爱家乡文化的情感

"我爱潮汕文化"主题活动内容与目标表(续1)

活动类型	活动内容		活动目标
学习活动	社会领域	潮汕古民居——许驸马府	1.观看视频,结合故事,初步了解许驸马府的结构,认识古民居的建筑特点。 2.能用连贯的语言表述出对潮汕古民居的认识,并能尝试建构出心中喜爱的古民居。 3.激发对古民居的探究欲望,会主动留意身边的古民居,感受家乡古民居文化
		逛庙会	1.知道什么是庙会。 2.与同伴玩逛庙会的游戏。 3.愿意参加活动,树立规则意识,体验逛庙会的乐趣
		家乡喜庆习俗知多少?	1.知道潮汕有出花园、婚嫁等习俗,认识一些常见的喜庆用品。 2.能大胆、自信地向同伴分享自己知道的有关家乡的喜庆习俗。 3.感受家乡的风土民情,激发孩子们热爱家乡的情感
	科学领域	有趣的图形拼搭	1.了解生活中各种物品的形状特征,建立物品与几何形体的联系。 2.用常见的几何形体有创意地拼搭出物体的造型,如"古民居、农家、景点设施"等。 3.在愉快的建构中加深对家乡的了解,萌发自豪感
		10个10个地数	1.能快速数出数量较多的物品。 2.知道数学在生活中的运用,激发参与数学活动的兴趣
		古民居与新民宿	1.感知潮州古民居与新民宿的建筑结构和作用的不同之处,以及它们之间的联系。 2.通过观察、比较、分析,能用完整的语句表述古民居与新民宿的特征。 3.知道潮州是一座文化底蕴深厚的古城,对家乡潮州有更深的认识,从而萌发热爱之情

"我爱潮汕文化"主题活动内容与目标表(续2)

活动类型		活动内容	活动目标
学习活动	科学领域	做田有讲究	1.感知潮汕地区关于农事的一些风俗。 2.结合潮州的气候特点,了解农民一年四季种植的规律和方法。 3.感受家乡先辈们的智慧与勤劳,懂得尊重他人的劳动成果,增进爱家乡、爱家人的情感
		做节来食粿	1.知道新年吃鼠壳粿,清明吃朴籽粿、桑葚粿,了解家乡粿品名称。 2.简单了解鼠壳粿、朴籽粿、桑葚粿的制作材料及其方法。 3.懂得吃粿时要细嚼慢咽,养成良好的饮食习惯
		来食工夫茶	1.结合工夫茶的童谣,了解潮州工夫茶的茶艺讲究。 2.能用工夫茶具与同伴一起尝试冲茶、品茶。 3.知道怎样健康饮用工夫茶,增进对茶文化的了解
	艺术领域	陶泥"你猜个乜狮"	1.结合童谣了解各种"狮子"的外形特征。 2.通过搓、压、捏、切、印等方法用陶泥表现出狮子的形态。 3.通过展示和欣赏陶泥作品,加深对潮汕陶瓷工艺的认识,进而对潮汕文化产生自豪感和认同感
		绘画"农家乐呵呵"	1.通过阅读绘本,对潮汕农家生活有初步的认识。 2.在理解童谣的基础上,结合自己的认识,尝试描画出心目中农家的风貌。 3.培养想象力、构图能力,体验美术创作活动的乐趣
		歌曲《潮州姿娘好针工》	1.在学会朗诵童谣的基础上,感受音乐旋律和节奏。 2.学习用潮州方言吟唱童谣,并配上简单的动作。 3.感受方言歌曲的韵律美和趣味性,激发爱家乡的情感
		歌曲表演《工夫茶》	1.知道潮汕人食茶的风俗习惯,感受歌曲轻松、欢快的旋律。 2.用简单的肢体动作表演歌曲内容。 3.了解茶文化,感受潮州人热情好客、以茶待客的礼仪

"我爱潮汕文化"主题活动内容与目标表(续3)

活动类型	活动内容		活动目标
学习活动	艺术领域	音乐游戏《拍啊拍铰刀》	1.初步了解音乐游戏的规则,会以拍手的形式吟唱童谣。 2.在熟悉音乐游戏的基础上,创造性地与同伴开展拍手游戏。 3.体验潮汕童谣的趣味性和游戏性,培养孩子们的合作意识
自主游戏活动(区域活动)	潮剧专场		1.知道潮剧是用潮汕方言演唱的一种地方戏曲剧种。 2.收集相关材料,与同伴尝试制作道具。 3.学会协商分配角色并进行简单的装扮,前期配音表演,后期逐渐转换为自主表演。 4.增强规则意识,提升交往能力
	潮州大锣鼓		1.布置喜庆场景,放置以大锣鼓为主的若干种打击乐器。 2.配合区域音乐《抛网捕鱼》,分配好打击乐器,尝试进行演奏。 3.在协作演奏的过程中培养集体意识,体验潮州音乐带来的乐趣
	来食茶		1.知道潮州工夫茶的冲泡方法和相关典故。 2.协商分配角色,活动中注重语言礼仪和冲泡方法,会向"客人"讲述典故。 3.体会潮州人以茶待客的快乐和质朴的民风
	陶乐坊		1.初步掌握陶瓷的制作方法,学会使用捏泥转盘。 2.发挥想象,利用陶泥自制各种陶瓷用品和工艺品。 3.乐于创作,感受活动的乐趣
	潮汕小绣坊		1.知道潮绣的特点,欣赏潮汕绣品的美。 2.能使用各种刺绣材料,进行简单的刺绣创作。 3.加深对潮汕文化的了解,萌发对家乡民间手工艺的学习兴趣
	古民居与新民宿		1.初步了解家乡古民居和新民宿的建筑特点。 2.会使用各种建构材料进行自主建构和协作建构。 3.在活动中加深对潮汕民居文化及乡土风情的了解

"我爱潮汕文化"主题活动内容与目标表（续4）

活动类型	活动内容	活动目标
体育集体游戏	民间游戏"勾脚拍掌"	1.能较灵活地进行单脚跳,提升身体平衡能力。 2.能与同伴协作组合,单脚跳并配合勾脚动作进行游戏,培养团队合作意识。 3.对民间游戏感兴趣,愿意和同伴一起进行游戏
	原创体育游戏"搓汤圆"	1.在游戏中熟练地进行走、跑、跳、转圈等动作。 2.增强比赛意识和团队竞争意识。 3.体验节气与体育游戏相结合的乐趣
亲子活动	比赛"抬花轿"	1.两个大人双手配合搭轿,托起孩子,进行接力抬花轿比赛。 2.增加亲子间的互动,增强亲子之间的感情。 3.体验民间游戏的乐趣,激发热爱家乡的情感
	亲子公益活动"猎早市"	1.将亲子制作的作品用来参加活动。 2.设置若干早市档口,邀请家长和孩子们一起进行公益买卖。 3.集得款项用于资助家庭经济困难的小朋友。 4.萌发为家乡做好事的情感
生活活动	播放教学音频、视频;即兴朗诵;师生分享;环境创设;自创小游戏等	1.在耳濡目染与亲身体验中认识潮汕文化。 2.在日常生活、游戏中乐于运用具有潮汕特色的材料或工艺进行自主创作。 3.感受潮汕童谣的美,对潮汕文化有进一步的认同感,加深热爱家乡的情感

4. 孩子发展评价
（1）教师对本班孩子的发展情况进行评价

"我爱潮汕文化"主题活动孩子发展评价表（教师）

孩子姓名		孩子性别		孩子年龄		填表日期		
领域	孩子发展目标					良好	一般	较弱
语言	1.能专心倾听别人讲话,理解讲话内容,获取基本信息,并能主动应答							
	2.能连贯地使用普通话、潮州话介绍自己家乡的工艺品和风土民情							
	3.能自主阅读绘本,愿意参加集体童谣诵唱活动,诵唱连贯,吐字清楚,并愿意向他人传诵							

"我爱潮汕文化"主题活动孩子发展评价表（续）

领域	孩子发展目标	良好	一般	较弱
语言	4. 能根据童谣作品提供的线索,仿编或续编童谣内容			
	5. 在情景表演中,能够合理使用情景需要的材料与资源			
	6. 喜欢学习潮汕童谣,主动收集主题内容以外的童谣读本或资料,并进行学习和诵读			
科学	7. 了解自己居住的社会环境与自然环境的明显特征,并提出问题			
	8. 有保护环境的想法,知道怎样从自己做起,保护家乡的环境			
	9. 在初步了解家乡气候特点的基础上,对农家劳作的规律和方法做出简单的记录,尊重他人的劳动成果			
	10. 能快速数出数量较多的物品			
	11. 能创造性地进行一定数量的排序			
	12. 能运用常见的形状材料进行建构,有较强的前后、左右、里外等空间意识			
艺术	13. 喜欢在吟唱童谣时,自主选择打击乐器进行伴奏			
	14. 能根据童谣的节奏及内容创编动作,选择简单的服饰、道具进行表演			
	15. 能结合自己的生活经验,改编童谣或歌词,具有一定的逻辑性和意义			
	16. 能大胆运用陶泥和泥盘创造性地制作出陶瓷用品或手工作品			
	17. 有积极参与美术活动的愿望,会自主使用美术工具和材料进行创作活动			
社会	18. 热情好客,文明礼让,关心、帮助他人			
	19. 了解潮州工艺品、潮州古居、潮州民俗等潮汕文化			
	20. 愿意参与各项活动,萌发"我是潮州人"的自豪感			
	21. 有保护环境、保护家园的意识,并能主动做好			
健康	22. 了解潮汕的饮食文化,知道节气粿品和工夫茶的健康食用方法			
	23. 喜欢参加潮汕传统游戏,能创新游戏玩法,动作灵活、协调			

（2）家长对孩子发展情况的评价

"我爱潮汕文化"主题活动孩子发展评价表（家长）

孩子姓名		所在班级		填表日期			
序号	评价项目			非常符合	基本符合	不太符合	不符合
1	乐于朗诵潮汕童谣						
2	能有感情地诵读童谣,并用不同方式进行表现						
3	能主动向他人介绍童谣的内容						
4	能主动通过多媒体、图书等途径搜索童谣相关资料进行学习						
5	与家人一起收集幼儿园集体活动所需的物品与资料						
6	喜欢参观潮州工艺品店,能通过观察、动手制作,加深对潮州工艺品的认识						
7	知道粿品、工夫茶的健康食用方法						
8	向家人介绍潮汕传统文化、手工艺、风俗、传统美食						
9	能主动发现潮州古民居与新民宿的建筑特点						
10	愿意向家人描述自己心目中的家乡						
11	乐于用多种材料和技巧进行艺术创作						
12	能快速数出物品的数量						
13	能热情、有礼貌接地接待客人						
14	有环保意识和行为,懂得保护家乡环境						
15	对潮文化兴趣浓厚,有强烈的爱家乡的情感						

附五 大班级——"我爱潮汕文化"
主题活动环境创设建议

一、大班级主题墙

在主题活动中,环境创设与主题活动密切相关,教师根据主题活动的目标、内容和大班级孩子的基本经验以及孩子发展的需要,创设与其相适应的环境,以满足孩子自主活动、自我发展的需要。大班级主题墙我们注重环境创设的可操作性、灵活性、多元性,让孩子参与到主题墙创设活动中,使环境创设真正成为课程的一部分,并随着主题的开展而变化,随着孩子的生成而拓展。

(一)方案1:潮州工艺品种多——潮绣(潮州姿娘好针工)

可先将主题墙分为四个小板块。第一板块先利用彩图把童谣的内容呈现出来,让孩子们回忆童谣,便于进行朗诵;第二板块呈现一些绣品,让孩子们欣赏的同时能尝试仿编童谣;第三板块将相关的刺绣材料(针、线、规、珠片、线)呈现出来,配合刺绣流程图,激发孩子们动手创作的欲望;第四板块将孩子们创作的作品展示出来,大家互相学习,丰富主题墙,也使孩子们参与到环境创设中来。

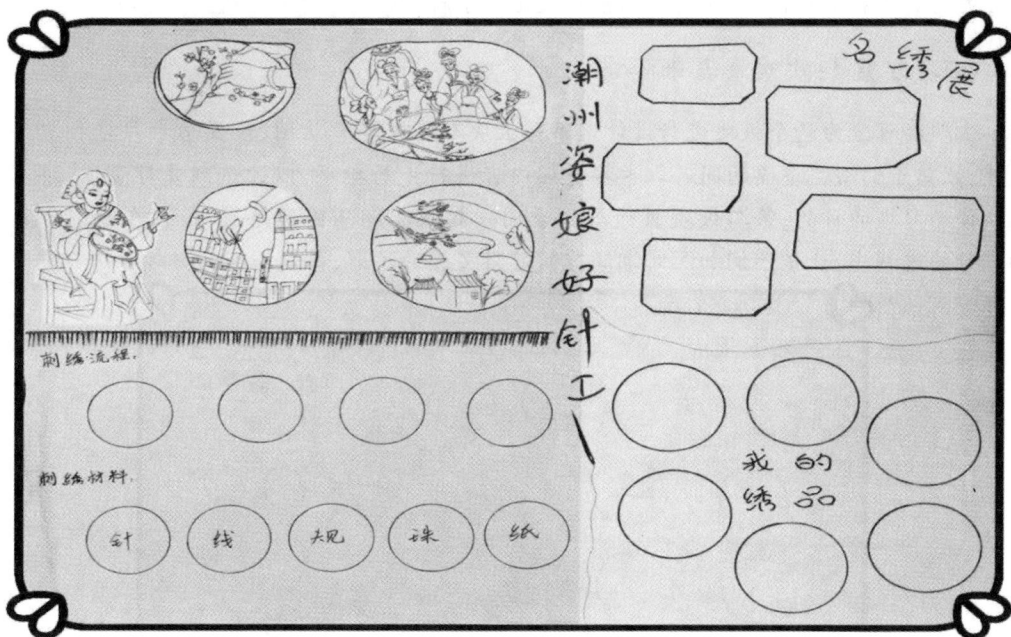

主题活动墙饰延伸建议:在刺绣的基础上,引导孩子们萌发探究家乡其他工艺品的欲望,并搜集材料,来布置不同种类工艺品的展览墙。

(二)方案2:翻盖问答游戏

教师通过设计翻盖问答游戏,让孩子们根据箭头指示次序,认读出纸盖上的文字,丰富识字量,以此加深孩子们对学习童谣的兴趣,培养自主阅读的习惯。也可结伴进行翻盖问答游戏。

主题活动墙饰延伸建议:引导孩子们回忆自己参加过的祭祀、热闹的场景,共同收集一些相关的彩图和小物件,加深对潮州祭祀文化的了解。

(三)方案3:欢欢喜喜来娶亩

主题墙可分为两个板块进行设计。第一板块布置嫁娶背景图,设置总卡片槽和次序卡片槽,让孩子们回忆童谣的同时取卡按童谣内容进行先后排序,以此达到复习童谣,培养自主阅读的习惯的目的;第二板块教师与孩子们一起收集潮汕民俗婚嫁用品,在逐渐丰富主题墙饰的过程中,让孩子们加深对潮汕民间习俗文化的了解,萌发探究的兴趣。

主题活动墙饰延伸建议：引导孩子们继续了解潮州其他的民间风俗，如"出花园"，并收集相关物品和资料，师生一起布置主题墙，进一步萌发对潮汕文化的探究兴趣，萌发热爱家乡文化的情感。

（四）方案4：潮州农家有什么

教师设置农家背景图，与孩子们共同收集一些关于潮州农家的事物，并指导孩子们绘制成若干卡片，用于丰富主题墙饰。鼓励孩子们继续留意周边农家的人、事、物，并绘制成卡片，继续丰富主题墙。

主题活动墙饰延伸建议：将孩子们绘制的卡片进行分类整理，并由农家房屋的建筑特点延伸出其他板块，如潮州古民居、潮州现代民宿。

二、大班级公共区域

（一）走廊区域

走廊墙体设计：简单设计墙体背景，然后在墙面张贴主题绘本内容的彩图，让孩子们可以在课间、饭后等碎片时间来记忆和诵读童谣。

天花板设计：可以悬挂与该楼层走廊主题绘本墙相关联的一些卡片。

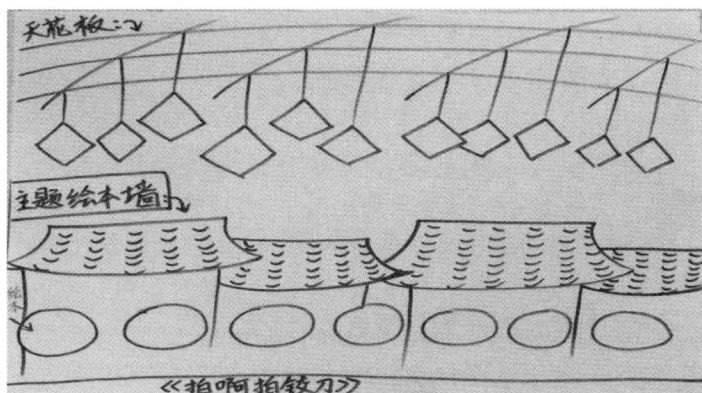

（二）楼梯

在楼梯区域墙进行绘制或是用 KT 板选择性打印童谣的绘本彩图，让孩子们走过楼梯时随口朗读童谣。

（三）操场大区域："猎早市"

设置若干早市档口，将亲子制作的潮汕工艺品布置在档口展台，邀请家长和孩子们一起进行公益买卖。

（四）活动展板

设置"亲子自制工艺品""画家乡""我爱民俗活动"等活动剪影展。

丰富的主题环境，能营造浓烈的活动氛围，激发孩子们探索和学习的欲望，让孩子们在环境中受到影响。

附六 大班级区域活动设计建议

区域活动是孩子们最喜爱的活动，教师可根据教育的目标和孩子们发展的水平，有目的地创设活动环境，投放活动材料，让孩子们按照自己的意愿和能力，在特定的环境中，以操作、摆弄为主的方式进行个性化的自主学习的活动，通过与材料、同伴、教师相互作用得以全面发展。

一、阅读区"美丽潮州"

在阅读区投放多套潮汕童谣绘本，让孩子们观看绘本，回忆童谣内容，和同伴轻声阅读。

教师创设一个使孩子们想说、敢说、喜欢说、有机会说并能得到积极应答的环境。在区域活动中布置一些童谣相应背景图片，同时，准备大量孩子们熟悉、喜欢的事物形象小图片供孩子们选择，当他们选到喜欢的形象时，可以自由讲述。如投放《你猜乜狮牙丝丝》绘本中狮子的卡片，让孩子们玩问答游戏；在区域主题墙上设置《门脚一丛柑》童谣背景图。这种方法不仅满足了孩子们说的愿望，而且具有一定的随机性，孩子们可以根据自己的兴趣随机改编童谣，发挥其想象力。

阅读材料：潮汕童谣绘本。

区域准备：平板、录音机、背景图、故事卡片等。

二、美工区

美工区是一个让孩子们感受美、表现美的小天地，教师要营造良好的艺术氛围，为孩子们进行游戏、学习与创作提供相适应的环境和条件。区域中投放各种不同的艺术品，不同的工具和材料，供孩子们自由地观察欣赏后，让孩子们根据自己的兴趣和意愿与同伴进行友好地合作，以此发挥他们的创造力，提升他们的审美能力。

（一）制作灯、鼓、喇叭、彩旗等与潮州婚嫁习俗相关的道具(童谣《客鸟客客声》《门脚一丛柑》)

在美工区,教师为孩子们提供相应的制作材料、工具、示范作品以及各种道具使用图示。孩子们在美工区开展活动制作的作品可投放到表演区,供孩子们表演等。

准备材料:

绘画材料:蜡笔、水彩笔、排笔、水粉颜料、丙烯颜料、图画纸。

手工材料:卡纸、KT 板、蜡光纸、亮光纸、皮纹纸、色纸、泡绵纸、包装纸。

工具类:双面胶、泡棉胶、白乳胶、剪刀、花边剪、各式压花,以及其他半立体材料(如皮革、鼓身、缎带、布艺胶带、彩色纱、花布、扣子、豆子、木板等)。

区域准备:灯、鼓、喇叭、彩旗等道具的图片和示范作品等。

（二）潮汕小绣坊"潮州姿娘好针工"

潮汕小绣坊区域摆放供孩子们欣赏的绣品,并准备针线、绣规和布,供孩子们学习穿针、刺绣的简单步骤,自主创作小潮绣作品。

准备材料:绣品、针线、绣规、珠片、布、剪刀等。

区域准备:在区域布置一面潮绣作品墙,上面张贴穿针和刺绣的简单步骤图、制作注意事项提示牌等。

（三）陶乐坊

活动前期,可带孩子们参观潮汕祠堂或寺庙,观看潮汕传统民俗活动,了解童谣里各种狮子的特点和用途,了解潮州陶瓷制品,获取相关经验。区域中教师为孩子们提供轻黏土、配件工具、蜡笔、图片等,供孩子们自主选择创作"壁狮、石狮、糖狮、虎狮"等各种各样的潮汕狮子,或自主创作陶瓷制品,如"工夫茶具、碗、盘"等。

准备材料:瓷土、轻黏土、黏土配件、工具刀、蜡笔等。

区域准备:各种狮子图片、陶瓷制品、陶瓷转盘、制作注意事项提示牌等。

三、表演区

表演区是孩子们十分喜爱的区域之一。孩子们在表演区中轻松、愉快地游戏,获得了自信心、满足感,又培养了良好的社会交往能力。

（一）潮剧专场

活动前请专业潮剧演员为孩子们简单介绍潮剧以及角色的特征,知道潮剧是用潮汕话演唱的地方剧种。为孩子们表演潮剧小选段,激发孩子们的学习兴趣。

准备材料:戏服、水袖、油纸伞、折扇、葵扇、戟、棍等道具。

区域准备:布置潮剧风格幕布,各个行旦形象图片,镜面墙,表演注意事项提示牌等。

（二）潮州大锣鼓

通过欣赏《丰收锣鼓》片段,让孩子们了解鼓是我国民族乐器的一种,了解鼓的形状、特点及打击方法,感受潮州大锣鼓的风采。让孩子们分组进行表演,并在热闹的氛围中感受潮州传统文化。

准备材料：大鼓、小鼓、锣等乐器，游神赛会传统服饰等。

区域准备：布置开展潮汕传统民俗的背景。

(三)韵律游戏《拍啊拍铰刀》

孩子们可两两搭配成一组，面对面有节奏地边唱边拍手做动作，可交换玩伴反复玩游戏。区域中教师鼓励孩子们大胆想象并创新玩法，可根据旋律改变拍手部位、拍的动作或使用道具拍打等。

准备材料：各种乐器。

区域准备：布置潮汕传统客厅、花园等，录音机、平板电脑等。

四、建构区

建构游戏是一种创造性的游戏，是孩子们根据自己的生活经验，以想象为中心，主动、创造性地反映周围现实生活的游戏，具有操作性、艺术性、创造性的特点。

丰富而适宜的游戏材料，能为每一个孩子提供活动的条件和表现的机会，是决定孩子们主动活动的重要因素之一。建构游戏一直都是孩子们喜欢的一种游戏类型，它对培养孩子们的创造力、想象力和动手操作能力都起着非常重要的作用。

(一)建构潮汕农家

孩子们可参观附近具有潮汕特色的农家、民居，认识潮汕农家、民居的建筑特色，了解人们的生活场景，收集农家、民居的图片，获取相关知识。

准备材料：大小雪花片、管状积木、编织积木、沙土、竹篾等建构材料，具有特色的潮汕"姿娘""阿公""奴仔"等人物形象。

区域准备：布置民居区域环境，张贴潮汕农家、民居建筑的图片，潮汕农家生活场景图片，建构技巧示范图，教师的示范作品，注意事项等。

(二)建构潮汕婚嫁场景

为孩子们提供积木、雪花片或者长短不一的木棍等，通过视频，让孩子们了解潮汕婚嫁、"出花园""劳热"等风俗，激发孩子们建构兴趣。再结合潮汕喜庆用品图片以及搜集到的婚嫁轿子、花篮等模型让孩子们欣赏、观察，获取相关经验后进行建构。

准备材料：潮汕喜庆用品图片、视频，用品模型，邦宝积木，大底板，雪花片，长条积木（如长木棍）等。

区域准备：潮汕喜庆用品图片、喜庆场景布置、喜庆用品模型、建构技巧示范图、教师的示范作品、注意事项等。

五、生活区

在生活区应该开展和孩子们生活经验贴近的活动，创设一些真实的内容和情境，以发展孩子们自理、生活礼仪等方面的能力。

（一）茶艺坊"来分我请茶"

进区前，教师可从认识茶、茶的故乡、茶叶种类、茶的用处、茶道礼仪等多个方面向孩子们做全方位的讲解。设置茶艺坊，让孩子们自己动手泡茶，体验茶道礼仪。

准备材料：各款茶叶、茶具、冲茶工具等。

区域准备：布置一面有关冲茶过程、冲茶礼仪图示的墙，布置一个茶壶展示柜，一套茶几，制作冲茶注意事项提示牌等。

（二）美食街

活动前教师定好主题，提前一天让孩子们在家中准备相关食材并在活动当天带来幼儿园（可邀请家长和孩子一起制作）。活动当天让孩子们向其他小朋友讲解自己带来的美食的制作方法和特殊含义。开放"美食一条街"，孩子们在美食街里"购买"自己喜爱的美食。

准备材料：制作潮汕传统美食（糖狮、书册糕、酥糖、朥饼等）所需材料及烹饪所需道具等。

区域准备：制作步骤的展示，制作注意事项提示牌，设置"美食一条街"场景。

第三节 潮汕童谣活动建议

一、童谣《客鸟客客声》

客鸟客客声
客鸟客客声，底人爱合阿奴做亲情？
父欢喜，母欢喜；父担床，母担椅；
担到后头埔，遇着鲤鱼来擎妣；
龟擎灯，鳖打鼓；胡蝇嗑禾的，蚼蚍擎彩旗；
水鸡担布袋，田蟹来相贺；虾蛄背囊箱，蟛蜞扛新娘。
"弟唅弟，你个新娘若趣味？"
"趣味哩趣味——
绿豆目，葱管鼻，猪哥嘴，蝠婆耳，齿屎扒落一粪箕。"

活动建议

1. 看一看

让孩子们观看鲤鱼娶妻的故事。

2. 学一学

让孩子们学习歌谣内容。

（1）学习歌谣中的对话。

（2）学习重点词汇，如擎、打、担、嗑、背、扛等。

3. 做一做

让孩子们在美工区制作与歌谣角色相关的服饰。

4. 演一演

让孩子们在表演区进行角色表演。

二、童谣《你猜乜狮牙丝丝》

你猜乜狮牙丝丝

你猜乜狮牙丝丝？你猜乜狮倚门边？

你猜乜狮得人惜？你猜乜狮好赚钱？

我知壁狮牙丝丝，我知石狮倚门边；

我知糖狮得人惜，正月虎狮好赚钱。

活动建议

1. 认一认

教师带领孩子们走访牌坊街，了解歌谣中壁狮、石狮、糖狮、虎狮的外形特征和所代表的含义。同时，教师收集相关的图片。

2. 说一说

让孩子们说一说自己见过的狮子。

3. 学一学

为什么"壁狮牙丝丝？石狮倚门边""金狮得人惜？虎狮好赚钱"？

（让孩子们知道正月舞狮虎是潮州民间的传统习俗。）

4. 看一看

教师与孩子们一同欣赏"舞狮"视频。

5. 演一演

在表演区投放"狮头"道具、《双咬鹅》等潮州大锣鼓曲目，供孩子们模仿、创作表演。

三、童谣《门脚一丛柑》

门脚一丛柑

门脚一丛柑，数来数去三百三；

人呾阿兄会择姟，择着个姟长短脚。

门脚一丛梨，数来数去三百个；

人呾阿兄会择姟，择着个姟无下颏。

活动建议

1. 猜一猜

头小肚大，裹件黄青裀，样子像灯泡，能吃不能照。（答案：梨）

2. 说一说

提问孩子们想在"门脚"种什么。（提示：桃、梨、香蕉等）

门脚一丛桃,数来数去多少个? 数来数去"甜数无"。

3. 想一想

人叫阿兄会择姟,择着个姟"乜生样"? (择着个姟"长头毛""短头毛""无头毛"……)

4. 编一编

进行《门脚一丛桃》仿编游戏。

门脚一丛桃,数来数去甜数无。

人叫阿兄会择姟,择着个姟长头毛。

门脚一丛李,数来数去数无哩。

人叫阿兄会择姟,择着个姟笑眯眯。

5. 玩一玩

让孩子们在玩游戏"跳房子"时可以边跳边读童谣,增加游戏的趣味性。

四、童谣《鸡团错脚踏死鹅》

鸡团错脚踏死鹅

鸡团错脚踏死鹅,和尚相拍相挽毛,

尼姑邀团蹴踢跎,老鼠拖猫上竹篙,

海底虾团食癞哥,青盲看到笑呵呵。

活动建议

1. 学一学

向孩子们介绍颠倒歌。颠倒歌是故意把一系列事物唱反,主要是达到"无厘头"式幽默的效果。

2. 玩一玩

用开火车的形式,师生玩"说相反"游戏,如教师说高,孩子们说低等。

3. 说一说

颠倒歌中讲了什么内容? 歌谣中哪些地方唱反了?

4. 改一改

尝试订正颠倒歌。例如,大鹅错脚踏着鸡,和尚相好相揽肩,阿姆娇仔去蹴街,老鼠教仔游过溪。

5. 编一编

还可以把什么内容编到歌谣里? 活动后让孩子们与家长续编颠倒歌。

五、童谣《潮州姿娘好针工》

潮州姿娘好针工

潮州姿娘好针工,十指尖尖舞银针;

绣出梅花散芳味,绣出七女下凡间。

潮州姿娘好针工,十指尖尖舞银针;

绣出大厦成群起,绣出春色在人间。

活动建议

1. 说一说

你在生活中见过潮绣吗？它们是什么样的？

2. 讲一讲

你听过《姑嫂鸟》的故事吗？（教师讲述故事）

通过故事让孩子们进一步了解潮州姑娘的勤劳、心灵手巧，可以为绣花献出自己的生命。

3. 编一编

潮州姑娘用银针绣出梅花、高楼大厦，她们还会绣出什么呢？（出示几幅有名的潮绣作品）

仿编童谣例子：

潮州姿娘好针工

潮州姿娘好针工，十指尖尖舞银针，

绣出鲤鱼跃龙门，绣出七女下凡间。

潮州姿娘好针工，十指尖尖舞银针，

绣出韩江行大船，绣出幸福满人间。

4. 做一做

可以在区域活动中进行，也可以作为拓展活动进行。

让孩子们在区域活动中增设"小绣坊"。在该区域中，既摆放可供欣赏的绣品，还提供针线、绣绷等，教给孩子们穿针、刺绣的简单步骤，让孩子们尝试操作。引导孩子们自主探索、亲自动手，让孩子们在轻松的氛围中对潮绣产生兴趣，认识到潮绣传承的重要意义。

六、童谣《农事歌》

农事歌

正月落粟种，二月浥冬瓜，

三月禾苗长，四月茄开花，

五月桃仔熟，六月掘地瓜，

七月摘龙眼，八月剥麻皮，

九月鱼菜齐，十月新米炊，

十一月柑皮红，十二月梅开花。

活动建议

1. 谈一谈

在南方，一年四季瓜果飘香，每月都有不同的花卉盛开，让孩子们向同伴介绍自己了解到的哪个月份有什么蔬果成熟，有什么花盛开。

2. 编一编

让孩子们把其他相对应的时令蔬果和花卉的名称仿编到歌谣里。（引导孩子们对应好

月份）

仿编童谣例子：

农事歌

正月桃花开，二月木棉红，

三月枇杷黄，四月芋头松，

五月李仔熟，六月地豆攀，

七月多尼乌，八月石榴红，

九月柿子通，十月收大冬，

十一月白菜白，十二月柑满枞。

3. 做一做

将各月成熟的蔬果和盛开的花卉制成图卡投放到区域活动中，开展语言游戏"我来拿，你来说"，让孩子们将同伴拿出的图卡编入歌谣中。

4. 种一种

教师带领孩子们开展种植活动，让孩子们在实践中探索，充分体验种植带来的乐趣。同时感受农民的艰辛，懂得所有的蔬果都来之不易，要爱惜他人的劳动成果。

七、童谣《潮州湘桥好风流》

潮州湘桥好风流

潮州湘桥好风流，十八梭船廿四洲；

廿四楼台廿四样，二只鉎牛一只溜。

潮州湘桥好踢跎，十八梭船廿四垛；

廿四楼台廿四样，二只鉎牛一只无。

活动建议

1. 谈一谈

让孩子们聊聊自己印象中的湘子桥。

2. 听一听

儿歌中有哪些数字？数字对应的是什么？

3. 想一想

湘子桥与其他桥梁有什么不一样？

4. 唱一唱

童谣吟唱。准备乐曲《潮州湘桥好风流》、简单打击乐器，由孩子们自由选择乐器进行打击演奏。

八、童谣《东方出个弥勒佛》

东方出个弥勒佛

东方出个弥勒佛，南方出个观音佛；

错错碎碎木仔核，圆滑圆滑龙眼核，

生毛生毛杠果核,头尖尾尖橄榄核,

满面皱纹是桃核,滑溜滑溜阳桃核。

活动建议

1.学一学

让孩子们学习叠音形容词,重点学习满面皱纹、外骨中肉等。游戏活动"图卡对应"(将各种核儿的图片与叠音形容词字卡一一对应并朗读)。

2.编一编

"错错碎碎"除了木仔核还有什么核?"圆溜圆溜"除了龙眼核还有什么核?(逐一提问)

仿编童谣例子:

东方出个弥勒佛

东方出个弥勒佛,南方出个观音佛;

错错碎碎石榴核,圆滑圆滑枇杷核,

生毛生毛杨梅核,头尖尾尖红枣核,

满面皱纹核桃核,滑溜滑溜莲果核。

引导能力较强的孩子改编童谣。例如,乌溜乌溜西瓜核,大大小小林檎核……

3.玩一玩

玩游戏"我来问,你来答"。

甲:我来问,你来答,错错碎碎什么核?

乙:错错碎碎木仔核。

甲:我来问,你来答,圆滑圆滑什么核?

乙:圆滑圆滑龙眼核。

……

九、童谣《雨落落》

雨落落

雨落落,阿公去栅箔;

栅着鲤鱼共"苦膜";

阿公哩爱煏,阿嫲哩爱炣;

两人相拍相挽毛;

挽去见老爹,老爹笑呵呵:

咀恁二老好笑绝。

活动建议

1.说一说

阿公阿婆在干什么?(栅箔)

2. 想一想

为什么公婆两人相打相挽毛？（爱煏、爱炯）

老爹看了为什么笑呵呵？

3. 议一议

鱼还有什么烹饪方式？

4. 演一演

让孩子们进行情景表演。准备服饰、道具,让孩子们分别扮演阿公、阿婆、老爹,以此加深对童谣的理解,体验生活情趣。

十、童谣《拍啊拍铰刀》

拍啊拍铰刀

拍啊拍铰刀,拍来铰绫罗;

绫罗团,过深河;

深河深河深,一群姿娘团在听琴;

琴好听,阿公阿嫲坐客厅;

客厅通底块？通到后头花园边;

园中好花唔甘摘,留分娘团插支辫。

支辫插好去落田,保贺阿兄收大冬。

大簟锥,细簟涨,

大家共庆丰收年,丰收年!

活动建议

1. 看一看

让孩子们观看《拍啊拍铰刀》视频作品,感受歌谣的趣味性。

2. 谈一谈

你看到了什么？她们在什么地方做什么事情？

3. 玩一玩

让孩子们玩"拍铰刀"的游戏。游戏玩法:

(1)两两搭配成为一组,面对面有节奏地边唱边做。

(2)交换玩伴,反复游戏。

4. 创一创

除了用手拍,还可以用什么方法来拍？

教孩子们大胆想象,创作出新玩法,可根据旋律改变拍手方法,如拍肩、拍腿、跺脚等。

十一、童谣《拍球歌》

拍球歌

一油馇,二油馇,

双(三)头尖,

四菜粿,五缚粽,

六甜粿,七挃包,八酵粿。

酵粿涂鳅空,糕粿踏步层。

乌龟包甜馅,好食来分人。

活动建议

1. 认一认

提问孩子们都认识哪些潮州小食。

2. 拍一拍

(1)你喜欢和其他小朋友玩游戏吗？让孩子们边拍手边读歌谣。

(2)与同伴边拍球边朗读童谣,加强对小食的认识。

3. 品一品

开展"美味的小食"活动,让孩子们观察、品尝各种各样的小食。

4. 做一做

在美工区提供多种材料(如轻黏土、纸板、泡沫板等),让孩子们小组合作制作各种"小食",在玩中学、玩中体验制作的乐趣。让孩子们感受潮汕文化,萌发爱家乡的情感。

5. 玩一玩

将制作出来的各种"小食"投放在游戏区,如"娃娃家""小食店"等,让孩子们在愉快的游戏中加深对潮州美食文化的了解。

十二、童谣《蜘蛛食饱站瓦楣》

蜘蛛食饱站瓦楣

蜘蛛食饱站瓦楣,十五十六做风台;

风台吹掉蜘蛛布,蜘蛛无布哭哀哀。

蜘蛛食饱站瓦墘,十五十六做风时;

风时吹掉蜘蛛布,蜘蛛无布哭啼啼。

活动建议

1. 找一找

教师和孩子们一起找一找蜘蛛,看它们都躲在哪里。(带孩子们到户外寻找蜘蛛的足迹,观察蜘蛛织的网)

2. 猜一猜

猜谜语:一位姑娘脚手多,日日门前织绫罗,早上露珠千万颗,晚上网得飞虫多。(答案:蜘蛛)

3. 演一演

风台吹掉蜘蛛布,蜘蛛会怎样？风时吹掉蜘蛛布,蜘蛛会怎样？

4. 做一做

提供彩笔、蜡笔、各种线团、剪刀等,让孩子们大胆想象,为蜘蛛造新房(手工、绘画等)。

最后,请孩子们向同伴介绍自己创作的作品。

注:以上童谣选自刘少玲主编的童谣绘本《拍啊拍铰刀》,由广东高等教育出版社于2019 年出版。

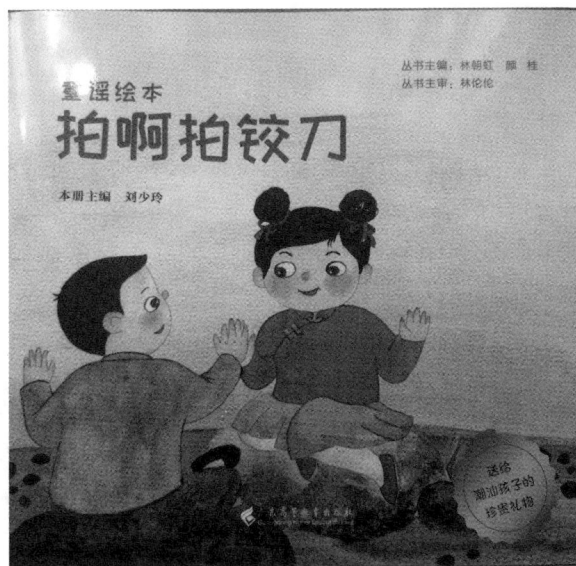

附录　幼儿园的发展轨迹及办园特色

附录 A　我们的足迹

1997 年 9 月,我通过了潮州市妇女联合会的考试,被任命为潮州市兰英第一幼儿园主要负责人。幼儿园刚开办时,由于地处新区,园舍基建尚未竣工,没水没电(这样的情况延续了一年),所以第一批进园的孩子只有 17 个。幼儿园除了课桌椅、睡床和一些教学图片外,几乎一无所有。

面对如此艰苦的办园条件,第一批进园工作的教职工都有些茫然。但我满怀信心地告诉大家:"困难是暂时的,面包总会有的! 我们的希望在 21 世纪。"我一方面鼓励教师要以乐观的态度对待眼前的困难;另一方面着手制订各种计划,确立幼儿园发展目标,建立各项规章制度等。谈到入园孩子太少时,我说:"这是我们的种子。星星之火,可以燎原! 我们要像带'研究生'一样把这第一批孩子带好!"

当时,教师每人每月向上级"借"三四百块钱的生活费。幼儿园连打一条"兰英第一幼儿园欢迎小朋友"横幅的钱都没有(所以办园以来我们没有花过一分钱的广告费),但我们充分发挥自己的聪明才智,有条不紊地做好环境布置、招生宣传、选材备课等各项工作。

紧接着,我明确地制定出幼儿园的近期目标:高起点,严要求,规范办园;中期目标:3 ~ 5 年,成为市一流幼儿园;长期目标:省示范性幼儿园。要求教师们以园为家,艰苦创业。

为了实现"高起点,严要求,规范办园"的近期目标,我们起早摸黑,每天除了制订计划、备课、组织正常的教学活动外,还坚持清洗楼梯、走廊、教室,使启用的几个教室一尘不染,使孩子们的学习、生活不受基建的影响。放学后,教师们总是留下来讨论一天活动中存在的问题,说课、评课,讨论园制定的各项制度等。做得最多的是对几位通过考试录取但毫无经验的教师进行师德教育、业务培训。不知有多少次,我们点着蜡烛工作到晚上 19 点多,饿着肚子回家;不知有多少次,我们利用节假日、双休日加班加点,完全忘了自己家里还有重要的事情……值得一提的是,这些在别人眼里理所当然应拿加班费的工作,在当时的我们看来却是理所当然应该不计报酬的。我倾尽所有,言传身教,忘我工作,在大家心目中树立起一个无私无畏、敢于担当、勤俭廉洁、内行能干的当家人形象! 为了幼儿园美好的明天,我带着大家默默无闻地奉献着自己的青春年华。

兰英第一幼儿园是华侨黄周旋先生为了纪念收养自己的母亲并帮着养育儿孙的外婆(名字叫作兰英)而捐资建造的。我们感念黄先生及其外婆的"爱心",因此以"有爱才有一切,为爱奉献一切"为园训(后改为"胸怀大爱,孜孜不倦")。我们在经济十分困难,教师津贴无法足额发放的情况下,仍胸怀大爱,孜孜不倦,用自己的实际行动让更多的孩子受到良好的学前教育。

忘我的工作换来了激动人心的成果。我们与家长都欣喜地看到了 30 名孩子(到第一学期末,入园孩子达 30 个)明显的进步。于是,幼儿园的名声扩大了,幼儿园的孩子从 30 个增到 151 个。幼儿园声誉与日俱增,远在浮洋、龙湖的家长也都领着孩子慕名而来。2000

年,办园规模达到 10 个班 375 个孩子,成为潮州市享有很高声誉的市一级幼儿园。

兰英第一幼儿园自开办以来,十分重视对孩子实施全面的素质教育,把开发孩子智力、培养德智体美劳全面发展的孩子作为起点目标。在此基础上,根据面向未来的教育原则,把培养孩子思维的灵活性、创造性,培养孩子的创新意识、创新能力作为创办特色幼儿园的主要目标。我们认为知识是学不完的,而应变能力、创新能力则是一个人发展的重要的素质之一。具备思维灵活性、创造性和创新能力的人,才能在知识经济时代立于不败之地。于是,我们在各项活动中尊重孩子,突出孩子的主体地位,通过适时、适度的启发、引导,最大限度地发挥孩子的主观能动性。同时注重为孩子们创设良好环境,提供动口、动手、动脑和表现自我的机会,达到培养孩子们思维灵活性、创造性和培养创新能力的目标。

2001 年,我园率先开展课程改革,全面尝试生成课程。

生成课程是以孩子们的兴趣、需要生成的,在实施过程中着重让孩子们动手操作、主动探索,更进一步突出孩子们在教学中的主体地位,更注重孩子们的主动学习能力。这种课程模式给孩子们留下了发挥、想象、创造的更大空间,更有利于培养孩子们思维灵活性和创新能力。于是我们一方面加大园本培训的力度,另一方面克服人手紧、经费少、场地小、孩子多的困难,全面实施生成课程。但实施一学期后,发现师资水平及资金无法跟上,于是我提出走生成课程与预成课程相结合的新路子。要求教师每学期利用 10 周的时间实施生成课程,10 周则博采众家之长,选择有现代气息的现成课程,逐步形成动态性和静态性融为一体的课程特点。

为了让孩子从小养成良好的行为习惯,做一个文明的小公民,我们注重隐性课程的建设。即通过无处不在、无时不有的幼儿园物质、文化环境和人际关系对孩子们进行熏陶、教育、培养。根据我国的环境情况,我们致力于孩子们的环境教育,通过环境创设、生成课程和隐性课程,让孩子们全面了解环境污染、环境保护的相关知识,自觉抵制各种破坏环境、污染环境的行为,做一个环保、节约的好孩子,并通过孩子影响家长和周围的人群,呼吁大家保护环境、注意节约、共同爱护人类的家园。《在环保活动中培养幼儿的节约习惯》成为我们的第一个研究课题。我们的教师在艰难困苦中乐观自信、自强不息,接连进行了《在语言活动中培养幼儿的创新能力》《幼儿园体育活动实践研究》等课题研究。

我们还着眼于幼儿园的可持续发展,努力优化育人环境。

2000 年,为了使幼儿园的环境更加优美,我们改造了办公楼(原来幼儿园的建筑格局是独臂楼,即在约 6 666 m^2 的土地上建了办公楼和教学楼,两座楼连在一起,操场的中间建了 3 条连廊,再无其他),配置了部分功能室。2003 年,在华侨黄周旋先生的儿子黄建华先生的帮助下,幼儿园音体楼正式动工。2003 年底,音体楼正式竣工,我们有了宽敞的游泳池、多功能厅和体育室。2004 年,黄建华先生希望拆掉操场的连廊,我认为拆掉操场的连廊,就必须在连廊后面的空地上再建一座楼,形成四楼连一体的格局。黄建华先生采纳了我的意见,再次捐资 100 万,重建门房并兴建科艺楼。2006 年 2 月,科艺楼竣工,我们有了约 200 m^2 的餐厅,有了科学实验室、美工室、角色游戏厅和多媒体室。同时,我园又投入了 20 多万元重新装修了教学楼和办公楼的外墙,架设了两座天桥,扩建了厨房,对幼儿园操场重新布局,增加了绿化带,种上了大片草皮和玉兰树、黄心梅等。2003—2007 年,我园再次投入 50 多万元购置了计算机、空调、多媒体放映机、大型游乐玩具等,大大改善了办园条件,优化了育人环境。

从 1997 年办园到 2006 年,这 9 年间,我们按全额拨款幼儿园的收费标准收费,而财政却只拨给我们 10 位教师的基本工资,从没有额外拨给过我们一分钱。相反,幼儿园最初的基建超预算,我们必须分担债务;兴建音体楼、科艺楼时毁坏了幼儿园操场造成的维修费;原来办公楼、教学楼外墙马赛克脱落换成了瓷砖;音体楼和科艺楼的装修、两条天桥的搭建都花费了我们不少资金……在艰难中求生存的幼儿园,让我这个当家人在办好幼儿园、确保教职员工不挨饿的谋划中呕心沥血,强为"无米之炊"!幼儿园除了带班教师,整个后勤就只有 3 个人。我除了负责幼儿园的管理工作、教学工作及撰写材料的工作,还利用节假日和课余时间培训教师;幼儿园事无巨细,教师的备课本、孩子的评语、教师的职称申报材料我一一检查、修正,从无遗漏;幼儿园的照片、录像资料、档案整理也只有副园长和我一起完成……2006 年劳动节,为了幼儿园编辑、排版、印刷、装订的 3 本书(因经费严重不足,一切都必须自己动手,为申报省一级幼儿园做准备),我从早晨 8 点来园,一直工作到凌晨。

2003—2006 年,潮安区的幼儿园教师继续教育培训任务由我园教师承担。每年暑假,我带着本园的骨干教师奔走于潮安区的各个乡镇之间,忙得不亦乐乎。在繁忙的工作和学习中,我欣喜地看到了教师们的专业成长,收获了来自同行、家长、社会各界的赞美和信任。

2006 年 9 月,我园晋升为省一级幼儿园。

尽管家长们争着把孩子送进我园,但我园"财政定额补贴事业单位"的性质让我们一直处于十分尴尬的境地:同样规模(孩子 500 个左右)的公办幼儿园,不管是定额补贴,还是全额拨款的,都一样收费(1997—2006 年,幼儿园 450 或 650 元/(人·学期);2006—2009 年,省一级园 650 或 850 元/(人·学期);2009—2013 年,省一级园 1 080 元/(人·学期)。2009 年之前,分内外线收费),全额拨款幼儿园,财政一年拨款 250 万~300 万元,加上保教费收入大约 115 万元,一年大约有 350 万~400 万元的收入支撑幼儿园的正常运转。而我园,财政只拨给 30 多万元,加上保教费收入 115 万元,一年只有 150 多万元支撑幼儿园的所有支出。教职工的工资从 2000—2009 年大约翻了两番,但保教费却只升了 200 元/(人·学期)……我们的日子越来越窘迫! 这一段时间,我把主要精力放在努力突破幼儿园的经济瓶颈上面。

2009 年,省教育厅派出调研组来到潮州市进行学前教育情况调研。"3 岁看大,7 岁看老,谁都明白孩子的良好习惯和个性品质是从小培养的。但这些年,我们的学前教育情况如何? 我们该怎样做才能让它更加健康地发展?!"我慷慨陈词,得到阵阵掌声和调研组专家的重视;在向物价部门反映情况时,我非常直接地说:"不能全额拨款给我们,那就必须让我们有一定额度的收费上浮空间,不能让我们一群人拼命工作而物质却得不到保障……"一方面多方争取公平待遇,另一方面鼓励教师:"机会是留给有准备的人的! 我们一定要不断努力,一定要精益求精! 唯有优秀,才不会被放弃,才不会被淘汰,才不会一直处于困境之中!"

《国务院关于当前发展学前教育的若干意见》提出:"把发展学前教育摆在更加重要的位置。"《学前教育三年行动计划》《关于当前发展学前教育的若干意见》等的出台,给一直坚守在学前教育一线的我们送来了春风! 我们坚信学前教育的春天来了!

2014 年,我园正式归属潮州市教育局领导,我们成为财政全额拨款的幼儿园! 梦想成真的这一天,笑容和泪水同时挂上了我们的脸庞,我们的心情难以言表! 17 年,支撑我们勇敢前行的是我们对党、对祖国、对幼教事业的热爱;是我们发自心底的自信(我们的国家一定会越来越好,我们的政府一定不会放弃学前教育,美好的愿景一定会实现)和坚持;是孩子家长一直的关心和支持(每当孩子毕业离开幼儿园,总有一些家长主动询问:"园长,有什么需要我们帮忙的吗?"幼儿园里的许多设备都是家长捐赠的)。归属教育局的时候,幼儿园的账户里还有 253. 406 8 万元,那是我给即将退休的教师(2015 年,按职工 50 岁退休,我园有许多教师面临退休)准备的,我怕干了一辈子工作的教师退休后没有经济来源,会影响生活。"知我者谓我心忧,不知我者谓我何求。"许多人都说我傻,但我的同事们知道我、理解我、拥戴我,她们从没有因为我不足额发放补贴却留着钱而有过丝毫不满或埋怨。我为自己拥有这样一支团队,这样一群姐妹而自豪、骄傲!

尽管漫长的 17 年给我们留下了代课教师多、编制严重不足等问题,但丝毫不影响我们的豪情壮志。我们每个人都满怀喜悦,信心满满,决心在新的征程上更好地发挥自己的聪明才智,更好地发挥示范引领作用。

首先,我们努力构建自己的园本课程,探索符合孩子学习兴趣和年龄特征的课程模式,即区域活动与集体活动、个别活动相结合。

其次,努力开展课题研究。"十三五"市级课题《信息技术 + 构建活动,开展幼儿园创客教育》,2019 年 4 月结题,被评为良好;《智能手机在幼儿园现代化教育教学中的应用》(市级),2019 年 5 月获潮州市教育教学成果二等奖;"十三五"国家关心下一代工作委员会子课题《新时期如何有效促进教师专业化成长》,2019 年 7 月结题,获国家级科研成果一等奖;省"十三五"课题《因地制宜开展幼儿体育活动实践研究》,2019 年 8 月结题,获得良好等次。通过实践研究,我们培养了一支具有探索、钻研精神的教师队伍,同时构建了具有本园特色的第二套园本课程。

最后,积极扶持农村幼儿园和薄弱幼儿园。通过现场指导、送课下乡、开讲座、公开课等形式不遗余力地帮扶县区幼儿园。

弹指一挥几十载,我对党、对学前教育的初心依旧。我几次婉拒社会上的高薪聘请,心无旁骛地和教师们一道致力于本地区学前教育的发展。2017—2020 年,为省转岗教师、骨干教师,汕头、海丰、陆丰、揭阳、肇庆、潮州等市县的园长任职资格班,潮州市骨干教师、韩山师范的学生、潮州师范的学生、枫溪区家长、帮扶园家长开设《幼儿园办园思想与管理实践》《幼儿园教学设计与实施》《幼儿园卫生保健工作与管理》《幼儿园班级管理中教师的角色、职责与素养》《幼儿园班级管理》《幼儿园小学化的危害》等讲座 27 场,听课人数达3 000 多人次。自 2013 年至今,担任韩山师范学前教育本科班"学前儿童语言教育"课程主讲教师以及学前教育卓师班校外指导教师(2016 年起)。本人认真的工作态度,理论联系实际、深入浅出、生动幽默的讲课风格受到学生们的热烈欢迎。我园是韩山师范学院教师专业发展学校,每年都有大批学生到园见习、实习,我们为培养德才兼备的学前教育人才做出了巨大的贡献。

辛勤的劳动换来了丰硕的成果。我们的青年教师杨晓虹、洪娜已经成长为市名园长、名教师(杨晓虹已于2020年12月晋升为潮州市中心园园长),我园的办园特色也在第26期全国骨干园长高级研修班上得以介绍,受到了充分好评。本人荣获广东省特级教师、南粤专家型(校)园长、南粤优秀教师、省三八红旗手、省优秀幼儿园园长等多项省级奖励以及潮汕星河奖、辉勇师表奖等,已有10多篇文章获奖并发表。幼儿园先后荣获省、市"巾帼文明示范岗""绿色学校""安全文明校园""先进职工之家""南粤女职工文明岗""三八红旗集体"、市"食品卫生信誉度A级单位"、市"平安餐饮优秀单位"等荣誉称号。从我园毕业的孩子以其"健康自信、思维敏捷、表达力强、习惯良好"等品质受到社会各界的高度好评。

教育是让人幸福的学问。为孩子的幸福人生奠基,让教师幸福、开心地工作,是我们孜孜不倦的追求。

我们,一直走在追寻幼教幸福的路上。

刘少玲

2020年8月

附录 B 努力打造名园品牌
形成鲜明的办园特色

我园自开办以来,十分重视对孩子实施全面的素质教育,把开发孩子智力,培养德智体美劳全面发展的孩子作为起点目标。根据面向未来的教育原则,把培养孩子思维的灵活性、创造性,培养孩子的创新意识、创新能力作为打造名园品牌,形成鲜明园本特色的主要课题。

一、良好行为习惯的培养

我园重视对孩子们进行素质教育,注重孩子们良好行为习惯的培养,努力探索适合孩子们社会性发展的教育模式,取得了显著的成效。

(一)环境熏陶

我园注重创设宽松、愉悦、友善、关爱、和谐的心理环境。管理者与被管理者、教师与孩子、教师与家长之间相互关心,相互支持,重视沟通,互相信任,真诚合作,使孩子们一进入校园便感到亲切与温暖,从而喜爱校园。形成了教师乐教、师生情感融洽,在活动中共同成长的良好氛围。

我园注重创设适合培养孩子们良好行为习惯的支持性物质环境。通过环境创设,对孩子们进行潜移默化的影响,使孩子们在日常生活中养成良好的行为习惯。结合节日、纪念日布置环境,营造氛围对孩子们进行教育。如结合世界水日、植树节等进行节约用水、保护树木的教育;结合世界粮食日对孩子们进行节约粮食教育;结合清明节、端午节、春节、冬至等进行传统文化教育。

(二)参观访问

我园注重带领孩子们外出参观访问,为孩子们提供接触自然、了解社会的机会。如带领孩子们到农村观察农作物的生长,向农民了解农作物的生长过程和规律;带领孩子们参观饶宗颐纪念馆,了解大师的生平;带孩子们参观韩江、参观污水厂,使孩子们萌发保护韩江、节约用水的愿望;带领孩子们观察周边的环境,了解附近居民用水、用电的情况……在世界水日,组织孩子们到市区进行节水宣传等,让孩子们了解劳动的艰辛,养成热爱劳动、热爱劳动人民、珍惜劳动成果、讲究卫生、保护环境、勤俭节约的良好习惯。

(三)乐学好问

我园一贯坚持教育必须面向未来的原则,注重培养孩子们对周围事物的观察能力。在各项活动中激发孩子们的好奇心、学习兴趣和求知欲望,让孩子们从小喜欢学习,喜欢探究,喜欢提问。在学习中懂得由此及彼,举一反三,充分发挥他们的主观能动性和创造性。为此,我们探索出适合不同年龄孩子的教育方法,让孩子们在开心的游戏活动中习得知识、收获经验和养成良好习惯。同时,充分运用"生成课程"这一能尊重孩子们的兴趣爱好、发展需要和自主选择的课程模式,在课程实施中为孩子们创造一个宽松、自由、和谐的学习环境,促进孩子们思维灵活性、创造性的发展,形成了较为鲜明的园本教学特色。

通过幼儿园3年的学习、生活,孩子们以其健康快乐、崇善博爱、乐学好问、灵活应变、大方自信、表达力强、习惯良好而受到社会各界及家长们的称赞,我园的素质教育深入人心,成为家长首选我园的一个主要原因。

二、先进的课程模式

我园以科学教育理论为指导,以不断进取的精神,积极探索符合我园办园目标的课程模式。在探索过程中倡导"以幼儿为本""尊重幼儿的个性""努力培养幼儿的应变能力和创新意识",形成了静态课程与动态课程相结合的、先进的课程模式。

自2001年以来,我园克服人手紧、经费少等困难,坚持每学期10周时间以班为单位,由教师根据孩子们的兴趣、爱好、发展需要和选择,通过师生互动生成主题,再围绕主题开展一系列的探索,由此形成动态的生成课程。如小一班的生成课程"好吃的食物"。这一主题的生成过程是这样的:"五一"长假后,孩子们高高兴兴地回到幼儿园,并带来一些旅游特产与大家分享。教师把孩子们带来的食物集中起来,布置成一个"食物展览区"。孩子们兴高采烈地谈论着自己带来的食物,于是便产生了"好吃的食物"这一主题。

在讨论"食物"这个话题中,孩子们很自然地想到一日三餐。晨间谈话,教师便有意识地让孩子们说早餐吃了什么。于是潮州人丰富的早餐便纷纷呈现在大家面前。各种各样好吃的食物,从早餐到饭后水果逐渐说开去,便生成了"米饭面食—鱼肉蛋—蔬菜—水果等活动网络图。"在活动开展过程中,发现了孩子们偏食及不良的饮食习惯等问题,师生共同生成子主题"饮食习惯",引导孩子们要讲究饮食卫生及如何不挑食、不偏食,养成良好的饮食习惯。在师生互动中,孩子们不仅能充分表达自己喜欢的、愿意吃的食物,描述食物的味道,绘出食物的不同外形,与大班哥哥姐姐一起种植蔬菜、收获水果,而且在活动中与同伴一起互相帮助、互相督促,养成了不挑食、勤俭节约的良好习惯。孩子们还与家长一起上网搜集食物图片等,家长也热情地参与其中,进一步了解了幼儿园的课程模式及"启发、引导"为主的教育方法,明白了如何让孩子主动学习,如何调动孩子的学习积极性,如何在学习生活中培养孩子的应变能力,初步养成良好的行为习惯。

与此同时,我们利用整合、取舍等方法,博采众家之长,选择部分优质的预成课程(如具有潮州地方特色的本土课程:陶艺、潮汕歌谣、工夫茶;我园自己生成的环保节约课程等),形成了动态课程与静态课程相结合的、先进的课程模式。

三、先进的教学模式

几年来,我们以孩子们的兴趣为出发点,注重启发、引导,逐步形成了具有园本特色的教学模式。

在语言、健康、社会、科学、艺术五大领域中,教师们不断探究、不断总结,摸索出适合不同年龄孩子的教学模式,重视孩子们的动手操作能力,自主探究和自由发挥,充分培养孩子们思维的灵活性,培养孩子们的自主创新意识,以及体验成功的快乐,使孩子们乐于探索、乐于学习。

主要教学模式:充分、丰富的课前准备(包括场地的布置、材料的准备、课件的制作、经验的准备)—活动导入(问题的提出)—教师启发,孩子们自主学习(探讨或动手操作、体验、游戏)—结果的展示—迁移创新—活动延伸。我园的这一教学模式不仅适合集体教学,而且适合区域活动。

目前,我们的特色教育和品牌效应已经初见成效,兰英第一幼儿园是当地有口皆碑的省一级幼儿园,但教育改革一直在路上,精益求精,不断擦亮品牌是我们不懈的追求!

注:本文于2017年3月参加《中国语言文字》报社征稿活动获一等奖,并入编《校长领导力与学校品牌建设》一书,同时发表于《中小学教育》2019年第8期。

幼儿园取得的部分成绩及荣誉称号如下。

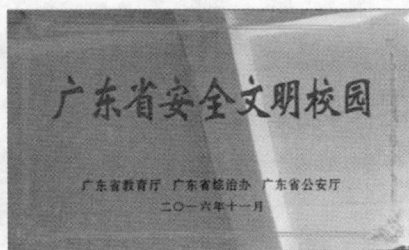

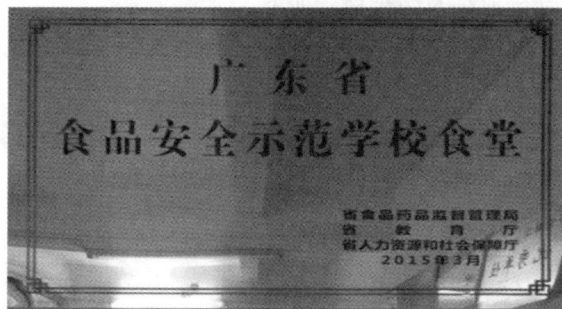

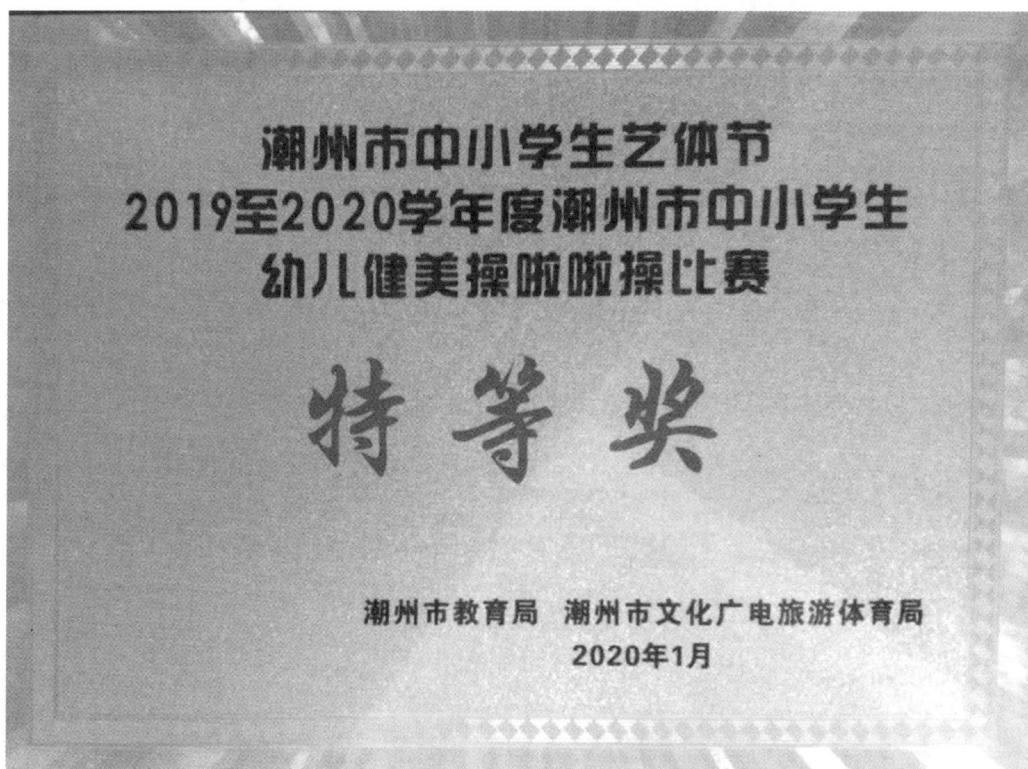

作者刘少玲取得的部分成绩及荣誉称号如下。

刘少玲同志从事教育工作, 成绩优异, 授予特级教师称号。

教书育人
为人师表

粤特教2018403号

Torchbearer Certificate of
the 16th Asian Games Torch Relay
第16届亚洲运动会火炬传递
火炬手证书

激情盛会 和谐亚洲
Thrilling Games Harmonious Asia

This is to certify that

刘少玲

has participated as a torchbearer in the 16th Asian Games
Torch Relay Programme. From October 12 to November 12, 2010, 2068 torchbearers are involved in this 32-day
Torch Relay Programme, covering a distance of 12,215.3 kilometers in 25 cities in China.

您作为火炬手参与了第16届亚洲运动会火炬传递活动,
第16届亚运会火炬传递从2010年10月12日至11月12日, 历时32天,
传递范围遍布全国25个城市, 总里程12215.3公里, 有2068名火炬手参加了这次规模盛大的火炬传递活动。

Sheikh Ahmad Al-Fahad Al-Sabah
艾哈迈德·法赫德·萨巴赫亲王
President of the Olympic Council of Asia
亚洲奥林匹克理事会主席

Liupeng
刘鹏
President of The Guangzhou Asian Games
Organising Committee
第16届亚洲运动会组织委员会主席

荣誉证书

刘少玲 老师被评为广东省2001年南粤优秀幼儿教师。特颁发此证书及刘宇新奖金壹仟元，以资鼓励。

二〇〇一年五月九日

荣誉证书

刘少玲同志：

被评为广东省妇联系统先进工作者，同时授予广东省"三八"红旗手荣誉称号。

广东省妇女联合会

二〇〇七年一月

荣誉证书

刘少玲同志：

被评为广东省妇联系统先进工作者。特发此证，以资鼓励。

广东省人事厅 广东省妇女联合会

二〇〇七年一月

荣誉证书

刘少玲老师被评为广东省2007年南粤优秀教师，特发此证，以资鼓励。

二〇〇七年元月

荣誉证书
HONORARY CREDENTIAL

刘少玲同志：

被评为"第七批广东省绿色学校创建活动先进个人"，特发此证，以资鼓励。

荣誉证书

潮州市兰英第一幼儿园刘少玲园长被评为第一届广东教育学会优秀幼儿园园长。

特发此证，以资鼓励。

广东教育学会

二〇〇九年十月

荣誉证书
CERTIFICATE OF HONOR

刘少玲 被评为2018年度

优秀园长

荣誉证书
HONORARY CREDENTIAL

刘少玲 同志：

被评为2019年度广东省教科文卫工会优秀职工之友。

特发此证，以资鼓励。

广东省教科文卫工会

二〇一九年5月

荣誉证书
HONORARY CREDENTIAL

潮州市兰英第一幼儿园 刘少玲园长：

经专家组评审，你被评为"南粤专家型校（园）长"，入选广东教育学会南粤专家型校（园）长资源库。

特发此证，以资鼓励。

广东省教育学会
2019 年 7 月 9 日

刘少玲 同志

荣获

第七届潮汕星河辉煌教师奖教

特发此证 以资鼓励

广东省潮汕星河奖基金会
二〇一七年八月二十日

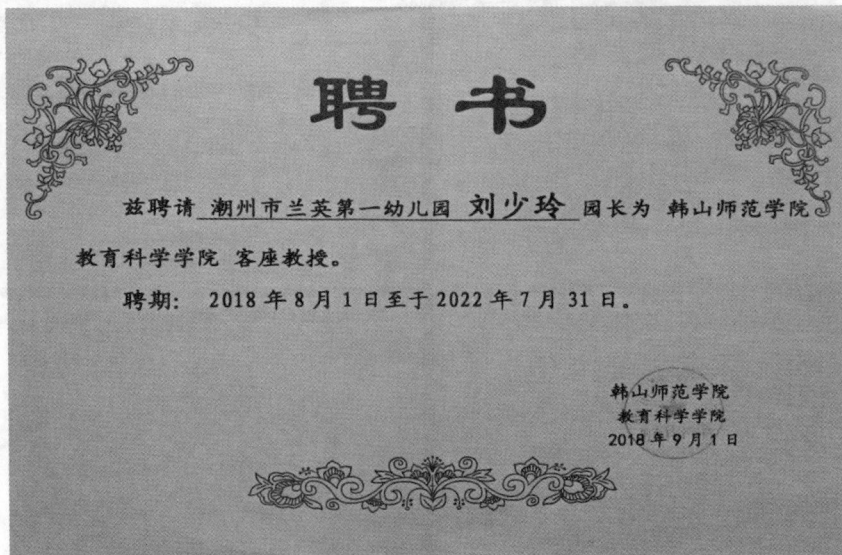

聘 书

兹聘请 潮州市兰英第一幼儿园 刘少玲 园长为 韩山师范学院 教育科学学院 客座教授。

聘期：2018 年 8 月 1 日至于 2022 年 7 月 31 日。

韩山师范学院
教育科学学院
2018 年 9 月 1 日

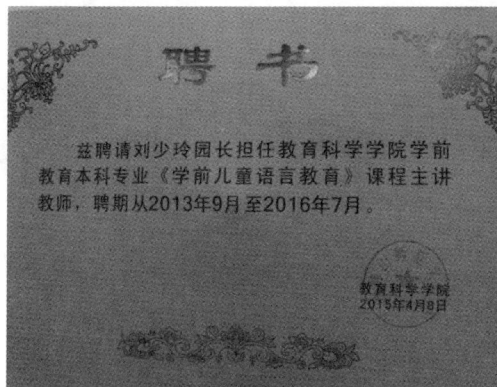

聘书

兹聘请刘少玲园长担任教育科学学院学前教育本科专业《学前儿童语言教育》课程主讲教师，聘期从2013年9月至2016年7月。

教育科学学院
2015年4月8日

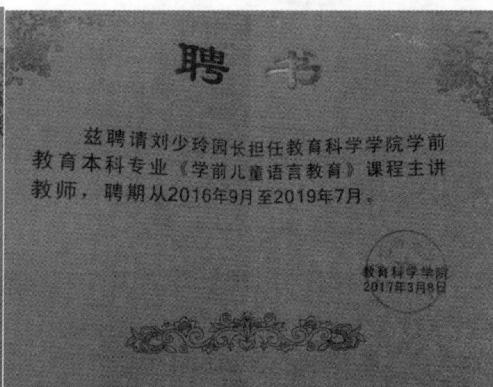

聘书

兹聘请刘少玲园长担任教育科学学院学前教育本科专业《学前儿童语言教育》课程主讲教师，聘期从2016年9月至2019年7月。

教育科学学院
2017年3月6日

聘书

尊敬的 刘少玲 老师：
兹聘请您为"潮州市第二批中小学（幼儿园）骨干教师（第一次）培训"工作坊指导专家。
此聘！

韩山师范学院继续教育学院

聘书

兹聘刘少玲同志为韩山师范学院卓越师资班（学前教育专业）指导教师。
聘期为2016年9月至2019年7月。

韩山师范学院教务处
二〇一六年九月一日

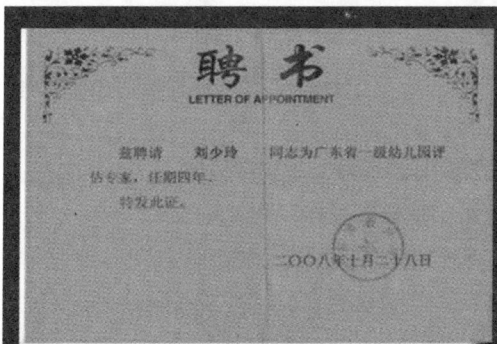

聘书
LETTER OF APPOINTMENT

兹聘请 刘少玲 同志为广东省一级幼儿园评估专家，任期四年。
特发此证。

二〇〇八年十二月二十八日

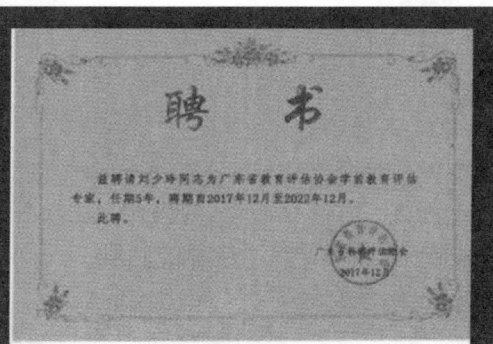

聘书

兹聘请刘少玲同志为广东省教育评估协会学前教育评估专家，任期5年，聘期自2017年12月至2022年12月。
此聘。

聘书

刘少玲 老师：
兹聘请您为"粤东学前教育学科群"学前教育学科专家，聘期自2019年5月16日起至2022年5月16日止。

韩山师院学院
广东省中小学教师发展中心
2019年5月16日

聘书

刘少玲 老师：
兹聘请您为"第七届广东省本科高校师范生教学技能大赛"学前教育组评委。
此聘

韩山师范学院教务处
2019年08月25日

聘 书

刘少玲老师：

　　兹聘请您为"第八届广东省本科高校师范生教学技能大赛"学前教育评委。

　　此聘

韩山师范学院教务处

2020 年 10 月 15 日

后　记

　　《园本课程研究与实践》是广东省潮州市兰英第一幼儿园历经多年的理论思考与实践探索所形成的课程改革成果，它凝聚了本人和全园教师的心血。真诚感谢教师们的共同努力，特别感谢杨晓虹副园长（此次轮岗已经晋升为潮州市中心园园长）、洪娜副主任、陈少婉老师、林雪玲老师、林妙红老师、傅育丹副主任对本书撰写的大力帮助和支持！

　　就在本书定稿之时，接到了潮州市教育局的岗位轮换通知，本人被调到兰英第二幼儿园任园长。无论是本人工作了20多年的兰英第一幼儿园，还是即将赴任的兰英第二幼儿园，都是韩山师范学院教师专业发展学校。虽然岗位调整，但是与韩山师范学院的合作仍将继续。自2013年至今，本人受聘担任韩山师范学院学前教育本科专业"学前儿童语言教育"课程主讲教师以及学前教育专业"卓师班"校外指导教师以来，与韩山师范学院的合作进一步加强，我们所取得的课程改革成绩离不开韩山师范学院教授们的专业引领。在此，一并表示感谢，尤其要感谢韩山师范学院教育科学学院王贵林教授对本书的热心指正和精心审校！

　　最后，还要感谢一直以来关心、支持兰英第一幼儿园和我本人的上级领导、幼教同仁、幼儿家长和各界朋友！

刘少玲

2020 年 12 月 30 日